劳动人事争议
典型案例评析

第3辑

◎ 北京市劳动和社会保障法学会组织编写 ◎ 姜俊禄　主编 ◎

中国劳动社会保障出版社

图书在版编目(CIP)数据

劳动人事争议典型案例评析. 第3辑/姜俊禄主编. —北京：中国劳动社会保障出版社，2017

ISBN 978-7-5167-2952-6

Ⅰ.①劳… Ⅱ.①姜… Ⅲ.①劳动争议-案例-中国 Ⅳ.①D922.591.5

中国版本图书馆 CIP 数据核字(2017)第 041020 号

中国劳动社会保障出版社出版发行

(北京市惠新东街1号 邮政编码：100029)

*

保定市中画美凯印刷有限公司印刷装订 新华书店经销

880毫米×1230毫米 32开本 14.5印张 354千字

2017年3月第1版 2017年3月第1次印刷

定价：40.00元

读者服务部电话：(010) 64929211/64921644/84626437

营销部电话：(010) 64961894

出版社网址：http://www.class.com.cn

版权专有 侵权必究

如有印装差错，请与本社联系调换：(010) 50948191

我社将与版权执法机关配合，大力打击盗印、销售和使用盗版图书活动，敬请广大读者协助举报，经查实将给予举报者奖励。

举报电话：(010) 64954652

《劳动人事争议典型案例评析》
编委会

主　　　　任：姜俊禄

副　主　　任：朱春涛　单国钧

编　　　委：（以姓氏笔画为序）

　　　　　　　王建平　李长保　张恒顺　郑秀兰
　　　　　　　侯　军　周晓冰　赵　悦　梁　枫

本辑执行编辑：王凤兰　金　曦　孔甜甜　李惠莹
　　　　　　　高明靖　王　超

判例研究的新路径
——研究法律工作者的内心判断
（序言）

自2013年生效司法文书公开以来，判例研究者对于便捷获得判决书非常满意，为最高人民法院的这一司法改革"点赞"。似乎有消息说，公开之路已死。我的判断是，不会的。公开是司法本身的应有要义，最高人民法院将其列入司法改革之要务，实属顺势而为，公民越来越依赖于公开的判决书打一场"明明白白"的官司，公正也就在此应运而生。

如何更好地利用这些珍贵的判决书则是法官、仲裁员、律师、警察和检察官，甚至风险投资者的关注焦点。在法律专业人士眼里，那是"活"的法律，实践了的法律。而对于风险投资者，那是无尽的宝藏。第四次工业革命中人工智能和大数据会使很多不可能变成可能。虽然几千万份的判决书用纸张打印出来浩如烟海，但是在计算机和大数据处理软件面前，则是区区几个存储空间而已。法律机器人未来不仅能够替代重复性的法律检索，甚至可以为法官、仲裁员代写判决书的初稿。

在这些判决书以外，作为案件处理参与者的法官、仲裁员、律师的法律推理及分析显得格外重要。如果说判决书是正式、公开的阐述，则法律实务工作者撰写的分析文章则是其内心判断的来源。

本书就是法官、仲裁员、律师、企业法律顾问、人力资源经理和工会法律工作者内心断案的大汇集。

你对于他们的分析可能不一定同意,甚至反对,但请相信那是他们真诚的研究成果。你可以就他们的任何观点和论证与作者进行辩论。

这些研究成果是现行法实施的痕迹。但是,法律的实施遵循立法和司法规律,并不能解决立法自身带来的缺陷。因此,你在研读这些文章的时候可能有很多疑问,不妨把它当作完善法律的建议吧。

劳动法与劳动政策密不可分。虽然法律更多地是强调长期和稳定的法律调整机制,而政策则短期和灵活,但是劳动法和劳动政策比起民法和民事政策、刑法和刑事政策、经济法和经济政策,紧密度尤显突出。

最近20年的国家政策从"三个代表"到和谐社会,再到鼓励"双创",都直接影响劳动政策,进而影响劳动法的制定和修改。劳动政策关系千家万户和数亿劳动群众,不宜大起大落,故劳动合同法的修改也不应是大改大修,要以问题为导向,兼具目标导向,平衡劳动关系。

问题导向就是要研究劳动争议处理中合法但是不合理的现象,加以分析,提出改进措施。你可以在本书中找到这样的建议。劳动争议案件居高不下是否是问题?并不尽然。劳动者维权选择劳动仲裁机构和法院,是基于对国家机构保护劳动者权利的信任,是法律体制内处理路径。与此相对的是劳动者采取法外手段维权,那才是对国家稳定最危险的路径。

目标导向则是将和谐劳动关系确定为制度的终极目标。劳动关系一方是用人单位,另一方是劳动者。广义的劳动关系还包括用人单位的协会和工会。和谐劳动关系是依据法律权利和义务的分配得以实现的。可以预见的是，在我国未来相当长的时间里，对于劳动者的权利相对于用人单位会被分配得更多，而不是更少，而义务则是更少，而不是更多。这是由劳动关系主体的现实力量决定的。对于劳动者弱者地位的判断并没有改变。但是如何将劳动者和用人单位分层会使劳动法更加具有现实性和科学性。

2017年将是劳动法历史上关键的一年，我们拭目以待。

姜俊禄

北京市劳动和社会保障法学会名誉会长

2017年2月5日

目 录

劳动关系认定

1. 学校与聘任教练之间建立的是否为劳动关系………… 刘　培 /3
2. 《劳动法》实施前用人关系是否属于人民法院调整范围 ………………………………………… 刘　勇 /6
3. 外国人在中国境内就业的劳动关系应当如何认定…… 李　妍 /9
4. 建筑工程施工过程中如何确定劳动关系 ……………… 顾　峥 /12
5. 挂靠车辆所聘用的驾驶员与被挂靠单位能否确认存在劳动关系 ………………………………… 信深谦 /16
6. 服务到家，方便他人之余能否保障自己 …………… 康　琳 /20
7. 建筑企业与包工头招用的劳动者是否存在劳动关系 …………………………………………… 范俊雷 /24
8. 公司规章制度规定上下级连坐的能否作为合法解除劳动关系的依据 …………………………… 安　祺 /28
9. 求职陷入应聘门，企业应承担缔约过失责任 ……… 芦玉杰 /33
10. 公司注销后用人单位责任承担主体的探究 ………… 袁林楠 /38
11. 杨某诉天津市某劳务公司确认劳动关系纠纷案 …… 左　楠 /44
12. 劳动争议处理中能否适用法人人格混同 …………… 崔永新 /49
13. 劳动关系构成的要素和特征 ………………………… 关亚静 /55
14. "临时工"与用人单位之间是否构成劳动关系 …… 张　璐 /60

I

15. 连续两次签订固定期限劳动合同期满后分公司
    能否终止劳动关系 ………………………………… 付　勇 /67
16. 未办理就业证的香港居民与用人单位之间的法律
    关系及法律后果 …………………………… 王　奔　巴晶焱 /75
17. 车辆实际所有人聘用的司机与挂靠单位之间是否
    形成事实劳动关系 ………………………………… 朱　涛 /82

劳动合同的签订与履行

18. 用人单位以考核延期为由与劳动者协商一致延长试用期
    是否应认定为违法二次约定试用期 ……… 张　倩　张鹤岭 /93
19. 虚假身份签订劳动合同应属无效 ………………… 吕沛昕 /97
20. "瑕疵劳动合同"的法律效力认定 ……………… 刘冬立 /101
21. 李某与A公司变更劳动合同条款争议案 … 詹璐璐　张鹤岭 /105
22. 劳动者拒签劳动合同，用人单位可以不支付
    双倍工资差额 …………………………………… 郝云峰 /110
23. 不支持未签书面合同双倍工资及不支持继续
    履行劳动合同的裁判因素 ………………… 邓友平　陈　抒 /115
24. 劳动者提供虚假学历订立劳动合同的后果 ……… 王　雪 /120
25. 劳动合同变更的认定标准 ……………………… 何　锐 /126

劳动合同的解除与终止

26. 终止劳动关系协议未封口，劳动合同中约定的
    年度绩效工资能否获得支持 …………………… 阿致刚 /137

27. 劳动者与用人单位签订解除劳动合同协议的
效力认定 ………………………………………… 石　硕 /141
28. 考入士官学校是否属"超期服役" …… 赵文婧　杜宝慧 /145
29. 用人单位突破规章制度解除劳动合同的效力 …… 张偌晗 /150
30. 谁来承担支付赔偿金的法律责任 ……………… 杜利凤 /155
31. 夸大工作履历是否必然导致劳动合同归于无效 … 王　琰 /160
32. 关于尚未用工的劳动合同的几个问题 … 于　飞　裘卫国 /165
33. 劳动者在终止或解除劳动关系证明上签字能否
认定为协商解除劳动合同 ……………… 孙承松　郭　琳 /170
34. 劳动者行使预告解除权，用人单位能否单方放弃
预告期 …………………………………………… 高丽丽 /176
35. 不定时工作制员工是否适用旷工违纪解除劳动
合同 ……………………………………………… 崔　杰 /182
36. 原用人单位劳动关系终止的工作年限是否可以
合并计算为新用人单位的工作年限 …………… 潘文军 /188
37. 劳动者学历造假情况下劳动关系效力的认定 …… 王　迪 /194
38. "长期两不找"劳动争议中劳动关系的解除应
如何认定 ………………………………………… 李　坤 /200
39. 用人单位规章制度存在瑕疵并以旷工为由解除
劳动关系的合法性问题分析 …………………… 田　阔 /206
40. 劳动管理中的程序价值与社会公共利益的平衡 … 窦江涛 /212
41. 劳动者不胜任工作，如何对其培训才属于劳动法
意义上的不胜任工作培训 ……………… 郝云峰　刘迎冬 /218

42. 用人单位违法解除劳动合同时，合同解除时间的
    确定及违法解除期间的工资支付标准 ⋯ 孙　京　赵　霄 /225
43. 如何认定用人单位未依法缴纳社会保险费而导致
    劳动者解除劳动合同并请求支付经济补偿金 ⋯⋯ 吴　彬 /232
44. 试论《劳动合同法》第四十条第（三）款及
    第四十八条的适用 ⋯⋯⋯⋯⋯⋯⋯⋯ 吴颖萍　李国敬 /239
45. 劳动合同适用情势变更原则的判断标准 ⋯⋯⋯ 高　娜 /247
46. 违法解除劳动合同及恢复劳动关系的认定
    标准 ⋯⋯⋯⋯⋯⋯⋯⋯⋯⋯⋯⋯⋯ 田　璐　郭欣欣 /255
47. 公司单方解除高管劳动关系的事实认定 ⋯⋯⋯ 高　娜 /263

劳动报酬与工时休假

48. 实行计件工资的企业对于计件定额应如何处理 ⋯ 刘伯阳 /275
49. 工资标准应由谁承担举证责任 ⋯⋯⋯⋯⋯⋯⋯ 王　凡 /278
50. 审批特殊工时制度是否能避免支付加班费 ⋯⋯⋯ 康　琳 /282
51. 计算经济补偿金的基数是否应包括双休日、
    节假日工资 ⋯⋯⋯⋯⋯⋯⋯⋯⋯⋯⋯⋯⋯ 苗照亮 /286
52. 公司是否可以对员工进行罚款 ⋯⋯⋯⋯⋯⋯⋯ 王　超 /290
53. 用人单位是否有权强制安排职工休带薪年休假 ⋯ 柳　赛 /294
54. 用人单位能否因员工违纪扣发奖金 ⋯⋯⋯⋯⋯ 谌　楠 /298
55. "包干制工资"约定的效力认定 ⋯⋯⋯⋯⋯⋯ 杨炎辉 /303
56. 工资口头变更是否有效 ⋯⋯⋯⋯⋯⋯⋯⋯⋯⋯ 杜　军 /308

57. 劳动者造成单位损失应承担赔偿责任（扣发工资）
的法律要件 ································· 龚莉婷 /313
58. 出差期间"加班"的认定以及约定执行特殊工时制
是否有效 ································· 潘丽丽 /318
59. 企业执行综合计算工时，劳动者在一个计算周期内
离职是否需要支付加班工资 ················ 马　雯 /324

社会保险与福利待遇

60. "三期"的产假与带薪年休假不应冲突 ·········· 杜　军 /331
61. 劳动者在非法转包情况下因工伤亡的，用工单位
为承担该劳动者工伤保险责任的单位 ·········· 桑华民 /334
62. 企业因未能办理社保转移手续所缴纳社保费用
由谁负担 ································· 吕　爽 /338
63. 使用他人身份证入职发生工伤后引发的争议 ····· 王艳峥 /342
64. 工伤私了协议的效力 ······················· 徐良君 /346
65. 违法转包、分包情形下用工单位的工伤保险责任 ··· 朱　涛 /351
66. 劳动者未休企业福利年休假应否给予补偿 ······· 李彦宏 /357
67. 工伤保险范围外的医疗费由谁负担 ············ 宋　鹏 /363

商业秘密保护与竞业限制

68. 竞业限制补偿金的诉讼时效应从竞业限制期满
之日起算 ································· 王宝荣 /375

69. 竞业限制协议约定违约金数额需谨慎 …………… 赵秀娟 /379
70. 杜某与商务咨询公司竞业限制补偿 …………… 杨　靖 /384
71. 劳务派遣关系中用工单位是否可以和劳动者
　　签订竞业限制协议 …………………………… 何家芳 /389
72. 关于虚假证据否定的探讨 ………… 吴颖萍　李　玄 /395

其　他

73. 事业单位工作人员长期病休，单位是否可以
　　未经教育程序单方直接辞退 ………………… 阿致刚 /405
74. 事业单位聘用人员违反服务期约定应当支付
　　违约金 ……………………………… 胡丽丽　胡　洁 /409
75. 人事争议受案范围的法理与法律适用 ……… 薛长礼 /414
76. 混合用工关系诉讼管辖的确立标准 ………… 白星晖 /420
77. 追索劳动报酬纠纷裁审衔接中的一事不再理
　　问题 …………………………………………… 刘佳洁 /424
78. 劳动合同中能否约定协议管辖仲裁机构的条款 … 徐　淳 /428
79. 出租车司机给第三人造成事故损害时与用人
　　单位的赔偿责任分担问题研究 ……………… 胡高崇 /434
80. 工伤船员的劳动争议处理及工伤待遇损失问题
　　分析 …………………………………………… 陆　岩 /441

劳动关系认定

1. 学校与聘任教练之间建立的是否为劳动关系

申请人：李某
被申请人：某中学

争议焦点

学校与聘任教练之间建立的是否为劳动关系？

基本案情

李某自2014年9月17日开始在某中学工作，某中学向其发了聘书，聘书内容为"兹聘请李某为某中学赛艇队技术教练"。工作内容为对赛艇队的队员每周进行一次培训，但某中学不对李某进行考勤管理。某中学每月月底以银行打卡的形式发给李某3 000元报酬，在李某的网上银行账户信息中显示3 000元为"工资"项目。据此，李某认为与某中学建立的为劳动关系，要求确认劳动关系，并要求某中学支付未签订劳动合同双倍工资差额。某中学认可李某为其学校聘请的赛艇队教练，但不认可双方存在劳动关系，并提交起薪通知单予以证明。起薪通知单上显示，用工性质为"临时聘用"。工资待遇一栏有如下描述："每月3 000元，该同志人事关系在某体校，不需缴纳保险。"起薪通知单上有李某及某中学相关领导的签名。

审理结果

驳回李某的全部申请请求。

 **评析意见**

有观点认为，某中学是合法登记的事业单位，李某为适龄具有劳动能力的自然人，双方均具有建立劳动关系的主体资格；某中学聘任李某为赛艇队技术教练，按月支付李某报酬，李某从事的赛艇教练工作属于某中学的教学任务即业务组成部分，上述条件已符合《关于确立劳动关系有关事项的通知》（劳社部发〔2005〕12号）中关于劳动关系成立的条件，因此，应认定李某与某中学建立的为劳动关系。

另有观点认为，不能确认李某与某中学存在劳动关系，理由如下：

第一，我们来看聘书与劳动合同有何区别。劳动合同，是指劳动者与用工单位之间确立劳动关系，明确双方权利和义务的协议。劳动合同由用人单位与劳动者遵循平等自愿、协商一致的原则，并经用人单位与劳动者在劳动合同文本上签字或者盖章确认，依法订立即具有法律约束力，当事人必须履行劳动合同规定的义务。而聘书是由用人单位单方发出的，内容不规定双方的权利和义务，也无须受聘者签字确认。可见，聘书并不能等同于劳动合同。

第二，本案中，某中学聘请李某从事赛艇队技术教练工作，按月发给其报酬，能够确定李某在某中学从事有偿劳动，但此种有偿劳动是否等同于劳动关系呢？笔者认为并不能等同。有偿劳动可包含劳动关系、劳务关系等。劳动关系的特征为用人单位与劳动者的许多权利、义务受到国家强制性的干预，并且劳动者要遵守用人单位的各项规章制度，服从用人单位的管理，两者之间存在着行政上的从属关系。劳务关系，通常是指两个平等主体之间根据口头或书面约定，由劳动者向用工者提供一般性的或特定的劳动服务，用工者依照约定支付报酬的一种有偿服务的法律关系。劳务关系的特征是两个平等主体之间的关系，劳动报酬一般由双方按等价有偿原则协商而定，劳动者只获得劳动报酬，没有保险、福利等待遇，更无权参与另一方的相关事务。可见，有偿劳动并不能等同于劳动关系。

第三，劳动关系是用人单位与劳动者之间依法确立的在劳动过程中形成的权利义务关系。劳动关系的重要特征之一即用人单位依法制定的各项劳动规章制度适用于劳动者，劳动者受用人单位的劳动管理，从事用人单位安排的有报酬的劳动。本案中，李某每周一次对赛艇队进行培训，某中学对李某并不进行考勤管理，也无证据证明某中学对李某存在其他管理控制，所以无法确认李某受到某中学的劳动管理。同时，某中学提交的起薪通知单上明确显示了李某的人事关系不在某中学，李某也未举证证明其人事关系的相应变动情况。

综上，仲裁委员会对于李某要求确认与某中学存在劳动关系以及要求支付基于劳动关系产生的未签订劳动合同双倍工资差额的请求予以驳回。

(北京市顺义区劳动人事争议仲裁院　刘　培)

2.《劳动法》实施前用人关系是否属于人民法院调整范围

上诉人（一审原告）：王某
被上诉人（一审被告）：某县水利局

 **争议焦点**

《中华人民共和国劳动法》（以下简称《劳动法》）实施前，王某与某县水利局之间是何种关系，是否属于人民法院调整范围？

基本案情

1966—1984年，因某县水利局需要，由当时的人民公社指派王某在辖区内任水利管理员，办理某县水利局指派的业务。1984年，某县水利局以考试不及格为由辞退了王某，被辞退后王某没有得到任何补助及其他待遇，为此王某多次找某县水利局解决各项待遇问题。王某向某县劳动人事争议调解仲裁委员会申请仲裁，2015年6月16日，某县劳动争议仲裁委员会做出魏劳仲不字（2015）第01号不予受理案件通知书，以王某的申请不符合法定要求，已超过法定退休年龄为由决定不予受理。

 审理结果

一审法院认为，1984年某县水利局以王某考试不及格为由辞退王某后，王某于 2015 年 6 月 16 日向某县劳动人事争议调解仲裁委申请仲裁，某县仲裁委做出不予受理的决定，根据《最高人民法院关于审理劳动争议案件适用法律若干问题的解释（一）》第三条规定，劳动争议仲裁委员会根据《劳动法》第八十二条之规定，以当事人的仲裁申请超过六十日期限为由，做出不予受理的书面裁决、决定或者通知，当事人不服，依法向人民法院起诉的，人民法院应当受理；对确已超过仲裁申请期限，又无不可抗力或者其他正当理由的，依法驳回其诉讼请求。根据《劳动法》第八十二条的规定，提出仲裁要求的一方应当自劳动争议发生之日起 60 日内向劳动争议仲裁委员会提出书面申请。本案中的劳动争议发生于 1984 年，2015 年 6 月 16 日王某向某县劳动争议仲裁委员会提出仲裁，属于确已超过仲裁申请期限，又无不可抗力或者其他正当理由，故此，依照《劳动法》第八十二条，《最高人民法院关于审理劳动争议案件适用法律若干问题的解释（一）》第三条之规定，判决：驳回王某的诉讼请求。

关于王某与某县水利局之间是何种关系，是否属于人民法院调整范围的问题。二审法院认为，本案争议发生于 1984 年，王某是根据当时国家政策，从受益乡村中被挑选到某县水利局民有渠管理所工作，因 1984 年上半年各支渠委员会撤销，王某离开某县水利局。双方之间的关系应由当时的法律法规和国家政策调整，但是当时对此情况没有相关的法律法规做出规定，因此属国家政策调整的遗留问题，不属于人民法院管辖范围，故应驳回王某的起诉。裁定：（1）撤销河北省某县人民法院（2015）魏民初字第 1142 号民事判决。（2）驳回王某的起诉。

评析意见

我国劳动关系的概念是在 1993 年 7 月 6 日发布的《中华人民

共和国企业劳动争议处理条例》中得以确立，在该条例施行前我国没有一部专门针对劳动关系的法律法规，企业和职工之间的关系均是由国家政策、部门规章或地方性政策来约束。尤其在改革开放以前，我国还没有私营经济，只有国营企业和集体企业，在计划经济体制下，企业和单位没有经营自主权，也没有独立决定用工的权利，双方的关系表现为"计划性、固定性、单一性、行政性"等特点，并有严格的档案管理。因此，对于在这个历史时期内劳动者与企业或单位之间是什么关系，用现行的法律法规是无法衡量的。

　　本案系集团诉讼案件中的一件。1966年，王某等人根据当时的国家政策，到县水利局成立的民有渠管理所工作。1984年，根据政策各支渠委员会被撤销，王某等人回乡务农。回乡后，王某等人不间断地向水利部门和县市政府信访，要求恢复工作，因没有相关的政策，王某等人的问题一直未得到解决，2015年向人民法院提起诉讼要求确认与某县水利局之间存在劳动关系。如果法院进行实体审理，无论确认双方存在劳动关系还是驳回王某等人的诉讼请求，都不能准确反映当时双方之间的真实关系，也没有相应的法律依据，且当事人都已到了古稀之年，面临很多现实存在的社会问题，在目前的情况下，政策遗留的问题还是应由当地政府通过政策解决为妥，法院不宜受理进行实体审理。

（河北省邯郸市中级人民法院　刘　勇）

3. 外国人在中国境内就业的劳动关系应当如何认定

申请人：张某
被申请人：某自媒体公司

争议焦点

1. 外国人在中国境内就业的劳动关系应当如何认定？
2. 外国企业在我国的常驻代表机构自主招用中国员工，劳动关系应当如何认定？

基本案情

张某为英籍华人，于 2014 年 12 月 1 日入职某网络公司，担任时尚编辑，办理了以该网络公司为工作单位的外国人就业证，外国人就业证的有效期限至 2015 年 11 月 30 日。2015 年 6 月中旬，张某因自身原因跳槽至某自媒体公司，担任自媒体主播，并签订了雇佣协议，但未重新办理外国人就业证，也未将外国人就业证中的工作单位变更为新公司。2016 年 3 月，某自媒体公司以违纪为由将张某辞退。张某向仲裁委员会申请仲裁，要求某自媒体公司继续履行劳动合同，并支付工资损失等。

审理结果

仲裁委员会经审理认为,张某变更工作单位时未能及时变更其外国人就业证中所记载的工作单位,也未重新获得外国人就业证,因此其虽与某自媒体公司签订有雇佣协议,但不属于中国劳动法律法规规定的劳动合同范畴,双方之间形成的法律关系并非劳动法律关系。本案不属于劳动仲裁受理的劳动争议案件的范围,仲裁委员会驳回了张某的所有仲裁请求。

 **评析意见**

外国人在中国境内就业所产生的劳动争议案件,相对于常规劳动争议案件来说,从数量上相比应当属于不常见的类型,但随着中国经济的发展,国家政策对于小微企业的扶持力度逐年增加,越来越多的外籍人员也对中国市场充满期待,涉及外籍人士与中国企业间的纠纷类案件也时有发生。分析此类案件的争议焦点,一般存在以下情况:(1)外国人就业证(以下简称就业证)有效期限是否与其所在单位的工作期限相吻合;(2)外籍人士变更工作单位,是否需要重新办理就业证;(3)未及时办理就业证而在就业单位工作的是否能认定为劳动关系;(4)外国企业常驻代表机构未通过涉外就业服务单位直接招用中国雇员的,是否能认定为雇佣关系而非劳动关系。

针对以上此类案件常遇到的几种焦点问题,仲裁委员会在审理外籍劳动者争议案件时,首先会审查外籍人士就业证的办理时间、证件的有效期限,以及在用人单位发生变更时劳动者是否及时重新申请并办理了相关变更手续。归纳一句话就是,合法使用就业证提供劳动是确认外籍人士在中国境内就业的一个必要条件。针对外籍人士的用工情况，在《最高人民法院关于审理劳动争议案件适用法律若干问题的解释（四）》第十四条第一款中规定，外国人、无国籍人未依法取得就业证件即与中国境内的用人单位签订劳动合同，当事人请求确认与用人单位存在劳动关系的，人民法院不予支持。此规定是在审理外籍人士与中国境内企业发生劳动争议时最常涉及的法律规定。依据此规定，在司法实践中，一般以劳动者是否依法办理了就业证为标准来认定劳动合同的效力。若未办理上述证件，即违反了《中华人民共和国外国人入境出境管理法实施细则》第四十四条及《外国人在中国就业管理规定》第八条的规定。综上，依法办理了就业证的外国人、无国籍人，在中国境内与用人单位形成的用工关系按劳动关系处理；上述人员未依法办理就业证的，应按照雇佣关系处理。

对于外国企业常驻代表机构未通过涉外就业服务单位直接招用中国雇员的，有一种观点认为，按照国务院《关于管理外国企业常驻代表机构的暂行规定》第十一条的规定，应当认定有关用工关系为雇佣关系而非劳动关系。这种解释的本意是希望从实体上保护劳动者的合法权益，但并非以此就可以推定涉外企业用工的合法性。

另外，外籍人士到华工作还有一种情况是由国家外国专家局直接管理并引进的外国专家，此类专家一般持有外国专家证及外国专家来华工作许可证，持有这类证件的专家与工作单位之间形成的用工关系也应当被认定为劳动关系。

(北京市朝阳区劳动人事争议仲裁院 李 妍)

4. 建筑工程施工过程中如何确定劳动关系

原告：卢某某
被告：河北某建筑工程有限公司
第三人：蔡某

争议焦点

原、被告之间是否存在劳动关系？

基本案情

原告称，2011年5月10日，其经第三人介绍，到被告承建的沧东工业区盐海东方职工家园工地干活，工作岗位为架子工，日工资为170元。2011年7月13日下午4时左右，原告在从事架子工工作时，从架子上摔下后受伤，被工友送往沧县人民医院治疗，因伤情严重，于2011年7月14日转入沧州市二医院治疗。事故发生后，虽经原告多次请求，被告仍拒绝为原告办理工伤保险待遇。后原告向沧县劳动人事争议仲裁委员会申请仲裁，但该委做出了错误裁定。为维护原告的合法权益，现诉至法院，请求依法确认原、被告之间存在事实劳动关系，判令被告向原告发放2011年5月10日至今的双倍工资。

被告河北某建筑安装有限公司辩称，被告与原告之间不存在劳动关系，被告不是本案适格被告。被告未招用原告为本公司职工，原告没有证据证明与被告存在劳动用工关系。第三人在本案的仲裁阶段向仲裁机构确认，包括原告在内的四个人都属于由第三人召集在一起成立的帮忙队，哪里有活就去哪里干活，工资是由第三人向原告等四人发放。原告自己也承认自己的劳动接受第三人的管理，工资从第三人处领取。以上事实证明，原告只是第三人招去施工的劳务人员，接受第三人管理，领取第三人发放的工资，双方关系明确，原告与被告之间没有任何关系。根据法律规定，构成劳动关系需要法定条件，劳社部发〔2005〕12号《关于确立劳动关系有关事项的通知》第一条对构成事实劳动关系的条件有明确规定，而原、被告之间不存在劳动关系，原告的起诉也不具备法定条件。综上所述，原告起诉缺乏事实和法律依据，沧县仲裁委员会的裁决认定事实清楚，证据确凿，合法有据，应予以维持。

第三人蔡某辩称，其与原告一伙人都是架子工，哪里有活就去哪里干活，当时这个活是韩秀山承包的工程，叫他们过去帮忙搭架子。

经审理查明，沧东工业区盐海东方职工家园项目系被告承建，原告于2011年5月10日由第三人介绍到该项目工地工作，工作岗位为架子工，2011年7月13日原告在工作过程中摔下架子受伤。原告所从事的工作系第三人为其联系，工资系第三人向其发放。以上事实有原告提交的工程现场照片，律师调查笔录，赵某某、孙某某出具的证明，开庭笔录等证据予以证实。

 审理结果

根据《关于确立劳动关系有关事项的通知》第一条、第二条，《中华人民共和国民事诉讼法》第六十四条，《最高人民法院关于民事诉讼证据的若干规定》第二条的规定，判决如下：驳回原告的诉讼请求。

 **评析意见**

合法的劳动关系受法律保护。本案中，原、被告之间未签订劳动合同，原告主张与被告之间存在事实劳动关系，原告对此应承担举证证明责任。原告提交的证据仅能证实沧东工业区盐海东方职工家园系被告承建，其由第三人介绍至该项目工地工作，工资由第三人发放，并不能证实其受被告单位的劳动管理，从事被告单位安排的有报酬的劳动，原告与被告之间的权利义务关系不具有劳动关系中的从属性、职业性特征，且原告也未提交能证实其与被告之间存在事实劳动关系的其他凭证。综上，本院认为原告不具备与被告存在事实劳动关系的法定条件。原告要求被告支付双倍工资的主张，因双方不存在事实劳动关系，本院也不予支持。

本案在上诉过程中，沧州市中级人民法院认定，根据原告在诉讼中提供的证据，不能证明是被告某公司安排其工作、其接受某公司管理并由某公司向其发放工资，即其与某公司之间存在事实劳动关系，对此原告应当承担举证不能的法律后果。但是，如果某公司承包工程后将工程发包给不具备用工主体资格的个人或者其他组织，对于该组织或者个人招用的劳动者，则应当承担用工主体责任。综上所述，原告的上诉理由缺乏事实依据和法律依据，本院不予支持；原判认定事实清楚、适用法律及判决结果正确，应予维持。

劳动关系如何认定？

劳动关系一般应符合以下条件：（1）劳动者与用人单位双方主体资格合法；（2）劳动者与用人单位有隶属关系，接受用人单位的管理，遵守用人单位的规章制度（如考勤、考核等），服从用人单位的人事安排；（3）用人单位对劳动者具有工资、奖金等方面的分配权利，用人单位支付报酬的方式多以工资的方式定期支付（一般是按月支付），有规律性；（4）劳动者付出劳动是用人单位业务的组成部分，劳动者的劳动力具有用人单位生产所必备的生产要素性质；（5）劳动关系反映的是一种持续性的生产要素结合关系，劳动者与用人单位之间的关系应较为稳定和紧密。

建筑工程施工中，具备用工主体资格的发包人将工程发包给同样具备主体资格的承包人，则承包人招用的劳动者与承包人之间形成劳动关系，与发包人不存在劳动关系；如果承包人又将工程层层分包或者转包给不具有用工主体资格的承包人或实际施工人，该承包人与其招用的劳动者之间不构成劳动关系，而是形成劳务雇佣法律关系，发包方与劳动者之间不存在法律关系，但发包方仍有支付劳动者工资和承担工伤保险责任的法定义务。实际施工人招用的劳动者请求确认与发包人之间存在劳动关系的，不予支持。

本案中，原告卢某某仅是由第三人介绍到被告承建的工程工地进行施工，其工资由第三人发放，并非由被告发放并接受被告管理，原告要求确认其与被告之间的劳动关系，不符合法律规定，对于其因施工所受伤害造成的损失，可通过其他法律关系主张。

（河北省沧州市新华区人民法院　顾　峥）

5. 挂靠车辆所聘用的驾驶员与被挂靠单位能否确认存在劳动关系

原告：沙河市某汽车队
被告：刘某
第三人：赵某

争议焦点

挂靠车辆所聘用的驾驶员与被挂靠单位能否确认存在劳动关系？

基本案情

原告沙河市某汽车队诉称：2014年10月2日，被告刘某之夫李某驾驶冀 EA8908/冀 E3F23 挂重型半挂牵引车在107国道临城县境内发生交通事故，事故造成李某当场死亡。2015年1月，被告刘某向沙河市劳动人事争议调解仲裁委员会申请仲裁，请求确认其丈夫与原告之间存在劳动关系。沙河市劳动人事争议调解仲裁委员会于2015年4月28日做出（2015）沙劳人裁字第9号仲裁裁决书，确认被告刘某之夫李某生前与原告沙河市某汽车队之间存在劳动关系。原告沙河市某汽车队认为，沙河市劳动人事争议调解仲裁委员会做出的裁决缺乏事实依据，适用法律不当，请求法院确认被告之夫李某生前与原告沙河市某汽车队之间不存在劳动关系。

被告刘某辩称：沙河市劳动人事争议调解仲裁委员会做出的（2015）沙劳人裁字第9号仲裁裁决书法理依据充分，裁决得当，请求法院驳回原告的诉讼请求，依法维护作为弱势劳动者的合法权益。

第三人赵某未答辩。

法院经审理查明：刘某之夫李某生前驾驶冀EA8908/冀E3F23挂重型半挂牵引车从事道路货物运输驾驶员工作，具有机动车驾驶证和货物道路运输驾驶从业资格证，其劳动由赵某发放报酬，冀EA8908/冀E3F23挂重型半挂牵引车登记所有人为沙河市某汽车队，道路运输证登记的业户名为沙河市某汽车队。沙河市某汽车队和赵某之间签订有《借款合同书》和《服务协议》，2014年10月2日，刘某之夫李某驾驶冀EA8908/冀E3F23挂重型半挂牵引车发生交通事故死亡。刘某因要求确认李某与沙河市某汽车队存在劳动关系问题向沙河市劳动人事争议调解仲裁委员会申请仲裁。该仲裁委员会于2015年4月28日做出（2015）沙劳人裁字第9号仲裁裁决书，裁决内容如下："申请人之夫李某生前和被申请人沙河市某汽车队存在劳动关系。"仲裁裁决书送达后，原告沙河市某汽车队不服仲裁，在法定期限内起诉至沙河市人民法院。

 审理结果

河北省沙河市人民法院于2015年11月3日做出（2015）沙民一初字第772号民事判决：确认原告沙河市某汽车队与被告刘某之夫李某生前存在劳动关系。河北省邢台市中级人民法院于2016年7月5日做出（2016）冀05民终1092号民事判决书："一、撤销河北省沙河市人民法院（2015）沙民一初字第772号民事判决。二、上诉人沙河市某汽车队与被上诉人刘某的丈夫李某生前不存在劳动关系，但沙河市某汽车队对李某承担工伤保险责任。"

裁判理由

法院生效裁判认为：刘某之夫李某生前与沙河市某汽车队是否存在劳动关系。本案中，赵某将其所有的冀 EA8908/冀 E3F23 挂重型半挂牵引车挂靠在沙河市某汽车队名下，在交通管理和货物运输管理上均是由沙河市某汽车队经营。赵某聘用刘某的丈夫李某驾驶该车从事货物运输，李某接受赵某的管理，并由赵某支付劳动报酬。虽然李某与沙河市某汽车队不足以认定为事实劳动关系，但是参照劳动和社会保障部《关于确立劳动关系有关事项的通知》第四条、《最高人民法院关于审理工伤保险行政案件若干问题的规定》第三条的规定，沙河市某汽车队作为被挂靠单位，对李某在工作中死亡应承担工伤保险责任。沙河市某汽车队在承担工伤保险责任后，有权向实际车主赵某追偿。工伤保险责任的范围小于劳动关系的责任范围。

评析意见

关于车辆挂靠问题，最高人民法院先后由行政庭、民一庭出台了两个答复和一个司法解释。《最高人民法院行政审判庭〈关于车辆挂靠其他单位经营车辆实际所有人聘用的司机工作中伤亡能否认定为工伤问题的答复〉》（〔2006〕行他字第 17 号）规定，个人购买的车辆挂靠在其他单位且以挂靠单位名义对外经营的，其聘用的司机与挂靠单位之间形成了事实劳动关系，在车辆运营中伤亡的，应当适用《劳动法》和《工伤保险条例》的有关规定认定是否构成工伤。

《最高人民法院〈关于车辆挂靠其他单位经营车辆实际所有人聘用的司机与挂靠单位是否形成事实劳动关系的答复〉》（〔2013〕民一他字第 16 号）规定，个人购买的车辆挂靠其他单位且以挂靠单位的名义对外经营的，其聘用的司机与挂靠单位之间不具备劳动关系的基本特征，不宜认定其形成了事实劳动关系。

《最高人民法院关于审理工伤保险行政案件若干问题的规定》第三条规定："社会保险行政部门认定下列单位为承担工伤保险责任的，人民法院应予支持：……（五）个人挂靠其他单位对外经营，其聘用的人员因工伤伤亡的，被挂靠单位为承担工伤保险责任的单位。前款（四）、（五）项明确的承担工伤保险责任的单位承担赔偿责任或者社会保险经办机构从工伤保险基金支付工伤保险待遇后，有权向相关组织、单位和个人追偿。"

从上述答复和司法解释中可以看出，对于挂靠关系，行政庭认定存在劳动关系，民一庭认定不存在劳动关系，司法解释不认可存在劳动关系，但被挂靠单位要承担工伤保险责任。

挂靠车辆所聘用的驾驶员与被挂靠单位是否存在劳动关系是目前法院审理劳动争议案件比较棘手的一个问题，各地掌握的标准也不一样。一旦挂靠车辆所聘用的驾驶员发生伤亡，就会依据《最高人民法院关于审理工伤保险行政案件若干问题的规定》第三条提出与被挂靠单位存在劳动关系。经与工伤保险部门沟通，如果法院不在判决中认定被挂靠单位承担工伤保险责任，则工伤保险部门就不认定工伤，那么《最高人民法院关于审理工伤保险行政案件若干问题的规定》第三条之规定就无法落实。如果判决被挂靠单位承担工伤保险责任，那么与当事人提出的确认劳动关系又有些矛盾。为了保护劳动者弱势群体，倾向于表述为被挂靠单位承担工伤保险责任。

另外，与车辆挂靠问题相类似的还有矿山、建筑施工等企业将工程或经营权发包给不具备用工主体资格的组织或自然人，对该组织或自然人招用的劳动者申请确认劳动关系问题。以上问题应统一裁判标准，可有效减少纠纷。

（河北省邢台市中级人民法院　信深谦）

6. 服务到家，方便他人之余能否保障自己

申请人：张阿姨
被申请人：A公司

争议焦点

1. 提供到家服务的张阿姨是否与A公司存在劳动关系？
2. 若劳动关系成立，计件工资是否遵循"工资不得低于北京市最低工资标准"的规定？
3. 若劳动关系成立，提供到家服务人员加班情况如何认定？

基本案情

在繁忙的大都市中，来来往往的人们步履匆匆，时间显得格外宝贵。无暇清洁整理自己的安乐窝，无暇到按摩院享受一次筋骨的放松，甚至无暇为自己准备一顿可口的晚餐。这些，已经成为人们普遍且无奈的感叹。当然，中国人的智慧不会让感叹长久，到家保洁、到家按摩、到家厨师、到家美甲等服务也随着潮流孕育而生。那么，提供服务者在给他人提供温馨快捷服务的同时，自身又能得到多少权益保障呢？

张阿姨，受雇于A公司，双方签署一份《服务协议》，其中写明张阿姨可自行通过手机APP有选择性地接单，自行上门入户进

行家庭保洁工作。张阿姨每月接单量不得少于 10 单，少于则扣减全月服务费的 20%，悔单量不得多于 5 单，多于则不予发放全月服务费。张阿姨使用的清洁剂等用品需从 A 公司购买，双方未约定张阿姨需遵守 A 公司的任何制度。张阿姨主张全月服务费即是其工资，A 公司不予认可，主张服务费即张阿姨上门提供服务后客户所支付的费用，张阿姨提供银行打卡记录，其中显示 A 公司按月向其支付备注为"服务费"的款项。张阿姨主张因近期公司优惠政策减少，订单量也骤减，符合其自身要求的订单更少，其为完成基本订单量的要求，不得不到距家十几公里外的地方提供劳动，其工作时间长了，所得报酬未增反减，2015 年 9 月，其完成订单数为 19 单，可拿到的工资却低于北京市最低工资标准。张阿姨提出异议，要求 A 公司支付工资差额及加班费，A 公司主张张阿姨的服务费属于计件方式，无最低标准，故拒绝支付。2015 年 10 月的一天，张阿姨骑自行车到客户家服务，在路上与汽车发生剐蹭，胯部摔伤，不但因此事而导致订单未完成并获得差评，影响了今后的订单情况，还自行支付了医药费用。张阿姨不满，找 A 公司报销医药费用，A 公司主张医药费用应由张阿姨自行承担。2015 年 11 月，张阿姨喜得外孙，她因 9 月、10 月工作的不顺利，且获得的报酬还不够女儿负担保姆的费用，决定自己在家照顾女儿坐月子。其仅在月初正常提供了 3 单服务后便未再接单，A 公司向其发送两次接单量不足的短信提醒后向其指派 7 单，其均悔单，A 公司在次月结算费用时，未向张阿姨支付任何费用。张阿姨基于与 A 公司存在劳动关系提出仲裁申请，A 公司辩称双方不存在劳动关系。

申请人请求：（1）要求确认双方存在劳动关系。（2）支付 2015 年 9 月低于北京市最低工资标准的工资差额 470 元。（3）支付 2015 年 10 月医药费用 637.83 元。（4）支付 2015 年 11 月的工资 300 元。（5）支付 2015 年 8 月至 10 月的延时加班费 1 100 元。

审理结果

驳回张阿姨的仲裁申请。

评析意见

本案中，双方当事人签署了《服务协议》，那么，是否认定为劳动关系便成为案件的关键。首先要明确的是，张阿姨签订《服务协议》的行为与双方是否存在劳动关系不是对立冲突的，是可以共同存在的。其次，早在 2005 年劳动和社会保障部就有《关于确立劳动关系有关事项的通知》(以下简称《通知》)，《通知》中有两项值得我们注意的重要内容："一、用人单位招用劳动者未订立书面劳动合同，但同时具备下列情形的，劳动关系成立。(一)用人单位和劳动者符合法律、法规规定的主体资格；(二)用人单位依法制定的各项劳动规章制度适用于劳动者，劳动者受用人单位的劳动管理，从事用人单位安排的有报酬的劳动；(三)劳动者提供的劳动是用人单位业务的组成部分。二、用人单位未与劳动者签订劳动合同，认定双方存在劳动关系时可参照下列凭证：(一)工资支付凭证或记录（职工工资发放花名册）、缴纳各项社会保险费的记录；(二)用人单位向劳动者发放的'工作证''服务证'等能够证明身份的证件；(三)劳动者填写的用人单位招工招聘'登记表''报名表'等招用记录；(四)考勤记录；(五)其他劳动者的证言等。"根据案情来看，张阿姨在未签订劳动合同的情况下，双方虽然均具备主体资格，且张阿姨也从事用人单位主营业务，但其在正常情况下系自行有选择性地接单，不受 A 公司的指派，仅在其出现未达到双方协议约定的情况下，A 公司才向其指派订单，且张阿姨享有悔单的权利，双方也未约定张阿姨需要遵守 A 公司的任何规章制度，张阿姨的情况不符合《通知》中应同时具备三个条件的规定，且张阿姨提供的银行打卡记录中显示的也是"服务费"，并非"工资"，与双方签署的《服务协议》一致，故不应认定为劳动关系。

实行计件工资或提成工资等工资形式的用人单位，在科学合理的劳动定额基础上，其支付劳动者的工资不得低于相应的最低工资标准。张阿姨的案件若认定为劳动关系，那么A公司与张阿姨约定每月接单量不少于10单，应视为张阿姨的最低劳动定额，张阿姨2015年9月完成订单数为19单，不低于用人单位向其规定的最低劳动定额，故A公司向张阿姨支付的工资不得低于北京市最低工资标准，在查明实发数额已低于的情况下，应补齐。

劳动者主张加班的，应就加班事实负有举证责任。张阿姨的案件中，在劳动关系已认定的前提下，其不属于朝九晚五的办公族，无具体的上下班时间，用人单位仅能够通过订单服务时长掌握张阿姨实际工作时间，但张阿姨在到客户家路途中的时间，用人单位无法计算，且双方协议中已约定，用人单位派单方式遵循就近原则，可见用人单位也尽量考虑节约劳动者的交通成本。单凭张阿姨全月全部订单时长计算，也未超出法定工作时间，在张阿姨未提供证据证明其延长工作时间的情况下，加班费不予支持。

（北京市朝阳区劳动人事争议仲裁院　康　琳）

7. 建筑企业与包工头招用的劳动者是否存在劳动关系

申请人：马某
被申请人：某市政建设公司
第三人：包工头孟某

争议焦点

违法发包建筑施工企业与包工头招用的劳动者是否存在劳动关系？

基本案情

2014年6月，某市政建设公司承包了A地块工程。2014年6月20日，某市政建设公司把该地块部分工程以劳务分包的形式分包给包工头孟某，并与孟某签订了劳务分包合同，孟某系实际施工人。马某主张包工头孟某招用其到A地块工程从事水暖工作，期间为2015年3月6日至2016年1月29日，孟某是该工程的包工头，孟某与其口头约定日工资为200元。某市政建设公司与马某未订立书面劳动合同，也未支付过马某工资。某市政建设公司与孟某于2016年1月30日签署了《结算协议》，双方在协议中确认了工程款总额为1 341 907元，已支付孟某工程款1 218 000元，剩余工程款123 907元。2016年2月1日，某市政建设公司向孟某支付了最后一笔工程款 123 907 元。马某主张孟某不具备用工主体资格，且未足额支付其工资等，故申请劳动仲裁，请求裁决某市政建设公司支付其工资差额、未签订书面劳动合同双倍工资差额、加班工资、停工期间工资等。

审理结果

仲裁委员会认为，马某与某市政建设公司之间并非劳动关系，故马某基于其与某市政建设公司之间存在劳动关系的各项仲裁请求，缺乏事实和法律依据，仲裁委员会均不予支持。

评析意见

本案是一起因个人承包工程而引发的争议，问题的焦点就在于马某与某市政建设公司之间能否认定为劳动关系。某市政建设公司认为，公司对马某既不实施管理，也不发放工资，双方不存在劳动关系。马某则认为，某市政建设公司将工程违法分包给不具有用工主体资格的孟某，该公司才是实际的用人单位，依据《关于确立劳动关系有关事项的通知》第四条之规定，"建筑施工、矿山企业等用人单位将工程（业务）或经营权发包给不具备用工主体资格的组织或自然人，对该组织或自然人招用的劳动者，由具备用工主体资格的发包方承担用工主体责任"。某市政建设公司应承担用工主体责任，即某市政建设公司与其存在劳动关系。

笔者认为，事实劳动关系的认定应根据《关于确立劳动关系有关事项的通知》第一条的规定，包括双方的主体资格、劳动管理、业务范围、劳动报酬等因素。本案中，某市政建设公司将工程违法分包给不具备用工主体资格的孟某，马某由包工头孟某雇用、管理并支付劳动报酬，事实清楚，关键在于如何理解《关于确立劳动关系有关事项的通知》中的"用工主体责任"。对此,实践中看法不一。一种观点认为,承包者个人与其招用的劳动者之间应被认定为雇佣关系,建筑施工企业与劳动者之间既不存在雇佣关系,也不存在劳动关系。理由是:建筑施工企业与包工头之间只是分包、转包关系,劳动者是由包工头雇用的,其与建筑施工企业之间并无建立劳动关系或雇佣关系的合意。因此,"用工主体责任"应当理解为一种责任承担的连带关系。

另一种观点则认为,"用工主体责任"就是要求发包方承担用人单位的责任,即发包方与不具备用工主体资格的组织或自然人所招用的劳动者已经建立了劳动关系,这样有利于对劳动者的保护。

笔者同意第一种观点。

首先,《全国民事审判工作会议纪要》(法办〔2011〕442号)第59条明确规定:"建设单位将工程发包给承包人,承包人又非法转包或者违法分包给实际施工人,实际施工人招用的劳动者请求确认与具有用工主体资格的发包人之间存在劳动关系的,不予支持。"也就是说,即使建筑施工企业将工程分包给无用工资质的个人,个人所招用的劳动者也不能以此要求确定与建筑施工企业建立了劳动关系。《中华人民共和国劳动合同法》(以下简称《劳动合同法》)第三条明确规定,建立劳动关系必须遵循自愿原则。实际上,劳动者往往不知道具有用工主体资格的承包人、转包人或分包人是谁,承包人、转包人或分包人同样也不清楚该劳动者是谁,是否实际为其工程提供了劳务,在这种完全缺乏双方合意的情形下,直接认定二者之间存在合法劳动关系,不符合实事求是原则。如果通过仲裁或者司法判决方式强行认定他们之间存在劳动关系,则等于违背了《劳动合同法》总则中对自愿原则的规定。承包人、分包人或转包人违反了《建筑法》的相关规定,应当承担相应的行政责任或民事责任,而不能为了达到制裁这种违法发包、分包或者转包行为的目的,就可以任意超越《劳动合同法》的有关规定,强行认定本来不存在的劳动关系。

其次，虽然不能认定马某与某市政建设公司存在劳动关系，但是这并不意味着马某的劳动权益就得不到保护。《劳动合同法》第九十四条有明确规定："个人承包经营违反本法规定招用劳动者，给劳动者造成损害的，发包的组织与个人承包经营者承担连带赔偿责任。"实践中，个人承包经营者（即包工头）往往没有足够财力承担民事责任，为了保护劳动者的权益，在劳动者遭受损失时，承包人、分包人或转包人就要承担民事上的连带赔偿责任。因此，如果孟某拖欠马某的工资，马某可以要求某市政建设公司承担连带支付工资的责任。若劳动者遭遇工伤，发包方更无法逃避赔偿责任。《关于审理工伤保险行政案件若干问题的规定》（最高人民法院法释〔2014〕9号）第三条第四款规定，用工单位违反法律、法规规定将承包业务转包给不具备用工主体资格的组织或者自然人，该组织或者自然人聘用的职工从事承包业务时因工伤亡的，用工单位为承担工伤保险责任的单位。《人力资源社会保障部关于执行〈工伤保险条例〉若干问题的意见》（人社部发〔2013〕34号）第七条也规定："具备用工主体资格的承包单位违反法律、法规规定，将承包业务转包、分包给不具备用工主体资格的组织或者自然人，该组织或者自然人招用的劳动者从事承包业务时因工伤亡的，由该具备用工主体资格的承包单位承担用人单位依法应承担的工伤保险责任。"据此，笔者认为《关于确立劳动关系有关事项的通知》中的"用工主体责任"应理解为"工伤保险责任"，这也是对不具备用工主体资格的组织或自然人所招用的劳动者因工受伤时的一种保护。

（北京市平谷区劳动人事争议仲裁委员会　范俊雷）

8. 公司规章制度规定上下级连坐的能否作为合法解除劳动关系的依据

申请人：钟某
被申请人：某日用品有限公司

争议焦点

1. 公司制度规定下级犯错上级同责的，是否符合法律规定？
2. 仲裁委员会应否对公司规章制度的合理性进行审查？

基本案情

布小顺系某日用品有限公司销售员，在 2015 年 10 月的管理巡查活动中，某日用品有限公司查实布小顺在上班期间向客户推销产品存在除按照公司规定收取定额提成外，擅自提高报价且隐瞒部分实际销售费用据为己有的行为。2015 年 11 月 26 日，该公司以严重违反《员工手册》规定为由，将布小顺辞退。同时，某日用品有限公司还依据经过民主程序制定并公示的《中层及以下管理人员问责办法》（以下简称《问责办法》）第 33 条的规定，"员工存在下列行为，严重违反公司规章制度被辞退的，公司有权解除对该员工负有直接管理责任的人员的劳动关系，并不支付任何补偿：……（二）运用欺瞒、胁迫等手段，给公司造成实际损失的"，将对布小顺负有直接管理义务的上级销售主管钟某予以辞退。2016 年 6 月

23日，钟某以《问责办法》涉嫌"霸王条款"为由，向仲裁委员会提起劳动争议仲裁申请，要求某日用品有限公司支付违法解除劳动关系赔偿金。

审理结果

支持钟某要求支付违法解除劳动关系赔偿金的请求。

评析意见

本案争议的要点在于经过民主程序制定并公示的公司规章制度，规定上级因下级犯错误而同样受罚能否作为仲裁机构认定合法解除劳动关系的依据。具体到本案，存在两种不同的观点。一种观点认为，规章制度已经经过法定民主程序审议并通过，且已通过公示等方式向员工布小顺及其上级主管钟某履行完毕告知手续，布、钟二人应视为知晓并承诺遵守该制度，用人单位以此为由解除劳动关系属合法解除，仲裁委员会不应支持钟某的仲裁请求。另一种观点认为，规章制度之所以能够作为裁定案件的依据，来源于法律规范和政策的授权，必须兼具合法性与合理性。公司规章制度仅能对劳动法律、法规及政策进行细化，而不能违反劳动法律、法规精神或严苛于法律的具体规定。上下级同责的"连坐"式制度规定，不符合劳动法对劳动者权益保护的立法精神，属"自始无效"状态，用人单位以此为由解除与劳动者的劳动关系属于违法解除，应支付违法解除劳动关系赔偿金。

笔者更为倾向第二种观点，并据此支持申请人钟某的仲裁请求。

首先，合法性是合理性的基础。仲裁委员会能够对规章制度进行合法性审查是最基本且毋庸置疑的。参照《最高人民法院关于审理劳动争议案件适用法律若干问题的解释（一）》第十九条的规定"用人单位根据《劳动法》第四条之规定，通过民主程序制定的规章制度，不违反国家法律、行政法规及政策规定，并已向劳动者公示的，可以作为人民法院审理劳动争议案件的依据"，因此，仲裁委员会在审查公司规章制度是否合法时必须要求该制度在内容与形式上均不得存在瑕疵，即在形式上经过民主程序制定且必须经过公示，即履行完毕向劳动者告知的手续。此外，内容上不违反国家法律、行政法规及其他政策，此处必须明确，合法性原则表述的"不违反"实际包含两层含义，不违反强制性规定、不违反法律原则和精神，二者缺一不可。满足内容与形式两种要件，该制度即具备合法性。

其次，最重要的是仲裁委员会能否对规章制度的合理性进行审查。英国著名法律改革家、法官丹宁勋爵在其著作《法律的训诫》一书中言道："法官不要按照语言的字面意思或句子的语法结构去理解和执行法律，他们应该本着法律语言词句背后的立法者的构思和意图去行事。当他们碰到一种在他们看来符合立法精神而不是法律名词的情况时，他们就要靠寻求立法机构所要取得的效果的方法来解决这个问题，然后他们再解释法规，以便产生这种预期的效果。"可见，仲裁人员绝不应为法律条文所局限，而犯了"教条主义"的错误。合理性是合法性的延展，其植根于合法性，而更多需要用当时社会大众一般理性认知与主流伦理道德来权衡，判断一事物是否符合现行法律更深层次的立法精神并能使裁判结果被绝大多数人所接受，这是现代社会司法与"准司法"制度文明进步的表现。劳动仲裁的作用是在当事者相互冲突的利益中，做一适当判断，求一合理解决。劳动关系中，用人单位对劳动者的用工管理权和财产的相对优势造成了双方在实际生活中的不平等性，企业制定的规章制度势必对劳动者的权益产生极大影响，因此，司法机关、仲裁机构、劳动部门有义务对规章制度的合理性进行必要审查，使之不得逾越用人单位实现自身权益的必要限度,并在劳资双方权益中维持相对平衡,故而,仲裁机构对公司规章制度合理性的审查是法治之必然,也是职责之要求。

回到本案。《问责办法》已经经过某日用品有限公司民主程序制定并已通过公示方式告知包括钟某在内的全体员工,符合合法性的外观。内容方面,《问责办法》似乎也未与任何现行法律、法规和政策的具体条款产生冲突,但究其本质,公司规章制度是建立在劳动关系的基础上,劳动关系的内容是与劳动过程紧密相连的财产关系和人身关系,更加强调劳动主体的特定与亲为,劳动者仅应承担因其自身过错而产生的责任,而责任自负、罪责罚相一致原则是我国一般法律的基本精神和原则。上下级一事同责这种明显带有"连坐"性质的起源于古中华法系之流弊的严苛的追责方法显然不符合现代法治观念,早已被我国法律所摈弃。

在合理性方面,《问责办法》对应的负有监管责任的上级的失察失职行为,是用制度确保上级对其下属人员职业操守的绝对保障和过错后果的无限连带责任。钟某作为上级主管,其下属布小顺的违纪行为如确属其职责范围,也是因自己的疏忽或放任导致对下属销售员布小顺违纪行为的管理"缺位"给公司造成损失,应在一定程度上承担与该过错相一致的责任。但在公司规定收取定额提成外,擅自提高商品价格,隐瞒部分实际销售费用据为己有的行为难以在公司账面上有所体现,而销售员工作本身的流动性和不固定导致了对其进行有效监督的困难,我们不能强求上级主管履行向每名客户核实产品价格与产品归属的过高的"注意义务",法律尚不能强人所难,更何况公司制度,而解除劳动关系这一最终的追责手段在适用上也有其一套严格的伦理和程序规范。因此,规章制度规定上下级一事同责是公司强加给上级劳动者的一种与现代管理技术和经验不相符合的超越劳动者履职行为能力的单方义务,违背了一般社会大众对劳动责任和劳动关系所共同认知和遵守的主流价值观,不具有合理性。某日用品有限公司以此为由解除与钟某的劳动关系属违法解除。

(北京市顺义区劳动人事争议仲裁院　安　祺)

9. 求职陷入应聘门，企业应承担缔约过失责任

原告：商某
被告：某材料公司

争议焦点

1. 劳动法领域是否适用缔约过失责任？
2. 赔偿数额如何确定？

基本案情

原告商某原在案外人某律师事务所担任律师助理，月工资3 400元。工作期间，商某通过互联网对外发布求职简历。2014年8月15日，被告某材料公司与商某联系，通知其8月19日进行面试。8月25日，某材料公司向商某发送电子邮件，通知已录取其担任法务专员，并要求商某于2014年9月9日入职，同时告知工资标准、工作时间及需携带身份证件、学历学位证件、电子照片、北京银行工资卡等上班有关事宜。8月26日，商某与其原单位某律师事务所解除劳动合同。8月29日，某材料公司再次向商某发送电子邮件，以商某仍在职、没有及时提供离职证明为由，决定不予录取。9月2日，商某回复电子邮件，称其在收到录取通知后已及时办理离职，现尚未到9月9日的入职期限，某材料公司以其未及时

办理离职手续为由不予录用，违反承诺。

其后，商某申请劳动仲裁，要求某材料公司支付不能与原工作单位某律师事务所继续履行劳动合同及不能正常缴纳社会保险所造成的经济损失 38 555 元。仲裁委员会裁决驳回商某的仲裁请求。商某不服该裁决，向北京市通州区人民法院提起诉讼。

北京市通州区人民法院经审理认为，订立劳动合同，应当遵循合法、公平、平等自愿、协商一致、诚实信用的原则；因违背诚实信用原则给对方造成损失的，应当承担损害赔偿责任。根据查明的事实，商某、某材料公司经网络招聘、面试达成一致，某材料公司决定录用商某从事法务专员工作，并要求商某于9月9日入职，商某随即与原工作单位解除劳动合同，但此后某材料公司未录用商某。某材料公司主张因商某未按期提交离职证明，于8月29日决定不予录用商某，但商某对此不予认可，某材料公司未能提供确实有效证据证明其主张；同时，某材料公司8月25日发送的书面录用通知中，详细记载了要求商某提供的证件、照片、银行卡等材料，并不包含离职证明，故对于某材料公司的该项主张，通州区人民法院不予采信。某材料公司不予录用商某的行为，违反了诚实信用原则，商某基于对某材料公司的缔约信赖已与原工作单位解除劳动合同，某材料公司应赔偿商某因此遭受的损失。对于具体损失数额，法院综合考量某材料公司的过失程度、商某自2014年9月起未主动求职、商某工资标准等因素予以酌定。综上，判决某材料公司支付商某经济损失 3 400 元，驳回商某的其他诉讼请求。

审理结果

一审宣判后，商某提起上诉。二审维持原判。

 **评析意见**

本案涉及的争议焦点有二：一是劳动法领域是否适用缔约过失责任；二是赔偿数额如何确定。

1. 劳动法领域的缔约过失责任

缔约过失责任制度是民法中的一项重要制度，用以规范合同订立阶段当事人的行为。《中华人民共和国合同法》（以下简称《合同法》）第四十二条规定："当事人在订立合同过程中有下列情形之一，给对方造成损失的，应当承担损害赔偿责任：（一）假借订立合同，恶意进行磋商；（二）故意隐瞒与订立合同有关的重要事实或者提供虚假情况；（三）有其他违背诚实信用原则的行为。"上述规定确立了我国合同法上的缔约过失责任制度，由此，缔约过失责任分为两大类，一为合同不成立的缔约过失责任，二为合同无效或被撤销的缔约过失责任。

在劳动法领域，《中华人民共和国劳动合同法》（以下简称《劳动合同法》）没有完全采纳《合同法》中上述缔约过失责任制度，仅仅规定了三种无效情形的缔约过失。《劳动合同法》第二十六条规定："下列劳动合同无效或者部分无效：（一）以欺诈、胁迫的手段或者乘人之危，使对方在违背真实意思的情况下订立或者变更劳动合同的；（二）用人单位免除自己的法定责任、排除劳动者权利的；（三）违反法律、行政法规强制性规定的。"同时，《劳动合同法》第八十六条规定："劳动合同依照本法第二十六条规定被确认无效，给对方造成损害的，有过错的一方应当承担赔偿责任。"

然而，在劳动合同订立过程中，因合同双方违反诚实信用原则导致合同未能签订的情形屡见不鲜，《劳动合同法》对此尚存空白，在司法实践中，多援引《合同法》中有关缔约过失责任的规定进行填补，本案就是劳动合同未能成立情形下承担缔约过失责任的典型代表。

劳动合同本质上仍属民事合同，因此，在劳动法领域审视合同未订立的缔约过失责任与《合同法》无异。即缔约一方遭受损失，另一方违反先合同义务，且违反先合同义务者有过错，则违反先合同义务的行为与该损失之间有因果关系。

具体到本案，商某、某材料公司经网络招聘、面试达成一致，某材料公司决定录用商某从事法务专员工作，并要求商某于9月9日入职，商某基于对某材料公司缔约的信赖与原单位解除劳动合同，但某材料公司对商某未予录取，商某必然存在相应损失，且该损失与某材料公司未予录取的行为存在直接因果关系，因此，某材料公司是否承担缔约过失责任取决于其是否存在过错。某材料公司主张因商某未按期提交离职证明而不予录用，但某材料公司发送的书面录用通知中，详细记载了要求商某提供的证件、照片、银行卡等材料，并不包含离职证明，某材料公司不能提供确实有效证据证明其主张，某材料公司的行为违反基本的诚实信用原则，应当受到惩戒。

2. 商某的损失如何确定

缔约过失责任的赔偿范围以当事人的信赖利益为限。所谓信赖利益的损失，指一方因信赖合同的成立和有效发生了费用，但由于合同的不成立和无效的结果所蒙受的损失。信赖利益的损失包括直接损失和间接损失。《劳动合同法》第八十六条已对劳动合同无效情形下的损失赔偿做出规定，在此不展开讨论。

在劳动合同未订立的情况下，赔偿范围如何界定。首先，直接损失通常有如下信赖人的直接财产的减少：（1）缔约费用，如为准备面试支付的交通费用、邮电费用、住宿费用等合理损失；（2）准备履行支出的费用，如用人单位为职工履职而支付的培训费用、为职工租房支付的费用、相关特殊岗位体检的费用等合理损失。其次是间接损失，也可以称为机会损失，指缔约方基于对对方的信赖而导致的丧失与第三方订立合同的机会。如劳动者因与用人单位订立劳动合同而丧失了在其他单位的就职机会或者失去原单位的职位。间接损失很难确定。由于我国就业的严峻形势，每一个就业机会对于求职者都是弥足珍贵的，所以机会损失对于劳动者来讲更值得法律保护。在具体裁量时，应综合考虑双方过错程度、劳动者的就业能力及意愿、劳动者的实际工资水平等多重因素，在1~3个月工资标准内合理确定。

本案中，商某主张其与原单位解除劳动合同之日至原劳动合同终止之日的全部工资损失，但商某在庭审时自述其与原单位解除合同后未主动求职，欲自主创业，此系商某未能短期内就业的直接因素，由此产生的扩大损失不应由用人单位承担；此后，商某从事出租汽车司机工作，其未能就业的情形已消除，故商某之主张明显过高。同时，考虑在缔约过失理论中，信赖利益的损失一般不得超过履行利益，即使某材料公司与商某顺利订立劳动合同并履行，也不排除在试用期内双方相互考量后提出解除劳动合同。因此，通州区人民法院综合考虑上述分析及商某在原单位的工资标准、商某诉求，酌定商某的机会损失为1个月原工资，公平合理。

（北京市通州区人民法院　芦玉杰）

10. 公司注销后用人单位责任承担主体的探究

申请人： 丁某

被申请人： 北京 A 时装公司

争议焦点

公司在注销前发生的劳动争议，公司注销后，应当由谁来承担用人单位主体责任？

基本案情

丁某于 2012 年 3 月 1 日入职厦门 A 时装公司北京分公司，并与其签订了为期 5 年的劳动合同。2015 年 4 月，丁某受工伤，公司配合其办理了工伤证等相关手续。2015 年 12 月 1 日，丁某复工，在相同的工作地点从事与受伤前相同的工作。因用人单位没有支付丁某停工留薪期工资，复工后丁某一直就此事与公司协商。协商无果后，丁某决定提起仲裁申请。

然而，2016 年 1 月 26 日，丁某在提起仲裁申请时却发现厦门 A 时装公司北京分公司已经于 2015 年 7 月注销。与此同时，北京 A 时装公司的法人名称、注册地、经营场所均与厦门 A 时装公司北京分公司相同，经营范围和单位名称也与其相似。想到自己在 2015 年 7 月后还在付出实际劳动，甚至工作地点、工作内容都没有变化，丁某认为这两个公司实际上就是同一间公司，于是当日便以北京 A 时装公司为被申请人，请求支付其 2015 年 4 月 1 日至 2015 年 12 月 1 日期间的停工留薪期工资 40 000 元。

审理结果

裁决驳回丁某的仲裁请求。

评析意见

1. 相关法律规则

公司作为社会经济发展的重要力量，其"生死"关乎公司、股东和债权人三方的权益。特别是公司解散时，因存在各方权益的清算或承继问题，处理不当则会产生争议甚至发生混乱。劳动者作为特殊的债权人，发生争议时，一般以开业的用人单位为债务承担主体，但是在公司注销后，因适格被申请人的不复存在，用人单位主体责任应当由谁承担就值得我们思考并将其理顺。

我们先从公司解散的原因来分析。依据《中华人民共和国公司法》（以下简称《公司法》）第一百八十条，公司解散的原因有如下五种："（一）公司章程规定的营业期限届满或者公司章程规定的其他解散事由出现；（二）股东会或者股东大会决议解散；（三）因公司合并或者分立需要解散；（四）依法被吊销营业执照、责令关闭或者被撤销；（五）人民法院依照本法第一百八十二条的规定予以解散。"其中第一百八十二条是关于公司陷入僵局后，经法院判决的司法解散程序。

（1）非因公司合并或者分立解散的

1）具有法人身份公司的解散

除因上述第三项原因公司解散外，所有具有法人身份的公司在注销前均应依法进行清算，以了结各方债权债务。若公司未进行清算即办理注销登记，或者清算过程中存在程序瑕疵导致债权人受损失的，依据《最高人民法院关于适用〈中华人民共和国公司法〉若干问题的规定（二）》的规定，承担责任的主体应为自然人。区分各种不同的情形，责任主体可能为公司股东、股份公司的控股股东、公司的实际控制人或者清算组成员等。因此，若用人单位的解散原因并非公司合并或者分立，则在公司注销后，承担劳动债权责任的应为自然人，这样的案件因被申请人的自然人身份，并不属于仲裁委员会的受案范围。

2）分公司、分支机构等不具有法人身份公司的解散

与具有法人身份的公司不同，分公司注销程序的启动由总公司的意志决定，且依据《中华人民共和国公司登记管理条例》第四十九条的规定，分公司注销时需要提交法定代表人签署的注销登记申请书和分公司的《营业执照》。而清算报告并非是必备材料，因此，分公司注销后责任的承担并不适用于上述的相关规则。

依据《公司法》第十四条规定："分公司不具有法人资格，其民事责任由公司承担。"因此，分公司注销后，劳动者应当向总公司主张权利。

另外，依据《中华人民共和国劳动合同法实施条例》第四条的规定："劳动合同法规定的用人单位设立的分支机构，依法取得营业执照或者登记证书的，可以作为用人单位与劳动者订立劳动合同；未依法取得营业执照或者登记证书的，受用人单位委托可以与劳动者订立劳动合同。"因此，取得营业执照的分公司不具有法人资格，却具备劳动法上合法的用人单位资格。分公司注销后，相关民事责任由总公司承担，但是劳动关系则因用人单位的消灭而终止。这也是劳动关系与民事关系的重要区别。

（2）因公司合并或者分立解散的

公司合并时，无论采用吸收合并还是新设立合并的方式，都会

发生公司的解散，此时，解散后注销公司的债权债务将由合并后或新设立的公司完整承继。

公司分立的，则分立前的公司解散。依据《公司法》第一百七十六条的规定："公司分立前的债务由分立后的公司承担连带责任。但是，公司在分立前与债权人就债务清偿达成的书面协议另有约定的除外。"因此，即使劳动者难以掌握分立协议关于债务承担的约定，仍然可以请求分立后的公司中的任意一家对其合法的劳动债权承担连带责任。然后，承担责任的公司再根据分立协议向其他分立后的公司追偿。

最后，我国公司的合并分立采用了登记生效制度。依据《中华人民共和国民法通则》第四十四条规定，企业法人合并分立应当向登记机关办理登记并公告。如果未经办理登记并公告，企业法人合并分立的行为不具有法律效力。

2. 本案分析及延伸思考

（1）关于公司注销后劳动债权责任的承担主体

本案中，丁某与厦门Ａ时装公司北京分公司签订有劳动合同，劳动合同期间覆盖了系争期间。丁某自2015年4月发生工伤后开始治疗休养，2015年7月，厦门Ａ时装公司北京分公司注销，双方劳动关系依法终止。另查，北京Ａ时装公司于2014年4月注册成立。

尽管北京Ａ时装公司与厦门Ａ时装公司北京分公司存在名称、经营范围上的相似，甚至存在相同的注册地址、法人名称、办公地址，但是在北京Ａ时装公司否认其与厦门Ａ时装公司北京分公司系合并前后关系的前提下，没有工商部门出具的相关文件，并不能直接认定二者之间存在债权债务的承继关系，承担劳动债权的主体仍然可能是厦门Ａ时装公司北京分公司的股东、清算组成员等自然人主体。因此，不能认定北京Ａ时装公司是丁某停工留薪期工资的责任主体，仲裁委员会裁决驳回丁某的仲裁请求。

(2) 关于丁某与北京 A 时装公司的劳动关系

此项内容并非当事人的仲裁请求，但可作为本文关于公司注销后劳动关系归属的一点思考。丁某自 2015 年 12 月 1 日复工后，一直在北京 A 时装公司的经营地工作，对此，北京 A 时装公司表示认可。因此，尽管对于厦门 A 时装公司北京分公司注销后至丁某复工前双方是否存在劳动关系难以下定论，但是自 2015 年 12 月 1 日后，丁某为北京 A 时装公司提供了实际劳动，双方之间的关系符合劳动关系三要素的特征，因此，双方至少在 2015 年 12 月 1 日至 2016 年 1 月 26 日期间存在劳动关系。

然而，对于系争期间，本文认为还需从解散的原因出发探讨。若厦门 A 时装公司北京分公司非因合并分立的原因注销，那么，其与北京 A 时装公司是完全独立核算的公司，若北京 A 时装公司有意与劳动者之间建立劳动关系，则应订立劳动合同，确认双方的权利义务。

若厦门 A 时装公司北京分公司因被北京 A 时装公司吸收而合并，依据《中华人民共和国劳动合同法》第三十四条的规定："用人单位发生合并或者分立等情况，原劳动合同继续有效，劳动合同由承继其权利和义务的用人单位继续履行。"这样的规定实际上契合了劳动法保护劳动者权益的原则，配合我国劳动关系的解除制度，在劳动合同的用人单位一方主体发生变更时，劳动合同法将是否继续建立人身和财产的复合关系的选择权交给了劳动者。在劳动关系市场并不平等的现状下，形成了以保持原有劳动关系状态为基础，劳动者一方享有选择权的制度体系。

(3) 社保关系与劳动关系的脱离

值得一提的是，丁某在立案时提交了社保缴费记录单，该项证据显示：2015 年 7 月至立案时，厦门 A 时装公司北京分公司仍然在为丁某缴纳社保。也就是说，即使作为用人单位主体不复存在，但是其社保账户仍然可以继续使用。经过查询资料，发现公司注销时，社保账户的注销同工商登记注销一样，需要公司主动申请，并不存在挂钩联动。这也造成了劳动关系可能已经依法终止而社保关系却依旧存续的情况出现。

(北京市顺义区劳动人事争议仲裁院　袁林楠)

11. 杨某诉天津市某劳务公司确认劳动关系纠纷案

原告（被上诉人）：杨某
被告（上诉人）：天津市某劳务公司

争议焦点

实际施工人聘用的劳动者与建筑施工企业间法律关系应当如何界定（即双方是否存在劳动关系）？

基本案情

原告杨某诉称：其于2014年6月19日到天津市某劳务公司工作，双方未签订书面劳动合同，工作地点是天津市滨海新区第二大街天保金海岸项目工地。7月1日，杨某上班途中发生工伤，但天津市某劳务公司不认可双方的劳动关系。故杨某诉至法院，请求判令：(1) 依法确认杨某和天津市某劳务公司的事实劳动关系。(2) 本案诉讼费由天津市某劳务公司承担。

被告天津市某劳务公司辩称：原、被告之间不存在劳动关系，不同意支付诉讼费用。

天津市河东区人民法院经审理查明：承包人案外人中建六局土木工程有限公司与天津市某劳务公司于2014年4月签订《天保金海岸D05-2商业项目工程劳务分包合同》一份，约定由天津市某劳务公司分包天保金海岸D05－2商业项目工程的劳务部分,该工程地点位于天津市滨海新区第二大街与太湖路交会口。2014年6月,天津市某劳务公司与案外人刘某某签订《桩头剔凿破除协议书》一份,约定由刘某某分包涉诉工程的桩头剔凿破除、桩头钢筋剥离、桩头碎石清理工作。刘某某自2014年6月19日起招用杨某在涉诉工地工作,从事破桩作业,约定按日计算劳动报酬。本案刘某某与天津市某劳务公司之间未签订劳动合同,杨某由案外人刘某某招用,工作中接受刘某某的管理,由刘某某发给报酬。2015年5月13日,杨某向河东区劳动人事争议仲裁委员会提出仲裁申请,请求确认双方劳动关系。该委员会于2015年7月1日做出劳人仲案字(2015)296号裁决书,裁决驳回杨某的仲裁请求。

 审理结果

天津市河东区人民法院于2015年7月31日做出(2015)东民初字第3592号民事判决书:原告杨某与被告天津市某劳务公司2014年6月19日至7月1日存在劳动关系。案件受理费10元,减半收取5元,由被告天津市某劳务公司负担。判决后天津市某劳务公司不服天津市河东区人民法院一审判决,向天津市第二中级人民法院提出上诉。天津市第二中级人民法院于2015年9月18日做出(2015)民一终字1170号民事判决书:"一、撤销天津市河东区人民法院(2015)东民初字第3592号民事判决。二、上诉人天津市某劳务公司与被上诉人杨某于2014年6月19日至7月1日期间不存在劳动关系。一审案件受理费5元,上诉案件受理费10元,由被上诉人杨某负担。"杨某不服天津市第二中级人民法院二审判决,向天津市高级人民法院申请再审。天津市高级人民法院于2016年5月31日做出(2016)津民申667号民事裁定书:驳回杨某的再审申请。

 **评析意见**

本案为劳动争议案件。争议焦点为实际施工人聘用的劳动者与建筑施工企业间法律关系应当如何界定的问题,即双方是否存在劳动关系。再进一步研究,在确认是否存在劳动关系背后,往往牵连着劳动者社会保险、加班工资、职业教育以及受伤时的工伤责任承担等问题。同时,工伤认定系行政案件,劳动关系确认系民事案件,属于比较复杂的民行交叉难点。

1. 从司法适用和立法逻辑的关系进行分析

存在一个确实的劳动关系是承担劳动法上相应法律责任的充分条件,而不是必要条件。换句话说,不能因为承担了劳动法上的法律责任,就能反推出建筑施工企业或发包人与劳动者之间具有劳动关系,不能将民事责任与认定关系相混同。实践中,很多当事人都会引用劳动和社会保障部《关于确立劳动关系有关事项的通知》第四条规定,即"建筑施工、矿山企业等用人单位将工程(业务)或经营权发包给不具备用工主体资格的组织或自然人,对该组织或自然人招用的劳动者,由具备用工主体资格的发包方承担用工主体责任",主张建筑施工企业与实际施工人招用的劳动者存在劳动关系,但是,恰恰没有注意这一规章的整体逻辑、体例和宗旨。首先,该通知第二条规定了用人单位与劳动者未订立书面劳动合同时认定劳动关系的要件,包括主体资格、人事管理、报酬支付、业务组成等要素。其次,该通知第四条中规定了承担用工主体责任的主体和条件,但行文中却特意回避了使用"劳动关系"的表述,由此可以从立法逻辑上判断此处的用工主体责任与存在劳动关系不是同一概念。最后,实际施工人招用的劳动者与建筑施工企业之间也不符合人事管理、报酬支付等要素,故并不是所有的用工责任都应由建筑施工企业承担,应将其限缩为劳动报酬支付责任和工伤保险责任。

2. 从司法强制和契约自由的关系进行分析

劳动合同是比较特殊的合同，具有人身和财产的双重属性，但从本质上它仍然是合同的一种，理应遵循合同的一般规律和价值取向，劳动合同双方当事人应享有相当程度的意思自治。在不违反国家强制性法律规定的前提下，要充分尊重双方缔结劳动关系的合意，不能因为劳动合同的特殊性，就与传统私法的基本原理一刀两断。如果在司法实践中强行认定实际施工人招用的劳动者与建筑施工企业等单位成立劳动关系，等于以司法强制覆盖了劳动契约自由，剥夺了当事人对是否建立劳动关系的自由意志表达，既不符合市场经济运行的基本原理，也不符合司法权在社会管理中的定位。

3. 从司法衡平和社会正义的关系进行分析

如果通过司法程序强行认定上述劳动关系存在，不仅在理论上形成一定的矛盾，在实践中也会带来一定的混乱。首先，从后续结果上看，一旦判决确认劳动关系存在，劳动者不仅会在人身伤害时要求工伤保险待遇，而且还会继续要求诸如社会保险、加班工资、劳动保护、职业教育等一系列待遇，无论从社会公平还是利益平衡角度，都太欠妥当。其次，从行业良性发展上看，建筑行业本身就是微利行业，平均利润为10%左右，同时存在人员流动极大的行业特点，如果强行认定存在劳动关系，不仅建筑企业无力负担庞大固定的建筑人员队伍，还会因为工作量减少影响劳动者的实际收入，从而影响整个行业的健康有序发展。最后，从司法正义作用上看，如果直接认定劳动关系存在，实际招用劳动者、承担管理职能并发放劳动报酬的实际施工人反而不用承担任何法律责任，等同于放纵了直接责任人。司法的正义应该是普适的，不能因为保护劳动者权益而强加给其他各方不合理、不合法的义务，劳动关系的和谐是整体劳动市场的良性健康有序发展，不能因为一方的和谐而忽视劳动关系的基础，否则，不仅不利于整体市场经济良性秩序的形成，更会造成司法秩序的混乱。

现实中，建筑施工、矿山企业等用人单位将工程或者业务发包、转包或者层层发包、转包给不具备用工主体资格的组织或自然人的情况屡有发生，对这些分包组织或自然人招用的劳动者，与建筑施工、矿山企业等用人单位之间的关系认定往往成为突出的法律问题，在当前审判工作中的认识并不一致。《中华人民共和国劳动合同法》第九十四条规定："个人承包经营违反本法规定招用劳动者，给劳动者造成损害的，发包的组织与个人承包经营者承担连带赔偿责任。"劳动和社会保障部《关于确立劳动关系有关事项的通知》第四条规定："建筑施工、矿山企业等用人单位将工程（业务）或经营权发包给不具备用工主体资格的组织或自然人，对该组织或自然人招用的劳动者，由具备用工主体资格的发包方承担用工主体责任。"《最高人民法院关于审理工伤保险行政案件若干问题的规定》第三条第四款规定："用工单位违反法律、法规规定将承包业务转包给不具备用工主体资格的组织或者自然人，该组织或者自然人聘用的职工从事承包业务时因工伤亡的，用工单位为承担工伤保险责任的单位。"上述司法解释和部门规章的宗旨在于，更加有效地保护劳动者的合法权益，对建筑施工企业拟制的法律责任，并非改变认定劳动关系存在的实质要件，也不能作为反向推定双方存在劳动关系的依据。

（天津市高级人民法院　左　楠）

12. 劳动争议处理中能否适用法人人格混同

申请人：刘某
被申请人：某物流公司

争议焦点

1. 劳动争议处理中能否适用法人人格混同？
2. 哪些劳动争议事项的处理可以适用法人人格混同？
3. 法人人格混同的认定有哪些标准？

基本案情

案外人：某货物运输有限公司

2013年4月1日，申请人到案外人处工作，并与其订立了为期三年的劳动合同，合同期限至2016年3月31日，合同约定申请人月工资标准为5 000元。申请人在案外人处工作满一年后，由于案外人服务客户变动原因，申请人到被申请人处工作。被申请人未与申请人签订劳动合同，但仍按5 000元的月工资标准支付申请人工资。2015年10月后，由于被申请人经营出现问题，没有按时支付申请人工资，但申请人仍为被申请人工作至2016年2月28日。2016年3月1日，申请人刘某将被申请人某物流公司诉至劳动人事争议仲裁委员会。

请求事项：（1）要求被申请人支付2015年10月至2016年2月拖欠工资25 000元。（2）要求被申请人支付2014年5月至2015年4月期间未订立书面劳动合同双倍工资差额55 000元。

另经查明：被申请人系2014年3月在a区注册企业，被申请人主要经营业务为向a区某风力发电企业提供叶片运输服务。案外人系b区注册企业，案外人设立目的是为了向当时注册在b区的某风力发电企业提供叶片运输服务，后该企业于2014年年初搬迁至a区。被申请人法定代表人为周某，股东为汪某某、周某；案外人法定代表人为薛某某，股东为周某、赵某某。

审理结果

仲裁委员会经审理后做出裁决：（1）被申请人支付2015年10月至2016年2月拖欠工资25 000元。（2）被申请人支付2014年5月至2015年4月期间未订立书面劳动合同双倍工资差额55 000元。

被申请人不服裁决向法院起诉，要求判令原告无须向被告支付拖欠工资25 000元及未订立书面劳动合同双倍工资差额55 000元。

一审法院追加某货物运输有限公司为第三人参加诉讼，并经审理后认为：原告与被告双方之间虽然未订立书面劳动合同，但符合劳动关系认定的实质要件，依法确认原告某物流公司与被告刘某之间存在事实劳动关系。

一审法院认为：原告与第三人虽均为具有自主用工权的独立核算法人，但法人人格特征高度一致。首先，两公司存在人员混同。两公司由同一控股股东周某投资控股，管理人员存在交叉任职情形；其次，两公司办公场所在2014年后一致；最后，两公司业务及财务存在混同，经营业务均为仓储运输，财务上主要以周某的签字作为具体用款依据,且两公司均有部分员工工资通过周某个人银行账户支付。由此,两公司构成关联公司的法人人格混同。

一审法院认为:本案属于有关联关系的用人单位交叉使用劳动者的情形,对劳动者请求给付工资的主张,应由原告与第三人共同承担。判决原告某物流公司与第三人某货物运输有限公司共同向被告刘某支付 2015 年 10 月至 2016 年 2 月拖欠工资 25 000 元,驳回被告刘某其他请求。

刘某不服判决,向中级人民法院提起上诉,二审维持了一审法院判决。

评析意见

公司制是当今世界最主要的经营方式,公司人格独立与股东有限责任确保了投资人把经营风险控制在可预见及可接受的程度,鼓励人们从事各种经营活动。但若股东滥用公司独立人格实施一些不当行为,如逃避债权、侵犯他人权益,债权人及社会公共利益因此会受到损害。为了阻止公司独立人格的滥用,有必要在一些情况下,就具体法律关系中的特定事实,否认公司与其背后的股东各自独立的人格及股东的有限责任,责令股东或关联公司对公司债权人或公共利益直接负责,以实现公平、正义目标,这就是公司法人人格否认理论。作为在特定条件下对社会公共利益特别是公司债权人利益的合理与必要的保护手段,法人人格否认有效地维护了法人制度的健康发展,防止法人制度的价值目标发生偏向。作为公司法人人格否认的表现情形之一,法人人格混同一般在公司法实践中应用,其在劳动法律规范中是否适用,或者说如何掌握适用的维度,值得我们关注和思考。

法人人格混同是指公司法人与股东人格或其他公司法人人格混为一体,导致相对人对其享有的民事权利和承担的民事义务产生混淆，或认为系同一主体而不能加以区分的情形。法人人格混同主要包括财产混同、业务混同和人事混同，具体表现为公司人格形骸化、空壳化的情形。现实中主要是母子公司之间、兄弟公司之间及相互投资而引起的人格混同，在公司之间或股东与公司之间财务、业务、管理机构的不分，财务混同表现为收支记录、账簿、财务会计等难以区分。这种"混沌"状态给债权人带来主体辨认上的困难，最终危害到债权人的债权利益。对于被认定为法人人格混同的公司，按照法律规定，应当对公司债务承担连带责任。

公司法人人格混同制度设置最主要的目的在于对债权人权益的救济，其着眼点在于解决责任承担能力问题。毋庸置疑的是，利用法人人格混同破除了商事交易过程中合同当事人相对性的问题。一般情况下，民商事合同之债仅仅存在于合同缔结和履行的双方主体之间，而不涉及第三人，这是合同之债的常态。而当前在劳动争议仲裁领域乃至劳动争议诉讼过程中，无论是仲裁员还是法官所处理的劳动权益问题不仅仅涉及劳动合同之债，更多的是用人单位违反法律规定而对劳动者造成的侵权之债。因此，法人人格混同在劳动争议处理领域不应扩大适用，应仅限于劳动合同约定的核心义务，如支付劳动报酬及缴纳社会保险义务不履行时连带责任的承担。其他事项，比如劳动关系的建立、解除或终止，劳动合同履行中的劳动标准确定等问题，一般不应适用。在适用法人人格混同时还应着重考虑以下问题：

（1）用人单位滥用公司法人人格独立而使其丧失对劳动者承担诸如工资支付、经济补偿金支付等责任能力。

（2）用人单位滥用公司人格混同而导致劳动者在确认劳动关系、延续劳动合同履行、工作年限认定、经济补偿金支付等权益维护上变得困难。

（3）用人单位在本身具有清偿能力的情况下，借用公司人格混同是否会导致用人单位规避劳动法所规定的相关责任，例如未订立书面合同的双倍工资问题。

（4）用人单位在本身具有清偿能力的情况下，借用公司人格混同是否会导致劳动者在涉及规章制度确定权益、集体合同制度确定权益，乃至其他需要利用企业平均工资等相关概念进行权益维护时造成的标准不确定问题。

此外，法人人格混同发生的主体与劳动关系建立的主体也存在差异。法人人格混同一般发生在有限责任公司即公司制企业之间，而按照劳动法及有关规定，劳动关系的建立主体不限于公司制企业，还包括合伙企业、个体经济组织等。

就本案而言，刘某在某物流公司实际工作，该公司理应依法与刘某订立书面劳动合同，并按照合同约定支付劳动报酬。尽管某物流公司的关联公司已与刘某订立了书面劳动合同，但这并不能免除实际用工的某物流公司与劳动者订立书面劳动合同的义务。因此，仲裁庭裁决某物流公司支付未订立书面劳动合同双倍工资于法有据。而法院在进一步查明某物流公司与其关联公司之间存在混同的情形之后，判令由两公司共同支付拖欠刘某的劳动报酬，也符合法理，但因此而驳回申请人双倍工资诉求则值得商榷。

对于法人人格混同的认定，目前实践中仍是一个难点。笔者认为，根据最高人民法院指导案例的观点，认定法人人格混同的标准主要包括三个方面，一是公司的人员混同，即公司在人员配置上混同；二是公司的业务混同，公司从事的是完全相同或相似的业务范围；三是公司的财务混同，即财务统计上不做严格区分。人员、业务还有财务混同，任何一个单一的事项都不能单独认定混同，具体判断的时候也不能形式化，只有当相关人员的行为足以使法人丧失独立性或者产生实质支配性时才能认定人格混同。对人格混同进行行为规约，必须着重考虑是否存在必要性等实质因素，而不能单纯通过人员、业务、财产等表象进行判断，用人单位基于劳动法规定应尽的义务，不应简单通过认定为混同而免除。在用人单位具有清偿能力的前提下，无论是仲裁员还是法官，都要慎用公司法人人格混同制度，否则就会为用人单位利用人格混同恶意侵害劳动者权益大开方便之门。

(天津市人力资源和社会保障局调解仲裁处　崔永新)

13. 劳动关系构成的要素和特征

申请人：王某
被申请人：A 大药房公司

争议焦点

王某与 A 大药房公司之间是否构成劳动关系？

基本案情

刘某在 2004 年 1 月 1 日与西安某制药集团公司签署了委托协议书，双方约定自签署之日至 2016 年 3 月 15 日期间刘某在北京地区负责代理销售该公司心荣胶囊系列药品。由于业务繁忙，刘某在 2005 年 2 月 16 日招用了王某协助其向北京某供销合作社所属各分药店促销心荣胶囊系列药品。2008 年 9 月 25 日，A 大药房公司依法成立，而刘某又多了一个身份，即该公司法定代表人。2014 年 5 月 2 日，因某供销合作社解体，旗下各分药店部分注销，此后王某被安排在每月 1 日至 10 日期间到其中一家合作的药店继续促销心荣胶囊系列药品，而每月其余时间则在刘某作为法定代表人的 A 大药房公司门店从事收费、打扫卫生、来货收货等工作。2016 年 2 月 20 日，王某以 A 大药房公司没有为其缴纳社会保险为由提出解除劳动关系，并要求确认自 2005 年 2 月 16 日至 2016 年 2 月 20 日期间与 A 大药房公司存在劳动关系，要求支付解除劳动关系经济补偿金。A大药房公司则表示双方不存在劳动关系。首先，2005年2月，王某系与刘某个人口头协商协助其销售心荣胶囊系列药品，此时其公司尚未成立且不具备法人主体资格，并且王某工作时间、内容由自己灵活安排，不受公司劳动管理及规章制度约束；其次，王某的报酬由刘某以现金形式发放，与公司无关。此外，2014年5月2日之后，由于王某仅到一家药店促销药品导致报酬过低，刘某考虑到实际情况，安排其到A大药房公司从事临时性工作，但其在公司门店从事的工作内容不属于营业执照体现的业务范围，双方也并非稳定的、长期的劳动关系，而是刘某与王某之间存在劳务关系，因此，刘某无须为王某缴纳社会保险，也无须支付解除劳动关系经济补偿金。

审理结果

裁决：（1）王某自2014年5月2日至2016年2月20日与A大药房公司存在劳动关系。（2）A大药房公司支付王某解除劳动关系经济补偿金。

评析意见

随着经济社会的发展，用工形式日渐趋于多样化和复杂化。在实际生活中，不乏企业的经营管理者自行招用劳动者的情形出现，能否认定劳动者与企业之间形成劳动关系还要具体问题具体分析。

在《关于确立劳动关系有关事项的通知》中，对于未订立书面劳动合同劳动关系的确定原则做出了具体明确的规定：（1）用人单位和劳动者符合法律、法规规定的主体资格；（2）用人单位依法制定的各项劳动规章制度适用于劳动者，劳动者受用人单位的劳动管理，从事用人单位安排的有报酬的劳动；（3）劳动者提供的劳动是用人单位业务的组成部分。由上述劳动关系的构成要素可以看出，劳动关系有其自身特征。第一，劳动关系的主体是特定的。劳动关系的建立主体是劳动者和《劳动法》规定范畴内的用人单位。劳动者，顾名思义是指自然人，自然人要成为劳动者，必须具备劳动权利能力和劳动行为能力，即能够提供法律层面上的实际劳动。在我国，对于劳动者的年龄有一定的限制。根据《中华人民共和国劳动法》第十五条的规定，禁止用人单位招用未满十六周岁的未成年人，换言之，作为事实劳动者应年满16周岁。用人单位是生产资料所有者和劳动力使用者，根据《劳动法》《劳动合同法》相关规定，用人单位包括我国境内的企业，个体经济组织（雇工人数在7人以下的个体工商户），民办非企业单位，依法成立的会计师事务所、律师事务所等合伙组织，基金会，依法取得营业执照或者登记证书的劳动合同法规定的用人单位设立的分支机构，以及国家机关、事业单位、社会团体。第二，劳动关系兼具人身依附性和财产性关系的特征。一方面，劳动者向用人单位提供劳动，实际上就是劳动者将其人身在一定程度上交给用人单位，在劳动过程中劳动者的人身自由受到限制；另一方面，劳动者通过出让劳动力来换取劳动报酬，其实质符合等价交换原则，具有财产关系性质。第三，劳动关系具有从属性关系特征。劳动者作为用人单位的成员，在提供劳动力的同时，还要接受用人单位的劳动管理及规章制度的约束，服从用人单位的工作安排等，也就是说，劳动者已被纳入用人单位的管理体系，双方之间存在管理与被管理、领导与被领导、支配与被支配的从属性关系。

在审理实践中，笔者认为，除了对劳动者与用人单位提供的证据进行评判外，还需通过审理要点综合考量劳动者与用人单位之间是否符合上文所述的要素特征。第一，劳动者的招聘入职情况。劳动者由谁招聘入职，该人能否代表企业行为成为双方能否建立劳动关系的前提条件。劳动者被企业录用后，即表示双方经过了要约与承诺的过程，双方之间即可能对劳动关系形成了合意。第二，劳动者提供劳动情况以及具体工作内容。劳动者被招录后是否为企业提供了实际劳动，所从事的具体工作是否属于企业的业务组成部分，也是实际审理中需注意的要点。在实践中，往往存在劳动者入职后提供劳动所在工作地点、项目并非入职企业所有的情形，但与入职企业另有约定的除外（如劳务派遣、借调等），因此双方之间是否形成劳动关系需进一步评判。对于劳动者提供的劳动是否属于用人单位业务的组成部分，笔者认为，不能片面理解为营业执照中显示的企业经营范围。工商部门核准的经营范围仅体现企业的核心业务、主营业务，而对于与之相关的，包括后勤业务、财务业务、人力资源业务在内的支持性业务并未体现，而上述业务也是用人单位正常运营的保障。因此，对"业务"应做扩大解释，即用人单位安排的所有与企业经营有关联的业务活动。第三，劳动者取得劳动报酬的情况。劳动者的报酬由谁支付和是否支付报酬代表企业行为，对于劳动关系的形成至关重要。第四，劳动者在工作过程中人身自由是否受到限制或约束。在《关于确立劳动关系有关事项的通知》中对此有具体规定，但不能从形式上机械地判断，而要考虑用人单位的实际情况。对于大部分小微企业而言，管理并不完善，更无从谈及规章制度，因此此处的各项规章制度可做缩小解释，即劳动者是否接受对用人单位全体员工普遍适用的规定或是否接受用人单位管理人员相应的管理。

本案中，认定王某与Ａ大药房公司之间是否存在劳动关系，关键在于双方之间是否符合形成劳动关系的要素特征，以及Ａ大药房公司法定代表人刘某招工和发放工资的行为是个人行为还是代表公司行为。2005年2月16日，王某被刘某招用，工作内容系协助刘某销售西安某制药集团公司生产的心荣胶囊系列药品，受刘某管理，由其发放工资。但在2014年5月2日之前，王某销售的系以刘某个人名义代理的药品，实际并没有为Ａ大药房公司提供劳动,且未体现与 A 大药房公司存在任何关联及从属关系,其所从事的工作本质上是为刘某个人提供的劳务服务,并非 A 大药房公司的业务,况且在 2008 年 9 月 25 日之前 A 大药房公司尚未依法成立,此前也不具备建立劳动关系的主体资格。对于 2014 年 5 月 2 日之后,王某与 A 大药房公司之间是否存在劳动关系,笔者认为,在 2014 年 5 月 2 日之后,王某的工作内容和工作形式均发生变化,其每月部分时间在一家合作的药店促销心荣胶囊系列药品,另有大部分时间在 A 大药房公司门店从事收费、打扫卫生等工作,而王某在 A 大药房公司门店工作,取决于刘某作为 A 大药房公司法定代表人的身份,因此,此后王某受 A 大药房公司刘某的管理。A 大药房公司虽主张王某的工作时间、内容由其灵活安排,但 A 大药房公司门店面向消费者对外经营销售药品,必定设有严格的作息时间和考勤制度,而收费、打扫卫生、收货等工作也势必要遵循一定的规章流程,并且 A 大药房公司也未举证证明其主张,因此,王某在 2014 年 5 月 2 日后受 A 大药房公司的管理及制度约束。此外,王某在 A 大药房公司从事上述劳动过程中获取相应的劳动报酬,双方之间存在人身关系、财产关系及从属关系特征。A 大药房公司另主张王某的工作内容不属于该公司经营范围,即未在营业执照经营范围内体现,但正是由于王某所从事的收费、打扫卫生、收货等工作保障了 A 大药房公司门店能够正常对外经营,因此可以认定上述工作内容属于 A 大药房公司的业务组成部分。综上所述,笔者认为,王某自 2014 年 5 月 2 日至 2016 年 2 月 20 日与 A 大药房公司存在劳动关系,鉴于 A 大药房公司没有为王某缴纳社会保险,其索要 2014 年 5 月 2 日之后的解除劳动关系经济补偿金的请求应得到支持。

(北京市顺义区劳动人事争议仲裁院 关亚静)

14. "临时工"与用人单位之间是否构成劳动关系

原告：北京某物流有限公司
被告一：周某
被告二：王某

争议焦点

"临时工"与用人单位之间是否构成劳动关系？

 **基本案情**

被告周某（以下简称"被告一"）与被告王某（以下简称"被告二"）系夫妻关系，周A系二被告之女。2014年6月1日，周A到原告北京某物流有限公司（以下简称"原告"）处工作，担任包装工，负责贴标签。经本院核算，周A的月工资标准为2 099.57元。2015年1月8日，周A在上班途中发生交通事故，当场死亡。2015年5月25日，被告一向仲裁委员会提起仲裁，要求确认原告与周A于2014年6月1日至2015年1月8日期间存在劳动关系；原告支付死者周A 2014年7月1日至2015年1月8日期间的未签订劳动合同双倍工资差额21 000元；原告支付死者周A 2014年11月1日至2015年1月7日期间拖欠的工资6 965.51元。2015年8月19日，仲裁委员会做出京通劳人仲字（2015）第2820号裁决

书,裁决原告与死者周 A 于 2014 年 6 月 1 日至 2015 年 1 月 8 日期间存在劳动关系;原告支付死者周 A 2014 年 7 月 1 日至 2015 年 1 月 8 日期间的未签订劳动合同双倍工资差额 21 000 元;原告支付死者周 A 2014 年 11 月 1 日至 2015 年 1 月 7 日期间的工资 6 965.51 元。原告对此不服向本院提起诉讼,被告一认可仲裁结果。

本案审理过程中,经原告申请,本院将被告二追加为被告。

审理结果

一审法院经审理认为:劳动者的合法权益受法律保护。当事人对自己提出的主张有责任提供证据予以证实。根据查明的事实,原告在询问笔录中承认周 A 是公司的临时工,需要参加原告每周一召开的安全以及工作流程方面的会议。此外,根据原告提交的女工工资记录表、领取工资记录表,显示原告按照周 A 完成的计件数量每月有规律性地向其发放工资。另外,原、被告双方申请出庭的证人均陈述其与周 A 的工作岗位相同,每天的上班时间为上午 8 点 30 分,下班时间为 5 点,若每周一到周五正常报到,公司发放全勤奖,工作内容由原告的库管人员分配,平时需学习公司贴标签的工作流程制度。根据上述情况可以看出,周 A 为原告提供劳动,原告有规律性地向周 A 发放工资,周 A 正常出勤有全勤奖励,周 A 也服从原告有关工作内容的安排,同时,周 A 需要学习公司有关安全、工作流程方面的规章制度,综上,通州区人民法院认为原告与周 A 之间已经形成了管理与被管理的人事隶属关系,故法院认定原告与周 A 于 2014 年 6 月 1 日至 2015 年 1 月 8 日期间存在劳动关系。被告一、被告二虽主张周 A 的月工资为 3 500 元,但周 A 是计件工资制工人,每月工资发放数额不固定,其工资标准应根据原告提交的周 A 签字确认的领取工资记录表进行核算,经法院核定,周 A 的月工资标准为 2 099.57 元。周 A 在职期间,原告未与其签订劳动合同,理应向被告一、被告二支付死者周A 2014年7月1日至2015年1月8日期间的未签订劳动合同双倍工资差额,具体数额以法院核定为准。原告提交的领取工资记录表、收条等证据的内容显示,原告已向周A发放了2014年11月1日至2014年12月31日期间的工资,故法院对于原告要求不向被告一、被告二支付死者周A上述期间工资的诉请予以支持。原告称周A于2015年1月1日至2015年1月7日期间未为公司提供劳动,不应向其发放工资。被告对此不予认可,称周A正常工作至2015年1月7日,因原告未提交2015年1月份的女工工资记录表证实周A的工作情况,应对此承担不利的法律后果,故本院对于原告要求不向被告一、被告二支付死者周A 2015年1月1日至2015年1月7日期间工资的诉请不予支持。综上所述,依照《中华人民共和国民事诉讼法》第三十条、第六十四条第一款之规定,判决如下:(1)确认原告与死者周A于2014年6月1日至2015年1月8日期间存在劳动关系。(2)原告向被告一、被告二支付死者周A2014年7月1日至2015年1月8日期间的未签订劳动合同双倍工资差额人民币13 316.66元,于本判决生效之日起7日内执行清。(3)原告向被告一、被告二支付死者周A2015年1月1日至2015年1月7日期间的工资人民币386.13元,于本判决生效之日起7日内执行清。(4)原告向被告一、被告二支付死者周A2014年11月1日至2015年1月7日期间的工资人民币6 579.38元。(5)驳回原告的其他诉讼请求。

一审判决后,原告提起上诉,二审法院维持了原判。

评析意见

本案的争议焦点为如何界定"临时工"在法律上的身份地位,周A与原告之间建立的究竟是劳动关系还是劳务关系。在判断上述问题时要结合具体情况判定。

1. 界定"临时工"的法律身份

根据现行法律规定,在劳动领域的合法用工形式主要有三种:劳动关系、劳务关系、劳务派遣关系。而人们经常谈起的临时工,仅是计划经济时代的一种用工形式,国家承认的临时工是有当地劳动部门招工指标的计划内临时工。1995年《中华人民共和国劳动法》颁布以后,国家实行了全员劳动合同制,临时工这种用工形式便从此退出了历史舞台。

从法律角度分析,现行的《中华人民共和国劳动法》和《中华人民共和国劳动合同法》并没有把用人单位与劳动者的劳动关系,以"临时工"与"固定工"来加以划分和规范,而是规定双方都应签订有固定期限、无固定期限和以完成一定工作为期限的劳动合同来规范双方的劳动关系,明确双方的权利和义务。所谓的"临时工"概念,多是针对企业招用期限不超过一年的临时性、季节性用工而言,按照现行劳动法规,同样应签订相应期限的劳动合同,明确法律赋予的权利义务,其合法权益同样应受法律保护。

但是,目前的劳动力市场,仍然存在诸多的用人单位纷纷招用"临时工"的现象。探究背后的深层次原因,主要在于不少用人单位曲解了"临时工"的概念,并将此作为参与市场竞争的一种不公平手段。用人单位的传统观念认为招用"临时工"可以不用签订劳动合同,其工资总额可不记入全部职工工资,且无须缴纳社会保险费,用人单位可以随时"炒鱿鱼",以更换新工人。这样可以确保企业无负担,同时把"临时工"的工资保险福利待遇降至最低,使企业在竞争中立于"不败之地"。而对劳动者来说,只要被扣上"临时工"帽子,法律赋予的合法权益就存在被"名正言顺"剥夺的风险。

用人单位在需要长期使用的工种岗位上大量招收不签合同的"临时工",导致了劳动关系的不规范,尤其是双方权利义务的不明确,这不仅会导致劳动纠纷的增多,而且必然给劳动争议的处理增加了难度。法律赋予劳动者的合法权益得不到应有的保障,既严重挫伤了劳动者的积极性,也影响了企业、社会的稳定。此外,临时工的用工形式必然给已经建立起来的养老、医疗、失业、工伤、生育等社会保险制度的巩固和发展蒙上一层阴影,长此以往,这支"临时工"大军必然因"病无所医 老无所养"而带来严重的社会问题。

2. "临时工"与用人单位之间建立的是否为劳动关系

由于"临时工"并非法律上的概念,这对如何认定"临时工"与用人单位之间的法律关系带来诸多困惑。实务中主要存在两种观点,一种观点是劳动关系说,认为"临时工"也为用人单位正常提供了劳动,为规范用工关系,应将其身份合法化,认定双方建立的是劳动关系;另一种观点是劳务关系说,认为"临时工"具有短暂性和不稳定性,人员的流动性大,不宜将双方的关系认定为劳动关系。笔者认为,在分析"临时工"与用人单位构建何种关系时不宜"一刀切",而应该具体问题具体分析,根据实际用工情况判断。

在此,我们需要首先分析一下劳动关系与劳务关系的区别,主要体现在以下几个方面:

(1) 主体资格不同

劳动关系的双方主体具有特定性,即一方是用人单位,主要包括国家机关、事业单位、社会团体、企业、个体经济组织和民办非企业单位等;另一方是劳动者。而劳务关系的主体类型较多,其主体不具有特定性,可能是两个平等主体,也可能是两个以上的平等主体;可能是法人之间的关系,也可能是自然人之间的关系,还可能是法人与自然人之间的关系。

(2) 主体地位不同

在劳动关系中,劳动者与用人单位双方地位不平等,存在管理与被管理的行政隶属关系。劳动者除提供劳动之外,还要接受用人单位的管理,遵守其规章制度,从事用人单位分配的工作和服从用人单位的人事安排等，反映的是一种稳定、持续的生产资料、劳动者与劳动对象相结合的关系。而在劳务关系中，双方是平等的民事权利义务关系，劳动者提供劳务服务，用人单位支付劳务报酬，彼此之间只体现财产关系，不存在行政隶属关系。且二者关系往往呈"临时性、短期性、一次性"等特点。

（3）当事人权利义务不同

在劳动关系中，劳动者与用人单位之间除存在一般义务外，还存在附随义务，劳务关系中却不存在这些附随义务。具体表现在以下几个方面：

第一，社会保障待遇上，劳动关系中的劳动者除获得工资报酬外，还有社会保险、福利等待遇；而劳务关系中的自然人一般只获得劳动报酬，工作风险一般由提供劳务者自行承担。

第二，报酬支付上，劳动关系由于受国家干预较多，需坚持同工同酬的原则，且遵守当地有关最低工资标准的规定，工资支付具有规律性；而在劳务关系中，报酬的支付完全由双方协商确定，劳务费往往一次性即时结清或按阶段支付。

第三，人事管理上，在劳动关系中，用人单位对于违反劳动纪律和规章制度的劳动者，可以采取降级、撤职、解除劳动关系等处分；而在劳务关系中，用人者虽然也可以对提供劳务者做出解除劳务关系甚至罚款等行为，但是并不存在解除提供劳务者某种"身份"关系的做法。

对于"临时工"与用人单位之间建立的是劳动关系还是劳务关系，需要根据上述两种法律关系的特征来进行区分，视双方之间关系的紧密程度而定，如果用人单位与"临时工"之间关系紧密，形成了管理与被管理的人身关系，则认定为劳动关系；如果关系松散，则认定为劳务关系。

3. 本案的裁判理由

本案中，首先，周 A 需要参加原告每周一召开的安全以及工作流程方面的会议，遵守原告的规章制度；其次，根据原告提交的工资记录表，显示原告按照周A完成的计件数量每月有规律性地向其发放工资；再次，周A的工作时间固定，每天8点30分上班、5点下班，若每周一到周五正常报到，公司发放全勤奖；最后，周A的工作内容由原告的库管人员统一分配与安排。综合上述情况，本院认为原告与周A之间已经形成了管理与被管理的人事隶属关系，应该认定为双方存在劳动关系。在此法律关系的基础上，法院具体判定了拖欠工资、未签订劳动合同双倍工资差额等事项。

据此，我们应该透过现象看本质，从劳动关系的构成要件上具体区分"临时工"与用人单位构建的是何种法律关系，这样才能更加准确地把握事实情况，做出公正、合理的判决。

综上，一、二审法院的判决是正确的。

（北京市通州区人民法院　张　璐）

15. 连续两次签订固定期限劳动合同期满后分公司能否终止劳动关系

原告：杨某
被告：北京某咨询公司　北京某咨询公司上海分公司

争议焦点

1. 北京某咨询公司是否是劳动合同当事人，以及是否是适格的被申请人/被告？

2. 双方劳动关系是否合法终止？

3. 北京某咨询公司上海分公司是否支付了经济补偿金，以及是否超过法定数额？

基本案情

2005年1月26日，北京某咨询公司与杨某签订劳动合同，劳动合同期限为2005年1月25日—2007年1月24日，工作岗位为研究部门高级项目经理。2006年8月30日，北京某咨询公司上海分公司依法设立并取得营业执照，此后杨某于2007年1月29日与上海分公司签订合同期限为2007年1月26日—2008年1月31日的劳动合同，于2008年2月1日与上海分公司续签合同期限为2008年1月1日—2010年12月31日的劳动合同，于2010年12月22日与上海分公司再次续签合同期限为2011年1月1日—2013年

12月31日的劳动合同。杨某的工作地点在上海，其社保、公积金费用由北京某咨询公司代缴。2013年4月1日，杨某工资调整至39 075元/月。

2013年12月13日，北京某咨询公司上海分公司向杨某发出《劳动合同终止通知》，通知杨某劳动合同于2013年12月31日届满，双方合同于2013年12月31日终止，杨某最后工作日为2013年12月31日。杨某于2013年12月18日回复电子邮件称，不接受单位的离职补偿方案，并要求单位缴纳社会保险，否则不会签署任何文件。

2014年3月，杨某向仲裁委员会提出如下仲裁申请：（1）要求北京某咨询公司支付拖欠的2014年1月、2月工资78 150元。（2）要求北京某咨询公司支付2014年1月、2月未签劳动合同双倍工资差额78 150元。（3）要求北京某咨询公司支付拖欠的延时加班工资150 000元（从2010年至2014年）。（4）要求北京某咨询公司支付违法解除劳动合同赔偿金703 350元。（5）要求北京某咨询公司支付未休年假工资161 690元（从2008年至2013年）。（6）要求北京某咨询公司按照申请人的工资标准补缴社会保险（从2005年1月至2006年8月）。

北京某咨询公司认为双方不存在劳动关系，适格当事人应是上海分公司，故不同意所有仲裁申请。

仲裁做出后，杨某不服仲裁裁决，于法定期限内向北京市朝阳区人民法院起诉，法院追加该咨询公司上海分公司为共同被告。庭审中，杨某提交了其工资明细，显示账户于2013年12月30日入账252 884元。

审理结果

仲裁委员会经审理认为：杨某的劳动合同履行地为上海市，其自2005年1月25日至2013年12月31日期间分别与北京某咨询公司及其上海分公司签订了劳动合同,依据《中华人民共和国劳动法》(以下简称《劳动合同法》)第十六条,其将北京某咨询公司作为被申请人属于主体不适格,故裁决驳回杨某的仲裁请求。

一审法院认为:(1)杨某与北京某咨询公司签订有一份劳动合同,与其上海分公司签有三份劳动合同,北京某咨询公司为杨某缴纳社会保险费,北京某咨询公司与其上海分公司均参与了杨某劳动关系的履行,因此被告适格。(2)在北京某咨询公司和其上海分公司与杨某签订多份固定期限劳动合同的前提下,单方决定终止固定期限劳动合同违反法律规定,二者应支付杨某违法终止劳动合同的赔偿金。(3)就休年假问题,因用人单位仅承担保存工资支付记录2年的法定义务,杨某无法证明单位欠付其2011年及之前未休年假工资,北京某咨询公司和其上海分公司不能证明杨某已享受2012年、2013年年假,因此二者应支付其年假工资。(4)关于二者于2013年12月30日向杨某支付的252 884元费用的性质,杨某未就其主张进行举证,故法院对北京某咨询公司和其上海分公司所主张的已支付杨某离职补偿金税前217 643.49元以及未休年假补偿10 779.31元的主张予以采信,将在支持杨某的赔偿金和补偿金中扣除该两部分金额。

法院判决如下:(1)判决二被告支付杨某违法终止劳动合同的赔偿金差额15 178.51元。(2)判决二被告支付未休年假工资差额25 150.72元。(3)驳回杨某的其他诉讼请求。

判决做出后,原、被告均不服一审判决,均提起上诉。二审法院维持原判。

 **评析意见**

本案的争议焦点在于:(1)北京某咨询公司是否是劳动合同当

事人,以及适格的被申请人/被告。(2)双方劳动关系是否合法终止。(3)北京某咨询公司上海分公司是否支付了经济补偿金,以及是否超过法定数额。

上述争议焦点对应以下几个问题:一是劳动关系主体及诉讼主体资格的认定;二是连续两次签订固定期限劳动合同后,单位是否有权到期终止合同;三是经济补偿金计算标准中的工资基数。

1. 关于劳动关系主体的认定及诉讼主体资格的认定

《劳动合同法》规定,用人单位与劳动者于用工之日起建立劳动关系。判断劳动关系建立的关键在于是否存在用工关系,应当根据双方是否符合用工主体条件,是否有建立用工关系的主观意愿,是否有用工关系的客观表现来判断劳动关系主体。《关于确立劳动关系有关事项的通知》(劳社部发〔2005〕12号)规定,对未订立书面劳动合同,但同时具备下列情形的,劳动关系成立:(1)用人单位和劳动者符合法律、法规规定的主体资格。(2)用人单位依法制定的各项劳动规章制度适用于劳动者,劳动者受用人单位的劳动管理,从事用人单位安排的有报酬的劳动。(3)劳动者提供的劳动是用人单位业务的组成部分。因此,若劳动者与用人单位的工作关系不存在上述特征,那么即使缴纳了社保,也不能认定为劳动关系。

《中华人民共和国劳动合同法实施条例》(以下简称《劳动合同法实施条例》)第四条规定,劳动合同法规定的用人单位设立的分支机构,依法取得营业执照或者登记证书的,可以作为用人单位与劳动者订立劳动合同。可见,分支机构如果依法取得营业执照或者登记证书,也可作为劳动关系的主体。

据此,就本案的仲裁裁决及法院判决而言,笔者更认可仲裁裁决之观点。首先,本案中上海分公司取得了营业执照,具备独立的用人单位资格,可以作为劳动合同的主体。在上海分公司与杨某签订劳动合同并实际在上海履行的情况下,社保缴纳及个税缴纳关系不能改变劳动关系的认定。其次，本案中一审法院已经查明杨某劳动合同的实际履行地在上海这一事实，但却以北京某咨询公司缴纳社保为由认定北京某咨询公司与杨某存在劳动关系，要求其与上海分公司共同承担责任，笔者认为这与事实不符，且违反了《劳动合同法实施条例》第四条规定。最后，认定北京某咨询公司为劳动关系主体，也不符合上述未签订劳动合同而确定劳动关系的条件。

因此，在本案中，北京某咨询公司不是适格的被申请人/被告，应由上海分公司作为独立的诉讼主体承担责任。如杨某认为其权利受损，应在上海（劳动合同履行地及用人单位注册地）提起劳动争议，相应地，应当适用上海有关规定进行审理。

2. 连续两次签订固定期限劳动合同后，单位是否有权到期终止合同

《劳动合同法》第十四条第二款规定："有下列情形之一，劳动者提出或者同意续订、订立劳动合同的，除劳动者提出订立固定期限劳动合同外，应当订立无固定期限劳动合同：……（三）连续订立二次固定期限劳动合同，且劳动者没有本法第三十九条和第四十条第一项、第二项规定的情形，续订劳动合同的。"

关于对该条第三项，司法实践中有两种观点：

第一种观点认为，用人单位与劳动者连续订立两次固定期限劳动合同后，只要劳动者没有《劳动合同法》第三十九条和第四十条第一项、第二项规定的情形，用人单位必须无条件地与劳动者订立无固定期限劳动合同。换言之，用人单位没有终止的选择权。

第二种观点认为，连续订立两次固定期限劳动合同后，只有双方同意第三次续签劳动合同且劳动者提出签订无固定期限劳动合同的，才要签订无固定期限劳动合同。显然，用人单位有终止的选择权。

在司法实践中，上海和北京对于上述条文的理解存在差异：《上海市高级人民法院关于适用〈劳动合同法〉若干问题的意见》

（沪高法〔2009〕73号）第四条第四款规定："《劳动合同法》第十四条第二款第（三）项的规定，应当是指劳动者已经与用人单位连续订立二次固定期限劳动合同后，与劳动者第三次续订合同时，劳动者提出签订无固定期限劳动合同的情形。"《北京市高级人民法院、北京市劳动争议仲裁委员会关于劳动争议案件法律适用问题研讨会会议纪要（二）》第三十四条规定，根据《劳动合同法》第十四条第二款第三项规定，在用人单位与劳动者连续订立二次固定期限劳动合同后，在第二次固定期限劳动合同到期时，劳动者有权选择订立固定期限劳动合同或者终止劳动合同，用人单位无权选择订立固定期限劳动合同或者终止劳动合同。上述情形下，劳动者提出或者同意续订、订立无固定期限劳动合同，用人单位应当与劳动者订立无固定期限劳动合同。可见，上海的司法实践认为用人单位在连续两次签订固定期限劳动合同后有终止权，本案中北京某咨询公司上海分公司属于合法终止劳动合同。北京的司法实践认为只要连续订立了两次固定期限劳动合同，用人单位就丧失了终止权，劳动合同期满后用人单位不能与劳动者终止劳动关系，否则就构成违法终止劳动合同，应当支付违法终止劳动合同赔偿金。本案的判决也是基于该观点做出的。

现在司法实践中大多数法院倾向于采纳上述第一种观点，《最高人民法院关于审理劳动争议案件适用法律若干问题的解释（五）》（征求意见稿）第四十四条也规定："连续订立二次固定期限劳动合同，且劳动者没有劳动合同法第三十九条和第四十条第一项、第二项规定的情形，劳动者主张订立无固定期限劳动合同的，用人单位应与劳动者订立无固定期限劳动合同。用人单位拒不订立的，劳动者主张用人单位支付解除劳动合同的赔偿金，人民法院应予支持。"但是，从《劳动合同法》的立法目的来看，笔者更倾向于采纳第二种观点，理由如下：

第一，赋予用人单位终止劳动合同的选择权，恰恰能体现《劳动合同法》设立无固定期限合同、禁止企业解除和终止劳动合同的目的——鼓励劳资双方建立长期稳定的劳动关系。

第二,若否定用人单位终止劳动合同的选择权,则难免会出现用人单位在与劳动者签订一次固定期限劳动合同后便不愿续签的情形,劳动者会被迫提前失业,因为只要连续订立了两次固定期限劳动合同,实际上已经"等同于"订立了无固定期限劳动合同。

3. 经济补偿金计算标准中的工资基数

工资基数是确定经济补偿金的决定因素之一。《劳动合同法》第八十七条规定:"用人单位违反本法规定解除或者终止劳动合同的,应当依照本法第四十七条规定的经济补偿标准的二倍向劳动者支付赔偿金。"据此,本案中单位应支付的违法终止劳动合同的赔偿金等于两倍的劳动合同终止补偿金。

《劳动合同法》第四十七条规定,经济补偿按劳动者在本单位工作的年限,每满一年支付一个月工资的标准向劳动者支付。六个月以上不满一年的,按一年计算;不满六个月的,向劳动者支付半个月工资的经济补偿。

劳动者月工资高于用人单位所在直辖市、设区的市级人民政府公布的本地区上年度职工月平均工资三倍的,向其支付经济补偿的标准按职工月平均工资三倍的数额支付,向其支付经济补偿的年限最高不超过十二年。

本条所称月工资是指劳动者在劳动合同解除或者终止前十二个月的平均工资。

根据《劳动合同法》第四十七条第三款的规定,月平均工资的计算期间是劳动合同解除或终止前十二个月,而并非是做出一审判决前十二个月。相应地,本地区上年度职工月平均工资也应当是劳动合同解除或终止发生时的本地区职工月平均工资的三倍。在本案中,法院认定杨某劳动合同终止的时间是 2013 年 12 月 31 日,由于杨某的平均工资高于 2013 年度北京市社平工资三倍($5\,793 \times 3$),

因此其经济赔偿金计算基数应当为 2013 年度北京市社平工资三倍。

原审判决要求上海分公司支付的赔偿金总额为 312 822 元,笔者据此反推其计算公式应为:6 463×3×8×2,可见原审判决是按照北京市 2014 年度社平工资三倍,即以做出生效判决前十二个月的社平工资的三倍为基数,但是笔者更倾向于以劳动合同解除或终止前十二个月社平工资三倍为工资基数计算终止劳动合同的经济赔偿金。

(北京大成律师事务所　付　勇)

16. 未办理就业证的香港居民与用人单位之间的法律关系及法律后果

原告：张某
被告一：甲公司
被告二：乙公司

争议焦点

未办理就业证的香港居民与用人单位之间的法律关系如何认定以及相应的法律后果。

基本案情

2010年3月1日，张某以香港居民身份入职甲公司，担任该公司亚太高级财务总监。双方劳动合同约定张某年薪926 000元，另有住房补贴、伙食补贴和年度奖金；工作地点位于甲公司注册地址。2010年3月4日，甲公司为张某办理了就业证。

2011年11月22日，案外人丙公司在天津独资设立乙公司。2012年2月29日，张某向甲公司提交辞职信，写明因个人原因辞职。2012年3月1日，张某与乙公司签署劳动合同，约定张某担任该公司中国区高级财务总监；年薪926 000元，另有交通补贴、住房补贴、午餐补助和年度奖金；合同有效期至2015年3月31日；张某在乙公司的工作地点与在甲公司时相同。乙公司未对张某的就业证办理变更手续。双方发生劳动争议后，甲公司于2014年5月21日将张某的就业证交回北京市人力资源和社会保障局并予以注销。

2012年11月26日至2012年11月30日，张某未正常出勤。对此，乙公司主张张某在上述期间已休年假，并提供盖有其公章的放假通知；张某对该证据的真实性予以认可，但主张根据乙公司的《员工手册》，其每年享有最少15天的休假；乙公司于2012年11月20日无故要求其签署协商解除劳动关系协议书，其拒绝签署，之后公司要求其离开一周，而并非休年假。张某提供了空白的协商解除劳动关系协议书、员工确认与责任免除书、确认函，上述文件均无乙公司的盖章和张某的签字，乙公司对此不予认可。张某还提供其与代理律师王某、乙公司人力资源部工作人员杨某及乙公司代理律师黎某在2012年11月27日的谈话录音。录音中王律师代表张某要求乙公司恢复张某的工作岗位，继续履行劳动合同，黎律师则代表乙公司表示张某工作中存在失误，不可能恢复劳动关系。乙公司认可在该录音中是黎律师本人的声音，认为该录音虽经过剪辑，但不对录音的真实性和完整性申请司法鉴定。乙公司提供《员工手册》，其中规定"与公司签订正式劳动合同的员工可享有带薪年假，最低年假为15天……"。

乙公司主张张某在休假结束后未按期返岗，张某则主张乙公司拒绝向其提供工作岗位，并提供其于2012年12月4日与乙公司人力资源部工作人员杨某以及之后二人与公安民警的谈话录音。乙公司对该录音的真实性也不予认可，但同样表示不申请司法鉴定。

张某主张甲公司与乙公司为关联公司，因天津市税收优惠政策设立乙公司，但对外一直宣称该公司是对甲公司名称的变更；乙公司设立后，原甲公司的全体工作人员均提交辞职申请，全部转入乙公司。为证明上述主张，张某提供了（2014）京长安内民证字第×号公证书。甲公司和乙公司对该公证书的内容不予认可。张某还申请证人余某、王某、曹某出庭作证，证人均证明两公司的办公地点、工作人员以及所经营的业务、产品、客户均相同，甲公司逐渐将业务和人员转入乙公司。

张某于2013年3月20日持本案诉争事项向仲裁委员会提出仲裁申请，该委于2013年3月26日做出不予受理通知书，决定对张某的仲裁请求不予受理。张某认为乙公司的行为属于违法解除劳动合同，故诉至一审法院，请求判令：(1)乙公司继续履行与张某之间的劳动合同。(2)乙公司支付张某2012年12月1日至2014年6月30日的工资2 052 650.2元及25％的经济补偿金513 162.55元。(3)乙公司支付张某2012年未休带薪年休假工资212 343.3元。(4)甲公司对上述第2项和第3项诉讼请求承担连带责任。

甲公司辩称：张某于2010年3月1日入职甲公司，2012年2月29日书面辞职。双方不存在任何劳动争议。

乙公司辩称：张某于2012年3月1日入职乙公司，担任财务部门总监。张某自2012年11月26日开始休假，假期结束后未返岗，也未办理工作交接。另外，张某系香港居民，甲公司为其办理了在内地的就业证，但张某入职乙公司后，未对就业证进行变更。张某与乙公司签署的劳动合同应属无效。乙公司不同意张某的诉讼请求。

 审理结果

一审法院支持了张某的部分诉讼请求，判决：(1)甲公司、乙公司于本判决生效后7日内支付张某2012年12月1日至2014年6月30日期间的工资损失88万元。(2)驳回张某的其他诉讼请求。

张某、甲公司、乙公司均不服一审判决，提出上诉。

二审法院经审理后认为：本案中，张某系香港特别行政区居民，但甲公司和乙公司均是依据中华人民共和国法律在中国境内设立的有限责任公司,故张某与甲公司、乙公司之间的劳动争议应适用中华人民共和国法律。一审法院适用我国法律、行政法规作为处理本案争议的准据法正确,本院予以确认。

评析意见

　　台、港、澳居民在中国内地就业实行行政许可制度。台、港、澳居民获得中国内地合法劳动者资格,必须经过相应的就业资格审批手续,并持有相关证件。然而,相关法律法规和司法解释对于未办理就业证的台、港、澳人员在我国内地就业,与用人单位之间所形成的法律关系以及相应的法律后果均未做出明确规定。审判实践中,对此问题存在两种观点:

　　第一种观点认为,未办理就业证的台、港、澳人员在我国内地就业,与用人单位之间不能建立劳动关系,仅能形成劳务(雇佣)关系。是否取得就业证是劳动者的适格要件。未经国家批准取得就业证的台、港、澳人员不属于劳动合同的主体,不会产生劳动法律规范的相关适用问题,双方之间的法律关系应当适用一般民事法律规范,用人单位只需按照双方约定支付工资报酬,无须承担劳动法律法规中所规定的最低工资、带薪休假、保险待遇等法定义务。

　　第二种观点认为,未办理就业证的台、港、澳人员在我国内地就业,与用人单位之间的关系属于无效的劳动合同关系。双方之间的法律关系仍应适用劳动法律规范中的相关规定。劳动合同被确认无效,给对方造成损害的,有过错的一方应当承担赔偿责任。为台、港、澳员工办理就业证是用人单位的法定责任和义务,用人单位未办理就业证存在过错,并给台、港、澳员工造成损害的,应当赔偿相应的工资损失。

　　笔者同意第二种观点。

　　第一,未办理就业证的台、港、澳居民在我国内地就业,违反了法律法规的强制性规定。

《台湾香港澳门居民在内地就业管理规定》第四条规定，台、港、澳人员在内地就业实行就业许可制度。用人单位拟聘雇或者接受被派遣台、港、澳人员的，应当为其申请办理《台港澳人员就业证》；香港、澳门人员在内地从事个体工商经营的，应当由本人申请办理就业证。经许可并取得就业证的台、港、澳人员在内地就业受法律保护。因此，根据上述规定，台、港、澳居民在中国内地就业需办理就业证。

根据《最高人民法院关于适用〈中华人民共和国合同法〉若干问题的解释（二）》的规定，违反法律法规中的效力性强制性规定的条款或合同无效，但该规定并不必然适用于劳动合同，即便适用，就业许可制度也应属于效力性强制性规定。一方面，劳动法律规范属于社会性规范，国家干预程度较重，与调整平等民事主体之间法律关系的合同法律规范存在本质不同；另一方面，就业许可制度应当属于效力性强制性规定，违反就业许可制度而签订的劳动合同应当认定为无效。

第二，未办理就业证的台、港、澳居民与用人单位之间所形成的法律关系属于无效劳动合同关系，而非劳务关系。

劳动关系是指用人单位雇用劳动者为其成员，劳动者在用人单位的管理下，提供由用人单位支付报酬的劳动而产生的权利义务关系。劳务关系是指平等民事主体之间就一方向另一方提供劳务、另一方接受劳务并支付对价而相互形成的权利义务关系。二者存在以下区别：（1）对当事人要求不同。劳动关系的当事人是特定的，劳动者必须是具有劳动能力和行为能力的自然人，劳动者与用人单位之间是隶属关系。而劳务关系的当事人则没有上述限制，劳务提供方可以是自然人、法人或其他组织，劳务关系的当事人之间是平等的民事关系。（2）当事人权利义务不同。劳动关系的劳动者除享有工资待遇外，还享有社会保险和福利等劳动权利和待遇。而劳务关系的当事人不享有社会保险和福利待遇。（3）适用法律不同。劳动关系受劳动法律调整，劳动法属于社会法范畴，其立法宗旨是保护劳动者的合法权益。而劳务关系受民事法律规范调整，民法属于私法范畴，对当事人的权利予以平等保护。（4）处理争议的程序不同。劳动关系的双方当事人发生劳动争议时具有特定的解决争议程序，必须经过劳动仲裁才能提起诉讼。而劳务关系发生纠纷适用民事争议解决方式，当事人可以直接提起民事诉讼。结合以上区别可以看出，未办理就业证的台、港、澳居民与用人单位之间所形成的法律关系，从本质而言仍然是劳动关系，只是违反了法律的强制性规定而无效。

《台湾香港澳门居民在内地就业管理规定》第十五条规定，用人单位与聘雇的台、港、澳人员之间发生劳动争议，依照国家有关劳动争议处理的规定处理。可见，台、港、澳居民在我国内地就业所产生的争议适用劳动争议处理程序，未办理就业证的台、港、澳居民与用人单位之间所形成的法律关系不属于劳务关系。

第三，为台、港、澳员工办理就业证是用人单位的法定责任和义务，用人单位未办理就业证存在过错，并给台、港、澳员工造成损害的，应当承担赔偿责任。

《台湾香港澳门居民在内地就业管理规定》第四条规定，用人单位拟聘雇或者接受被派遣台、港、澳人员的，应当为其申请办理《台港澳人员就业证》。因此，为台、港、澳员工办理就业证是用人单位的法定责任和义务，而非劳动者本人的义务。如果用人单位未履行法定义务，未给台、港、澳员工办理就业证，导致双方之间的劳动关系无法受到法律保护，则违背了现有劳动法律规范保护劳动者的立法精神。

实践中，台、港、澳居民未取得就业证存在多种原因，有的是劳动者本身不符合在中国内地就业的条件，故意不配合用人单位办理相关手续，或者在取得就业证后故意在其他用人单位工作；有的是用人单位故意聘请未办理就业证的台、港、澳居民，或者为逃避法定责任故意不办理就业证，致使双方之间的关系无法直接适用我国劳动法律规范，并以此规避出现劳动争议时用人单位应当承担的劳动法上的相应责任。对此，应当区分具体原因，根据双方过错来确定相应的法律责任。根据《中华人民共和国劳动合同法》第八十六条的规定，劳动合同被确认无效，给对方造成损害的，有过错的一方应当承担赔偿责任。

本案的核心争议焦点即未办理就业证的香港居民与用人单位之间的法律关系及相应的法律后果。张某为香港居民，其入职甲公司时，甲公司为其办理了就业证。张某从甲公司离职后，次日即入职甲公司的关联公司乙公司，但乙公司始终未为张某办理就业证的变更，导致双方之间的劳动合同无效。乙公司明知张某的书面劳动合同与就业证登记信息不符，能够但始终拒绝为张某办理就业证的变更，明显违背了用人单位的相应义务，对双方劳动合同的无效负有过错，应当对张某所受的工资损失承担赔偿责任。鉴于张某在双方发生争议期间并未实际提供劳动，法院考虑多项因素酌情确定了张某的工资损失。因甲公司与乙公司存在混同用工，故甲公司应当对张某的上述工资损失承担连带责任。

（北京市第三中级人民法院　王　奔　巴晶焱）

17. 车辆实际所有人聘用的司机与挂靠单位之间是否形成事实劳动关系

上诉人：高某
被上诉人：甲运输公司

争议焦点

车辆实际所有人购买的车辆挂靠其他单位且以挂靠单位的名义对外经营，由于车辆挂靠单位存在未向劳动者说明挂靠关系的存在，致使劳动者有足够理由相信车辆实际所有人代表车辆挂靠单位向其支付工资、进行劳动管理，善意形成其提供劳动的对象系挂靠单位的认识。此种情况能否认定车辆实际所有人聘用的司机与挂靠单位之间存在事实劳动关系？

基本案情

2009年3月24日，甲运输公司与王某签订《车辆挂靠合同》，约定：王某将其自筹资金购置的车辆挂靠在昌顺运输公司，车辆所有权、使用权归属王某；王某须遵守昌顺运输公司的各项规章制度，接受统一管理、依法经营、照章纳税，定期上缴税费；王某每年向昌顺运输公司缴纳服务费；王某每年须为挂靠的车辆投保，并由昌顺运输公司统一代理，若不通过昌顺运输公司代理，则王某每次应交纳违约金5 000元，每年须提前10天一次性交清保险费（其中第三者责任险至少为50万元,此属强制性保险),若王某拖欠保费则应交纳滞纳金;昌顺运输公司对王某发生损害其公司名誉的事件有权做出处理和要求赔偿,按有关规定严格考核安全、质量等指标;若王某违反本合同规定,昌顺运输公司有权注销车辆的所有手续,挂靠车辆的一切证件归昌顺运输公司所有;车辆过户或者转卖须经甲运输公司同意,过户及转卖时须交清所有税费;车辆自落户之日,四年内禁止过户,公司内部车辆转卖自由,等等。王某根据《车辆挂靠合同》将车牌号为京G58802、京G80941等车辆挂靠在甲运输公司名下,挂靠车辆在车辆登记机构登记的车主为甲运输公司。王某根据《车辆挂靠合同》在2009年3月19日、2011年3月8日、2012年3月14日、2013年3月15日、2014年3月17日向甲运输公司依次分别支付金额为4 000元、8 000元、4 000元、4 000元、4 000元的挂靠费用。高某对《车辆挂靠合同》和王某向甲运输公司支付挂靠费用的情况并不知情。高某提交7份关于车辆违规简易程序处罚决定书,载明其驾驶的车辆登记在甲运输公司名下。

高某经王某招聘自2009年3月驾驶渣土车,在建筑工地上运输渣土、建筑用材等,由王某的亲属郑某对其进行管理和安排工作内容,且由王某的妻子向其发放劳动报酬,无固定的工资发放周期,平时以借支的名义领取报酬,在每年春节前再结算总工资,2011年1月12日之前的工资已经结算清;自2011年2月,其因家中有事,休息一年多,此后,高某经王某再次招聘于2012年4月29日重新入职,工作内容、用工形式、管理人员等并未发生变化。

高某主张王某系以甲运输公司名义招聘,王某出示载有甲运输公司名称的渣土车车辆行车本,此种渣土车在新购置时无法登记在个人名下,个人无法办理此种车辆的运输证,须以公司名义营运;除此之外,甲运输公司为相关车辆提供道路运输证、二级维护证、有时去建筑工地拉渣土时，渣土车辆的挡风玻璃处摆放有甲运输公司牌子。甲运输公司主张王某将本人出资购买的车辆挂靠在其公司名下，实际车主王某借用其公司车辆运营资质，但王某及妻子、王某的亲属郑某并非其公司员工，也与其公司无关；其公司未实际使用过挂靠车辆，未曾招聘高某，也未曾为高某缴纳社会保险等，认为高某系由王某雇用，其公司与高某不存在劳动关系。

审理结果

北京市大兴区人民法院于 2014 年 8 月 20 日做出（2013）大民初字第 14714 号民事判决书，认为高某所提交的证据不足以证明其与甲运输公司存在劳动关系，对高某要求确认其与甲运输公司自 2009 年 3 月至 2013 年 9 月 16 日存在劳动关系的诉讼请求不予支持，判决：驳回高某的诉讼请求。北京市第二中级人民法院于 2014 年 12 月 18 日做出（2014）二中民终字第 09887 号民事判决书：（1）撤销北京市大兴区人民法院（2013）大民初字第 14714 号民事判决。（2）确认高某在 2009 年 3 月至 2011 年 1 月、2012 年 4 月 29 日至 2013 年 9 月 16 日期间与甲运输公司存在劳动关系。

评析意见

1. 车辆实际所有人聘用的司机与车辆挂靠单位之间是否存在劳动关系的规范性文件

最高人民法院行政审判庭与最高人民法院民一庭针对车辆实际所有人聘用的司机与挂靠单位之间是否形成事实劳动关系，存在直接的观点冲突，给司法实践造成了困惑和裁量标准的不统一。

2007 年 12 月 3 日，《最高人民法院行政审判庭〈关于车辆挂靠其他单位经营车辆实际所有人聘用的司机工作中伤亡能否认定为工伤问题的答复〉》（〔2006〕行他字第17号），内容为："你院〔2006〕皖行他字第0004号《关于车辆挂靠其他单位经营车辆实际所有人聘用的司机工作中伤亡能否认定为工伤问题的请示》收悉。经研究，答复如下：个人购买的车辆挂靠其他单位且以挂靠单位的名义对外经营的，其聘用的司机与挂靠单位之间形成了事实劳动关系，在车辆运营中伤亡的，应当适用《劳动法》和《工伤保险条例》的有关规定认定是否构成工伤。"

2013年10月28日，《最高人民法院〈关于车辆实际所有人聘用的司机与挂靠单位之间是否形成事实劳动关系的答复〉》（〔2013〕民一他字第16号），内容为："你院（2013）皖民一他字第00011号《关于车辆实际所有人聘用的司机与挂靠单位之间是否形成事实劳动关系的请示》收悉。经研究，答复如下：个人购买的车辆挂靠其他单位且以挂靠单位的名义对外经营的，根据2008年1月1日起实施的《劳动合同法》规定的精神，其聘用的司机与挂靠单位之间不具备劳动关系的基本特征，不宜认定其形成了事实劳动关系。"

上述由最高人民法院相关部门做出的两个答复，反映出不同部门对车辆挂靠情形下有关劳动关系的不同观点。

2. 实践中关于车辆实际所有人聘用的司机与车辆挂靠单位之间是否存在劳动关系的其他观点及评析

支持最高人民法院民一庭答复意见的观点认为，《中华人民共和国劳动合同法》实施后对劳动关系的认定一般应依据书面劳动合同，严格审查无书面劳动合同形成的事实劳动关系，不宜扩大劳动关系的认定范围。车辆实际所有人雇用的司机与车辆挂靠单位之间不符合劳动和社会保障部《关于确立劳动关系有关事项的通知》的规定，也不符合事实劳动关系的基本特征。理由如下：（1）车辆实际所有人雇用的司机和车辆挂靠单位不存在建立劳动关系的合意；（2）车辆实际所有人雇用的司机与车辆挂靠单位之间并未在提供劳动过程中形成劳动管理与被管理关系，其劳动内容并非由车辆挂靠单位具体安排；(3) 车辆实际所有人雇用的司机和车辆挂靠单位并不存在提供劳动与支付报酬之间的对价关系，其劳动报酬并非由车辆挂靠单位直接发放；(4) 车辆实际所有人雇用的司机与车辆挂靠单位之间不存在人身依附性。

支持最高人民法院行政庭答复意见的观点分为两种。第一种观点认为，只要个人购买的车辆挂靠其他单位且以挂靠单位的名义对外经营的，则其聘用的司机与挂靠单位之间形成事实劳动关系。第二种观点认为，车辆实际所有人雇用的司机与车辆挂靠单位之间不符合事实劳动关系的基本特征，但为了解决工伤保险待遇问题，可以确认双方之间存在拟制劳动关系，但劳动者不得据此主张解除劳动关系经济补偿金、未签订书面劳动合同双倍工资等其他劳动关系项下的劳动权利。

支持最高人民法院民一庭答复意见的观点，强调"合意"对建立事实劳动关系的重要性，并以双方是否存在直接的劳动管理和被管理关系为判断标准。此种观点是民事审判领域判断事实劳动关系是否存在的主流观点，但未能重视车辆实际所有人雇用的司机有足够理由认为其提供劳动的对象系车辆挂靠单位情形下的劳动者正当劳动权益保护问题。

支持最高人民法院行政庭答复意见的观点中的第一种观点，未能区分车辆实际所有人聘用的司机是否知道或者应当知道挂靠关系的不同情形。例如，车辆实际所有人聘用的司机知道或者应当知道挂靠关系存在，明确知悉其与车辆实际所有人存在直接的雇佣关系，而与挂靠单位之间不存在事实劳动关系。《最高人民法院关于审理工伤保险行政案件若干问题的规定》第三条规定，社会保险行政部门认定下列单位为承担工伤保险责任单位的，人民法院应予支持："……(五) 个人挂靠其他单位对外经营，其聘用的人员因工伤亡的，被挂靠单位为承担工伤保险责任的单位。"该条款已经解决车辆挂靠情形下的劳动者工伤保险待遇问题，无须通过"拟制劳动关系"的概念解决工伤保险待遇问题。支持最高人民法院行政庭答复意见的观点中的第二种观点存在逻辑矛盾，且无法律依据和实践基础。

3. 裁判观点解析

如果车辆实际所有人聘用的司机明知其本人系由车辆实际所有人雇用，则其与车辆挂靠单位不存在建立劳动关系的主观合意，也与车辆挂靠单位不存在劳动管理关系，双方不具备建立劳动关系的可能性。

但在部分案件中，车辆实际所有人聘用的司机却认为车辆实际所有人代表车辆挂靠单位支付工资和进行劳动管理。促使车辆实际所有人聘用的司机产生此种认识的因素主要有：（1）车辆实际所有人购买的车辆以挂靠单位的名义对外经营，包括以挂靠单位的名义招工和日常劳动管理、从事出租或者承包等经营活动；（2）车辆实际所有人和车辆挂靠单位均未向劳动者说明挂靠关系的存在，劳动者对车辆挂靠单位与车辆实际所有人之间的车辆挂靠协议、车辆挂靠费用的支付等情况不知情；（3）载有车辆挂靠单位名称的车辆行驶本、道路运输证、车辆维护证或其他证件，车辆上喷涂的挂靠单位名称、商标等特殊标识；（4）以挂靠单位的名义办理车辆出入证、交通违规罚款等手续；（5）车辆挂靠单位对挂靠车辆强制年检、缴纳保险费、定期保养等管理行为。上述因素往往致使聘用的司机有足够理由相信车辆实际所有人代表车辆挂靠单位向其支付工资、进行劳动管理，善意形成其本人是为车辆挂靠单位提供劳动的认识以及与挂靠单位"合意"建立劳动关系的心理信赖，并在劳动过程中以提供劳动的对象为挂靠单位为行为前提，自觉维护挂靠单位名誉、保守商业秘密等。

车辆挂靠单位对车辆实际所有人聘用的司机形成"提供劳动的对象系挂靠单位的认识"存在主观过错和行为过错。首先，车辆挂靠单位允许无经营许可资质的车辆实际所有人从事本应属于其单位许可经营范围的道路运输业务，违反法律法规的强制性规定，车辆挂靠单位负有相应的预见发生附随劳动用工问题的义务，但车辆挂靠单位能够预见而未能预见或者已经预见但轻信可以避免，在主观上具有过错。其次，车辆挂靠单位负有积极地及时向车辆实际所有人招聘的司机说明挂靠关系的义务而未说明，负有督促车辆实际所有人向招聘的司机说明雇主身份的管理义务而未履行，车辆挂靠单位负有不作为的行为过错。

尽管车辆挂靠单位与车辆实际所有人聘用的司机之间不存在管理和被管理关系，车辆挂靠单位也不支付劳动报酬，但车辆挂靠单位对车辆实际所有人聘用的司机"善意形成其本人是为车辆挂靠单位提供劳动的认识以及与挂靠单位'合意'建立劳动关系的心理信赖"存在过错，根据《中华人民共和国民法通则》第六十六条关于"本人知道他人以本人名义实施民事行为而不作否认表示的，视为同意"的规定，下列情形应视为车辆挂靠单位同意与车辆实际所有人聘用的司机建立劳动关系，双方存在建立劳动关系的"合意"，应认定车辆实际所有人聘用的司机与挂靠单位之间存在事实劳动关系：（1）车辆挂靠单位知道车辆实际所有人以其单位名义招聘、劳动管理和发放报酬而不作否定表示的；（2）因车辆实际所有人以挂靠单位名义对外经营等因素致使聘用的司机已经形成或者即将形成上述认识和心理信赖，车辆挂靠单位知道后未及时向车辆实际所有人聘用的司机澄清说明的。

车辆挂靠单位不知道车辆实际所有人以其单位名义招聘、劳动管理和发放报酬，或者车辆挂靠单位不知道车辆实际所有人聘用的司机"善意形成其本人是为车辆挂靠单位提供劳动的认识以及与挂靠单位'合意'建立劳动关系的心理信赖"，但为保护劳动者的正当劳动权益，参照《中华人民共和国合同法》第四十九条有关表见代理制度，由车辆挂靠单位承担车辆实际所有人具有表见管理权和报酬发放权的法律后果，也应认定车辆实际所有人聘用的司机与挂靠单位之间存在事实劳动关系，便于劳动者在因工受伤的情况下向挂靠单位主张工伤保险待遇等，避免非因劳动者过错而致使其本人游离在劳动法体系的保护之外。

基于上述分析，本案中"高某作为普通劳动者有理由相信王某系代表甲运输公司进行招工和劳动管理，并善意形成其本人是为甲运输公司提供劳动并建立劳动关系的信赖"，甲运输公司对此信赖的形成负有法律责任且须承担相应的法律后果，故确认高某与甲运输公司存在事实劳动关系。

（北京市第二中级人民法院　朱　涛）

劳动合同的签订与履行

18. 用人单位以考核延期为由与劳动者协商一致延长试用期是否应认定为违法二次约定试用期

申请人：杜某

被申请人：某文化传播公司

争议焦点

某文化传播公司与杜某协商一致延长试用期的行为是否构成违法约定试用期？

基本案情

杜某申请称：本人于2016年1月19日到某文化传播公司工作，单位违法与我约定二次试用期，且无理由解除劳动合同。现申请要求：支付2016年4月19日至6月18日期间试用期与转正工资差额4 800元。

某文化传播公司辩称：杜某离职时仍在试用期，且我单位已足额支付其工资，所以不同意支付工资差额；双方解除劳动合同时仍处于试用期，我单位无须提前30日通知。

经查：杜某于2016年1月19日入职某文化传播公司，岗位为营销策划，双方签订了劳动合同，期限为2016年1月19日至2019

年1月18日,约定试用期为2016年1月19日至2016年4月18日,试用期月薪8 400元,转正后月薪10 800元。单位于2016年5月24日以杜某不胜任该岗位工作为由与其解除劳动合同。

杜某主张单位违法与其约定二次试用期,其向仲裁委员会提交劳动合同书以证明试用期于2016年4月18日结束,该劳动合同书起止日期为2016年1月19日至2019年1月18日,其中第二条约定"试用期为3个月,自2016年1月19日至2016年4月18日"。某文化传播公司对该合同的真实性予以认可,但主张系双方协商一致延长试用期,单位向仲裁委员会提供人事变动单一份,变动单显示变动人员姓名为"杜某",变动类型为"延迟转正",原因"经手项目未开始,考核延期,经双方协商一致,延长试用期至7月18日",员工签字处有杜某签字,日期为2016年4月8日,杜某认可本人签字。

杜某在2016年4月19日至5月24日期间正常出勤,单位按试用期工资标准支付其该期间工资。

审理结果

裁决:某文化传播公司于本裁决书生效之日起10日内,支付杜某2016年4月19日至6月18日期间试用期与转正工资差额4 800元。

评析意见

一种观点认为,杜某向仲裁委员会提交的劳动合同书约定"试用期为3个月,自2016年1月19日至2016年4月18日",某文化传播公司虽主张系双方协商一致延长试用期,并向仲裁委员会提供人事变动单以证明其主张,但《中华人民共和国劳动合同法》第十九条第二款明确规定"同一用人单位与同一劳动者只能约定一次试用期",依据该规定,双方延长试用期的行为应属违法,故仲裁委员会认定杜某试用期于 2016 年 4 月 18 日结束。

另一种观点则认为,《中华人民共和国劳动合同法》第十九条第一款规定:"劳动合同期限三个月以上不满一年的,试用期不得超过一个月;劳动合同期限一年以上不满三年的,试用期不得超过二个月;三年以上固定期限和无固定期限的劳动合同,试用期不得超过六个月。"杜某与某文化传播公司签订的劳动合同期限为 2016 年 1 月 19 日至 2019 年 1 月 18 日,其中约定"试用期为 3 个月,自 2016 年 1 月 19 日至 2016 年 4 月 18 日",某文化传播公司与杜某于 2016 年 4 月 8 日协商一致延长试用期至 7 月 18 日,时间早于 2016 年 4 月 18 日试用期到期日,且试用期延长后未超过法规规定的可约定试用期期限上限,双方延长试用期的行为可视为经协商一致对劳动合同试用期部分的变更,故不应认定为违法约定试用期。杜某要求支付 2016 年 4 月 19 日至 5 月 24 日期间工资差额请求无依据,不予支持。

笔者支持第一种观点。试用期是指用人单位对新招收职工的思想品德、劳动态度、实际工作能力、身体情况等方面进行进一步考察的时间期限。劳动法规定,劳动合同可以约定试用期,但最长不得超过六个月。在劳动合同中约定试用期,一方面可以维护用人单位的利益,为每个工作岗位找到合适的劳动者,试用期就是供用人单位考察劳动者是否适合其工作岗位的一项制度,给企业考察劳动者是否与录用要求相一致的时间,避免用人单位遭受不必要的损失;另一方面,可以维护新招收职工的利益,使被录用的职工有时间考察了解用人单位的工作内容、劳动条件、劳动报酬等是否符合劳动合同的规定。在劳动合同中规定试用期,既是订立劳动合同双方当事人的权利与义务,同时也为劳动合同其他条款的履行提供了保障。在现实劳动关系履行中,用人单位和劳动者常常处于不平等的地位，用人单位作为管理者具有劳动者无法与之抗衡的强势地位和便利条件，特别是面对当前严峻的就业形势，新入职的劳动者为抓住来之不易的工作机会，往往会接受用人单位提出的一些并不合理甚至是不合法的要求和条件。本案中，某文化传播公司虽与员工杜某协商一致并有杜某签字确认，但实质上协商并非基于平等地位进行，也不应视为真正意义上的达成一致。此外值得注意的一点是，本案中某文化传播公司与杜某协商延长试用期的理由为"经手项目未开始，考核延期"，由此可见，导致试用期延长的原因产生于用人单位一方，如其后果由劳动者承担，更加不符合公平原则。综上所述，本案中某文化传播公司与杜某协议延长试用期的行为，名为延长实为再次约定，名为公平协商实为不平等强加，故最终应认定为违法二次约定试用期，新增加试用期期间的待遇应当按照转正后工资予以补齐。

（北京市东城区劳动人事争议仲裁院　张　倩　张鹤岭）

19. 虚假身份签订劳动合同应属无效

原告： 小珍
被告： 某文化公司

争议焦点

1. 劳动者利用虚假身份签订的劳动合同是否有效？
2. 使用虚假身份期间（即2012年3月1日至2013年2月28日期间）双方是否存在劳动关系？

基本案情

2012年2月，劳动者小珍的身份证丢失，为能参加某文化公司的面试，小珍使用其姐姐小佳的身份证，并以小佳的身份参加了面试。2012年3月1日，小珍被某文化公司录用，双方建立劳动关系，但其未向公司说明使用姐姐小佳身份进行面试的事实，并以小佳的名义办理社会保险、领取工资等人事手续，还签订了期限为2012年3月1日至2013年2月28日的劳动合同。

2013年3月1日，劳动合同到期，双方均同意续签劳动合同，这时，小珍需要办理购房贷款，为能开具合格的收入证明，小珍向公司说明了身份情况，公司得知后，要求小珍书面致歉，小珍同意并做出书面致歉。鉴于小珍工作表现良好，某文化公司欲继续留用小珍，双方又签署了期限为2013年3月1日至2015年1月31日的劳动合同。该合同到期后双方未续签，小珍继续在公司工作。

2015年5月初，小珍因个人原因离职，并要求某文化公司支付2015年2月至4月期间的未签订无固定期限劳动合同双倍工资差额，理由为双方已连续订立两次劳动合同，公司未与其续签无固定期限劳动合同。

某文化公司拒绝了小珍的要求，公司认为，2012年3月1日至2013年2月28日期间，双方不存在劳动关系，因为双方第一次签署劳动合同时，小珍使用虚假身份，该劳动合同应属无效，公司与小珍仅签订了一份劳动合同，即2013年3月1日签订的劳动合同，小珍不符合签订无固定期限劳动合同的条件，故不同意支付未签订无固定期限劳动合同双倍工资差额。

小珍于2015年6月申请仲裁，要求某文化公司支付2015年2月1日至4月30日期间未签订无固定期限劳动合同双倍工资差额。

审理结果

驳回小珍的仲裁请求。

评析意见

本案涉及的主要争议焦点为劳动者使用虚假身份签署的劳动合同是否有效。

在劳动领域，一般而言，劳动者应当以自己真实的身份信息入职，同用人单位签订劳动合同，建立劳动关系。但实践中，因各种各样的原因，冒充他人或者利用他人身份信息建立劳动关系的情况也常有发生。本案中，劳动者小珍因身份证丢失，使用其姐姐小佳的身份信息应聘某文化公司，被该公司录用后，小珍并没有向公司说明身份情况，而是继续使用小佳的身份信息提供劳动，并以小佳的名义与公司签订劳动合同。那么，小珍应当为自己的行为承担怎样的后果？双方是否存在劳动关系？劳动合同是否有效？

关于双方是否存在劳动关系问题，笔者认为，依据《关于确立劳动关系有关事项的通知》（劳社部发〔2005〕12号）的规定，劳动关系须符合以下三个要素：第一，用人单位和劳动者符合法律、法规规定的主体资格；第二，用人单位依法制定的各项劳动规章制度适用于劳动者，劳动者受用人单位的劳动管理，从事用人单位安排的有报酬的劳动；第三，劳动者提供的劳动是用人单位业务的组成部分。本案中，小珍虽冒用其姐姐小佳的身份信息，但不影响小佳作为劳动者的主体资格，小珍也适用于某文化公司的劳动规章制度，接受该公司的管理，其提供的劳动也是某文化公司业务的组成部分。综上，虽然小珍没有使用真实的身份信息，但并不影响双方劳动关系的建立，所以，小珍使用虚假身份期间，即2012年3月1日至2013年2月28日期间，双方仍存在劳动关系。

关于劳动合同是否有效问题，有两种观点。观点一认为，小珍使用其姐姐小佳的身份进行面试，之后也未向公司说明情况，继续以小佳的名义为该公司提供劳动，已经构成欺诈，第一份劳动合同应当无效。观点二认为，劳动关系具有特殊的人身属性，虽然小珍以小佳的名义与某文化公司签订劳动合同，但提供劳动、领取报酬的主体依然是小珍，双方劳动合同应当有效。

笔者同意第一种观点。首先，《中华人民共和国劳动合同法》（以下简称《劳动合同法》）第二十六条对劳动合同无效或部分无效做出了规定："下列劳动合同无效或者部分无效：（一）以欺诈、胁迫的手段或者乘人之危，使对方在违背真实意思的情况下订立或者变更劳动合同的；（二）用人单位免除自己的法定责任、排除劳动者权利的；（三）违反法律、行政法规强制性规定的。"该条文中的"欺诈"，既包括用人单位的欺诈，也包括劳动者的欺诈，由此可见，劳动者或用人单位以欺诈等手段，使对方在违背真实意思情况下订立的劳动合同，应属无效或部分无效。

其次，小珍使用虚假身份信息入职的行为，是否构成《劳动合同法》第二十六条第一项所述的欺诈。《最高人民法院关于贯彻执行〈民法通则〉若干问题的意见（试行）》第68条规定，一方当事人故意告知对方虚假情况，或者故意隐瞒真实情况，诱使对方当事人做出错误意思表示的，可以认定为欺诈行为。通常欺诈的构成要件是，第一，欺诈方具有欺诈的故意，即欺诈的一方明知自己告知对方的情况是虚假的且会使被欺诈人陷入错误认识，而希望或放任这种结果的发生；第二，欺诈方实施欺诈行为，在实践中大都表现为故意陈述虚伪事实或故意隐瞒真实情况使他人陷入错误的行为；第三，被欺诈的一方因欺诈而陷入错误；第四，被欺诈人因错误而做出了意思表示。上述规定和认识，虽属于民法领域，但同样适用于劳动法领域。就本案而言，小珍以虚假的身份通过了某文化公司的面试，双方正式建立劳动关系时仍未向公司说明情况，并继续以虚假的身份与公司签订劳动合同，小珍主观故意的行为导致公司陷入错误的认识，其违背了诚实信用原则，应当构成欺诈，所以，双方签署的劳动合同应属无效。在第一份劳动合同无效的情况下，小珍与某文化公司仅签订了一份劳动合同，不存在连续订立两次劳动合同的事实，小珍以此要求该公司支付未续签无固定劳动合同双倍工资差额的请求，不应得到支持。

(北京市通州区劳动人事争议仲裁院　吕沛昕)

20. "瑕疵劳动合同"的法律效力认定

申请人：李某

被申请人：某设计公司

争议焦点

如何认定李某与某设计公司法定代表人钟某签订的《合作协议》的效力及性质（即缺乏劳动合同必备条款的合同是否属于劳动合同）？

基本案情

2012年5月8日，某设计公司（处于筹备阶段）的法定代表人钟某与李某签订了《合作协议》。其中载明："甲方：钟某；乙方：李某。甲乙双方经友好协商，乙方为甲方提供劳务；甲方为乙方提供以下待遇：（1）工资待遇：①月薪6 000元，于每月5日支付给乙方。②工资调整：以后根据公司发展情况上调，但不能降低。③每年12月，甲方须支付乙方双倍工资。（2）甲方为乙方提供住所。（3）其他：按国家法定节假日和劳动法执行。（4）此协议一式两份，签字有效。"

2012年7月6日，某设计公司注册成立。李某继续为某设计公司工作，月工资标准为6 000元。李某工作至2012年12月25日，双方于2012年12月26日解除劳动关系。李某主张其于2012年

5月19日入职某设计公司，双方未订立书面劳动合同。某设计公司则主张其与李某签订了《合作协议》，该协议具有劳动合同的性质，且此后未订立书面劳动合同的责任也应由李某承担。

李某于2012年12月26日向仲裁委员会提出劳动仲裁申请，要求某设计公司向其支付2012年8月6日至2012年12月25日期间未订立书面劳动合同的双倍工资差额28 206.9元。

 审理结果

仲裁委员会经审理认为：某设计公司虽主张李某的入职时间为2012年5月8日，双方订立了书面劳动合同，并就此提交了《合作协议》作为证据，但该协议的签署甲方为钟某，即某设计公司的法定代表人，而双方订立《合作协议》时某设计公司并未注册成立，钟某的签字行为无法认定为行使职务行为，故该《合作协议》不具备劳动合同的效力。鉴此，仲裁委员会裁决支持了李某的申请请求。

某设计公司对此不服，起诉至人民法院。一审法院经审理认为：李某与钟某签订的《合作协议》中约定了工资标准、工资支付时间、工资调整及年底双薪等体现双方当事人长期存续劳动关系的意思表示，并且某设计公司注册成立后继续按照协议足额履行了向李某支付工资等义务，即该公司通过继续履行的方式表示了对法定代表人签订协议行为的追认，故该《合作协议》的效力已经实际上约束了某设计公司和李某；同时，劳动合同法关于未订立书面劳动合同予以双倍工资惩罚的立法目的在于提高书面劳动合同的签订率、明晰劳动关系中的权利义务，而非劳动者可以从中谋取超出劳动报酬的额外利益。鉴于上述理由与事实，人民法院确认某设计公司无须支付李某2012年8月6日至2012年12月25日期间未订立书面劳动合同双倍工资差额28 206.9元。一审法院做出判决后，双方当事人均未提出上诉。

评析意见

具体到本案的争议焦点,笔者认为应当认定两个层面的问题,其一,钟某在某设计公司注册成立前与李某签订《合作协议》的效力是否约束该公司;其二,钟某与某设计公司签订的《合作协议》是否具有劳动合同的性质。首先,针对第一层面的问题,需要明确用人单位的法定代表人超越职权做出的法律行为对该用人单位是否产生约束力。根据《中华人民共和国民法通则》第三十八条及第四十三条的规定,法人的法定代表人是代表法人行使职权的负责人,法人应当对其法定代表人的经营活动承担民事责任;同时,《中华人民共和国合同法》第五十条规定,法人或者其他组织的法定代表人、负责人超越权限订立的合同,除相对人知道或者应当知道其超越权限的以外,该代表行为有效。本案中,李某与钟某订立《合作协议》时某设计公司并未注册成立,即钟某在某设计公司未取得经营权限时与李某订立《合作协议》,该协议对于某设计公司属于效力待定的合同。但是,《合作协议》中关于工资调整的约定表述为"以后根据公司发展情况上调,但不能降低",上述内容表明钟某与李某订立《合作协议》的初衷即为某设计公司服务,即可推断李某当时应当知晓钟某的行为即代表某设计公司;同时,某设计公司注册成立以后,该公司继续按照协议约定履行了向李某支付工资的义务,即该公司以行为表示了对法定代表人签订协议行为的追认,至此,该《合作协议》的效力确定约束某设计公司,即明确了该公司与李某的劳动关系。

其次,就《合作协议》是否具有劳动合同的性质而言,《中华人民共和国劳动合同法》(以下简称《劳动合同法》)第十七条虽规定了劳动合同应当具备法定必备条款和约定条款,但是缺乏该法规定必备条款的合同(例如,劳务合同、承揽协议及合作协议等)是否具有劳动合同的性质？对此，笔者认为双方当事人是否形成劳动关系并非依据双方订立的合同的名称予以确认，而应核实用工关系的实质，如双方符合劳动关系用工的形式要件及内容要件，被认定为劳动关系的，那么双方订立的劳动合同文本不管是以何种形式、何种名目呈现，均应被认定为劳动合同。具体来说，当双方当事人订立的书面协议缺少一项或者几项《劳动合同法》规定的必备内容时，如果可以参考法律规定和时间管理得以补充，就可以在司法实践中认定为订立了书面劳动合同。同时，结合《劳动合同法》第十八条"劳动合同对劳动报酬和劳动条件等标准约定不明确，引发争议的，用人单位与劳动者可以重新协商；协商不成的，适用集体合同规定；没有集体合同或者集体合同未规定劳动条件等标准的，适用国家有关规定"，及该法第八十一条"用人单位提供的劳动合同文本未载明本法规定的劳动合同必备条款或者用人单位未将劳动合同文本交付劳动者的，由劳动行政部门责令改正；给劳动者造成损害的，应当承担赔偿责任"。上述规定对于缺乏必备条款的合同，用人单位承担的责任是"重新协商""责令改正"，对造成的损失承担相应的赔偿责任，而非未订立书面劳动合同的两倍罚金。

本案中，某设计公司的法定代表人钟某与李某订立的《合作协议》约定了工资标准、支付周期、年度双薪以及其他按照劳动法执行的兜底条款，该协议在某设计公司注册成立后继续依约履行，并且该协议的内容已基本实现了书面劳动合同的法律功能，若再要求某设计公司支付李某未签订书面劳动合同双倍工资差额，有违立法初衷。退而言之，即便该《合作协议》中欠缺作为劳动合同的部分必备条款，依据《劳动合同法》第十八条及第八十一条，对于劳动合同必备条款的缺失可以进行重新协商或者承担与其相对应的赔偿后果，而并非支付李某未订立书面劳动合同双倍工资差额。

（北京市海淀区劳动人事争议仲裁院　刘冬立）

21. 李某与 A 公司变更劳动合同条款争议案

申请人：李某
被申请人：A 公司

争议焦点

当事人协商一致可以变更劳动合同条款的情形有哪些？

基本案情

2015 年 6 月 1 日，李某入职 A 公司担任销售主管，双方签订了三年期劳动合同。合同第二条约定李某的月工资标准为：基本工资 4 800 元＋销售提成，提成计发办法按照 A 公司薪酬管理制度执行。2015 年 6 月至 12 月期间，李某在 A 公司正常工作，该公司按照双方劳动合同约定的工资标准，按月向其支付了劳动报酬。

李某主张，从 2016 年 1 月起，A 公司在未经协商的情况下，单方将其基本工资标准由劳动合同约定的 4 800 元调整为 3 800 元，并从当月起按照调整后的标准向其发放工资，直至 2016 年 7 月 2 日双方劳动合同解除。李某认为 A 公司的上述做法无法律依据，其要求该公司根据劳动合同约定的原薪酬标准，向其支付 2016 年 1 月 1 日至 7 月 2 日期间的基本工资差额。A 公司主张，由于经济形势整体下滑，该公司一直处于亏损状态，为了节约成本，从 2016

年1月起，下调了全体员工的基本工资标准（每人每月下调1 000元），此项措施并不仅针对李某一人。A公司还主张，在变更李某劳动合同约定的工资标准时，虽然未采用书面形式，但该变更不违反法律、行政法规、国家政策以及公序良俗，且已经实际履行超过一个月，依据《最高人民法院关于审理劳动争议案件适用法律若干问题的解释（四）》第十一条之规定，应认定该变更行为有效，不同意支付李某2016年1月1日至7月2日期间基本工资差额。

庭审中，A公司未提供与李某就变更劳动合同基本工资标准条款进行协商的证据。

审理结果

由于A公司未提供与李某就变更基本工资标准进行协商的证据，仲裁委员会对于李某关于该公司在未经协商的情况下单方降低其基本工资标准的主张予以采信。A公司调整李某的基本工资标准，没有与其进行协商，上述行为无法律依据，故仲裁委员会对于李某要求该单位根据劳动合同约定的原薪酬标准向其支付2016年1月1日至7月2日期间基本工资差额的请求予以支持。

评析意见

《中华人民共和国合同法》第七十七条规定："当事人协商一致，可以变更合同。法律、行政法规规定变更合同应当办理批准、登记等手续的，依照其规定。"即平等主体的自然人、法人、其他组织之间订立合同后，如需变更合同条款，除法律、行政法规规定应当办理相关手续的以外，只要双方当事人协商一致，即可完成变更，并不要求必须采取书面形式。

本案中，A公司与李某之间为劳动关系。在劳动关系项下，劳动者是劳动力的所有者，用人单位是生产资料的所有者，从表面上看，双方作为各自独立的财产所有者，有可能建立一种以双方合意为基础的平等的社会经济关系，形式上具有平等性。但劳动者不拥有生产资料，必须通过出卖自己的劳动力来换取生活资料的经济地位决定了劳动者必须依附于生产资料所有者，并且一旦劳动关系建立起来，作为劳动者个人与用人单位之间的平等关系即告结束，劳动者必须服从用人单位的支配和指挥，完成一定的工作任务。在劳动关系的实际运行中，劳动者与用人单位之间的关系并无平等性，而只有从属性。这种从属关系具体表现为：人格上的从属性，即劳动者在劳动过程中必须服从用人单位的指挥监督；经济上的从属性，即劳动者必须受雇于用人单位从事劳动才能谋取生活资料；组织上的从属性，即劳动者需编入用人单位的生产组织内并遵循用人单位的生产秩序。从属性决定了实质上的不平等性。考虑到这种不平等性可能对劳动者造成的不利影响，《中华人民共和国劳动合同法》第三十五条做出如下规定："用人单位与劳动者协商一致，可以变更劳动合同约定的内容。变更劳动合同，应当采用书面形式。"根据上述规定，A公司只有在与李某协商一致的情况下，才能调整其基本工资标准，且必须履行书面形式将变更内容加以固定。该流程在一定程度上避免了用人单位凭借优势地位，随意更改劳动合同条款侵害劳动者权益的情况，但在实际操作中单位与员工口头变更合同内容并遵照执行的情况也不鲜见。这种行为，是劳动关系双方当事人基于诚信原则，经过协商就某一问题达成一致，变更原劳动合同约定内容的自主选择。如果仅依据未采取书面形式而否定双方自愿达成的合意，并不利于保持劳动关系的和谐稳定，与《中华人民共和国劳动合同法》的立法初衷也不吻合。因此，2013年2月1日实施的《最高人民法院关于审理劳动争议案件适用法律若干问题的解释（四）》第十一条做出规定："变更劳动合同未采用书面形式,但已经实际履行了口头变更的劳动合同超过一个月,且变更后的劳动合同内容不违反法律、行政法规、国家政策以及公序良俗,当事人以未采用书面形式为由主张劳动合同变更无效的,人民法院不予支持。"上述规定是对劳动合同变更"重书面、轻实践"的修正,经双方协商一致口头变更的劳动合同条款,只要经实际履行超过一个月且不违反法律法规、国家政策及公序良俗就应当认可其效力。

在实践操作中,有些用人单位片面地理解了《最高人民法院关于审理劳动争议案件适用法律若干问题的解释(四)》第十一条的规定,认为该条款不仅有限度地免除了变更劳动合同的形式要件,而且也免除了双方协商一致的前提条件。这种理解与现行法律和司法解释相悖。从规定内容来看,第十一条仅针对"变更劳动合同未采用书面形式"这一种情形,并不包括未协商一致。从法理角度看,劳动合同的签订应在双方平等自愿、协商一致的基础上,劳动合同的变更也应如此。除法定情形,任何一方都不能单方面变更劳动合同的内容。劳动合同的变更是原劳动合同的派生,是双方已存在的劳动权利义务关系的发展。当某种情况的出现使得原劳动合同的继续履行存在困难或者成为不可能时,双方当事人可以根据有关法律、法规规定,经协商一致,对原劳动合同的部分内容进行调整。变更劳动合同,应遵循协商一致的原则,即当事人双方在充分表达自己真实意愿的基础上,经平等协商,取得一致性意见。这就要求订立劳动合同的双方当事人完全出于自愿,任何一方不得将自己的意愿强加于对方,也不允许第三者非法干预。只有经双方协商同意依法变更后的劳动合同才能对双方当事人具有约束力。

具体到本案,将李某的基本工资标准调整为 3 800 元,这一变更内容虽不违反法律、行政法规、国家政策以及公序良俗,且已经实际执行超过一个月,但 A 公司在做出上述变更行为前未与李某进行协商，该变更行为属于其单方决定，对于李某不发生法律效力。据此，李某要求 A 公司按照劳动合同约定的原薪酬标准向其支付 2016 年 1 月 1 日至 7 月 2 日期间基本工资差额的请求于法有据，应予以支持。

（北京市东城区劳动人事争议仲裁院　詹璐璐　张鹤岭）

22. 劳动者拒签劳动合同，用人单位可以不支付双倍工资差额

原告： 李某
被告： 某网络科技公司

争议焦点

用人单位有证据证明劳动者拒签劳动合同可否免去支付双倍工资差额责任？

基本案情

李某于 2014 年 3 月 26 日入职某网络科技公司从事销售工作，月工资标准为 6 000 元，2015 年 4 月双方解除劳动关系。

某网络科技公司主张，2014 年年中曾当面向李某送达劳动合同文本，李某以协商工资标准、试用期等为由未予签署；2014 年 4 月 29 日、5 月 29 日、6 月 9 日，该公司以电子邮件方式催促李某签署劳动合同，其中 2014 年 4 月 29 日、5 月 29 日电子邮件载有附件为劳动合同文本。李某对上述电子邮件的真实性均予以认可，且认可某网络科技公司曾向其交付空白劳动合同文本，但主张双方就工资标准没有协商一致，故没有签署。

其后，双方产生纠纷。李某以要求某网络科技公司支付未签劳动合同双倍工资差额为由向北京市海淀区劳动人事争议仲裁委员会

提出申请，仲裁委员会裁决驳回李某的仲裁请求。李某不服仲裁裁决，诉至北京市海淀区人民法院。

审理结果

法院确认了如下事实：某网络科技公司已将劳动合同文本送达李某，且于2014年4月29日、5月29日、6月9日以电子邮件方式催促李某签署劳动合同。庭审中，李某认可曾收到某网络科技公司提供的劳动合同文本，但未能明确陈述具体日期，故法院采信某网络科技公司之主张，确认该公司于2014年4月中旬曾当面向李某送达劳动合同文本。李某主张双方就工资标准没有达成一致故未予签署，对此法院认为，劳动报酬系劳动者与用人单位进行双向选择之关键因素之一，对于劳动报酬的约定理应是双方建立劳动关系的前提，即使依据李某所述双方当事人就工资标准未能达成一致，李某已于2014年3月26日入职某网络科技公司，2014年4月至6月期间某网络科技公司已按照固定标准向其支付工资，而在此期间某网络科技公司曾多次通过电子邮件方式催促李某签署劳动合同，确已履行与劳动者签署劳动合同之义务。鉴于此，李某要求某网络科技公司支付2014年4月26日至2015年4月8日期间未签劳动合同双倍工资差额，依据不足，对此法院不予支持。

判决后，李某未上诉，一审判决已发生法律效力。

评析意见

1. 双倍工资差额的性质

《中华人民共和国劳动合同法》（以下简称《劳动合同法》）第八十二条关于用人单位未与劳动者订立书面劳动合同的，应当向劳动者每月支付双倍工资。

关于双倍工资的性质，大致有三种观点：（1）双倍工资差额属于劳动者的工资，即劳动报酬；（2）双倍工资差额属于用人单位支付给劳动者的补偿金；（3）双倍工资差额是对用人单位违法行为的惩罚。

劳动报酬是劳动者付出体力或脑力劳动所得的对价，体现的是劳动者创造的社会价值。用人单位与劳动者建立劳动关系后，虽然并未签订劳动合同，但用人单位已经按照双方约定支付了劳动者工资，在劳动者只提供一个月劳动的情况下，用人单位支付两个月的工资，显然不符合一般意义上的劳动报酬的含义，因此，双倍工资差额不属于劳动报酬。

经济补偿金，是用人单位解除劳动合同时给予劳动者的经济补偿，在劳动合同解除或终止后，用人单位需依法一次性支付给劳动者。我国《劳动合同法》第四十六条明确规定了用人单位应当支付经济补偿金的情形。比较这些情形可以发现，经济补偿金的前提是双方解除劳动关系，用人单位对劳动者以往工作给予一定补偿，按照劳动者在本单位工作年限，每满一年支付一个月工资。双倍工资差额不但在数额上远高于经济补偿金（每满一个月支付一个月双倍工资差额），其目的也不是给予劳动者补偿，因此，认为双倍工资差额属于用人单位支付给劳动者的补偿金也就很难让人信服。

在司法审判实践中，普遍接受的观点是，双倍工资是对用人单位未依法履行签订书面劳动合同的义务的一种惩罚。应当结合《劳动合同法》未签订书面劳动合同予以双倍工资惩罚的立法目的予以分析。《劳动合同法》第八十二条系针对实践中劳动合同签订率低，以及《中华人民共和国劳动法》第十六条仅规定"建立劳动关系应当订立劳动合同"而没有规定违法后果的立法缺陷而增设的，该双倍工资差额的性质并非劳动者的劳动所得，而是对用人单位违反法律规定的一种惩戒。双倍工资差额的立法目的在于提高书面劳动合同签订率、明晰劳动关系中的权利义务，而非劳动者可以从中谋取超出劳动报酬的额外利益。笔者也同意此观点。

2. 用人单位有证据证明劳动者拒签劳动合同可否免去单位责任

确定了双倍工资是对用人单位未依法履行签订劳动合同义务的一种惩罚性措施,如果用人单位已经尽到了签订劳动合同的义务,却因为劳动者原因未能在法律规定的期限内签订劳动合同,用人单位能否免除向劳动者支付双倍工资差额的责任呢?

实践中存在两种观点。

第一种观点认为,不问劳动合同未签订的原因,只要双方未签订书面劳动合同,用人单位就应当承担双倍工资差额的法律后果。因为相关规定已经明确了劳动者拒签劳动合同用人单位应当终止劳动关系,即如果用人单位有证据证明是劳动者拒签劳动合同,应当依据《中华人民共和国劳动合同法实施条例》第五条、第六条的规定与劳动者终止劳动合同,而不是继续用工。如果继续用工,用人单位应当对继续用工的法律后果有一定的判断能力,即承担双倍工资差额的责任。用人单位在明知不利法律后果的情况下,不按照法律的规定终止劳动关系,理应承担双倍工资差额的法律后果。

第二种观点认为,如果有证据能够证明是劳动者拒签劳动合同,则可以免除用人单位双倍工资差额的法律责任。

如前所述,设立双倍工资差额的根本目的在于提高劳动合同的签订率,而提高劳动合同签订率的重要手段就是通过法律的方式强制用人单位履行与劳动者签订书面劳动合同的义务,既然用人单位已经提出和劳动者签订书面劳动合同,那么用人单位就已经履行了与劳动者签订书面劳动合同的义务,如果因为劳动者的原因导致劳动合同没有签订,双倍工资差额的法律责任不应再由用人单位承担。

笔者更倾向于第二种观点。

需要补充一点,就是要个案分析劳动者拒签劳动合同的真正原因。如果劳动者拒签具有合理性，那么用人单位仍然要承担未签书面劳动合同双倍工资差额的法律责任。

比如，用人单位在给劳动者发出的《录用通知书》中明确劳动者入职后的薪酬标准为每月1万元，劳动者入职后，用人单位告知劳动者每月固定发放5 000元，绩效考核合格后再发放5 000元，劳动者不同意，导致劳动合同一直没有签订。在这种情况下，由于用人单位存在过错，在录用劳动者之前没有告知劳动者工资的具体构成，劳动者有理由相信自己每月固定发放的工资就是1万元，在没有谈妥最终薪酬标准的前提下，劳动者有权拒绝签订薪酬标准为"固定工资5 000元＋绩效工资5 000元"的劳动合同。在此情形下，用人单位应当支付未签书面劳动合同双倍工资差额。在相同情形下，如果用人单位提出签订一份不包括薪酬标准（薪酬标准另议）的劳动合同，这个时候如果劳动者拒绝，用人单位是否还需要支付未签书面劳动合同双倍工资差额？笔者认为，虽然用人单位存在过错，在录用劳动者之前没有告知劳动者工资的具体构成，但用人单位没有强行要求签订包含薪酬条款的劳动合同，而是就双方无争议部分先行与劳动者签订劳动合同，如果此时劳动者拒绝签订，用人单位则无须支付未签书面劳动合同双倍工资差额。

（北京东合律师事务所　郝云峰）

23. 不支持未签书面合同双倍工资及不支持继续履行劳动合同的裁判因素

原告（被告）： 唐某
被告（原告）： 某（北京）科技有限公司

争议焦点

1. 某（北京）科技有限公司的录用通知书是否已实现签订书面劳动合同的功能？
2. 第三方公司为唐某缴纳社保且推定存在劳动关系是否属于原劳动合同不能继续履行的情形？

基本案情

2015年4月9日，某（北京）科技有限公司（以下简称"某公司"）向唐某发放录用通知书（offer）确认其于2015年4月7日入职，任大区总监，工作时间为早晨9点至下午5点，中午12点至1点半为午餐及休息时间，试用期为3个月，月薪为20 133元，办公地点为北京市丰台区南四环××大厦××号楼××室，同时告知唐某"如您接受本聘书，请先回复电子邮件，待入职时将原件签字后交送人力资源部"。

2015年4月7日，唐某回复邮件就试用期80％的工资比例和宿舍问题进行了沟通，并对其他内容予以认可。随后，双方又签订了《反商业违法犯罪行为协议》《保密协议书》及《劳动合同书》等书面文件，但是据某公司陈述，由于公司搬家等原因导致其无法向仲裁委员会、法院提交完整的书面劳动合同。

2015年7月31日，某公司以唐某一直没有销售业绩、不符合录用条件为由与其解除劳动关系，并送达落款时间为"2015年7月27日"的《解除劳动关系证明》。唐某在某公司的最后出勤日为2015年7月31日。

2015年8月，唐某向北京市海淀区劳动人事争议仲裁委员会提起仲裁申请，要求：（1）撤销于2015年7月27日做出的《解除劳动关系证明》，确认劳动关系存续。（2）支付2015年6月1日至2015年6月30日工资差额××元及25％经济补偿金××元。（3）支付2015年5月1日至2015年5月31日工资差额××元及25％经济补偿金××元。（4）支付2015年5月6日至2015年6月30日未签书面劳动合同双倍工资差额××元。（5）支付2015年7月1日至2015年7月31日的工资××元。（6）支付2015年4月至7月报销费××元。（7）支付2015年7月工资的25％经济补偿金××元。

2015年10月28日，北京市海淀区仲裁委员会做出裁决支持了唐某的主要请求，其中：（1）撤销某公司于2015年7月27日做出的《解除劳动关系证明》，确认双方劳动关系存续。（2）某公司支付2015年5月6日至2015年6月30日未签书面劳动合同双倍工资差额××元。

2015年11月，唐某及某公司均不服上述裁决，向北京市海淀区人民法院起诉。唐某的请求与劳动仲裁阶段的一致。代理人建议某公司向法院提交劳动合同解除后唐某的社保在缴状态以及缴存单位的证据，同时书面申请法院调取唐某在劳动合同解除后的社保缴存情况相关证据材料。

审理结果

海淀区人民法院审理查明关于录用通知书及第三方公司为唐某缴纳社保的事实后做出了与仲裁阶段较为不同的判决。

（1）自 2015 年 9 月起，唐某的社会保险由北京另一家公司（"第三方公司"）缴纳，但唐某却拒绝提交证据证明其与第三方公司仅仅是社保缴纳挂靠关系而非劳动关系，故海淀区人民法院推定其已入职其他单位，不存在与某公司继续履行劳动合同的事实基础，判决自 2015 年 9 月 1 日起唐某与某公司的劳动关系不再存续。

（2）虽然某公司未能提交双方签署的书面劳动合同，但是录用通知书中约定了唐某的工资标准、入职时间、工作时间、岗位、工作地点、试用期等劳动合同的主要必备条款，此外，唐某还回邮接受了聘书要约，双方也实际建立了劳动关系。前述情况及内容已具备了劳动合同的核心要件，体现了双方就建立劳动关系达成了一致，实现了书面劳动合同的功能。故判决某公司无须支付唐某未签书面合同的双倍工资差额××元。

2016 年 4 月，唐某不服一审判决上诉至北京市第一中级人民法院，并提交了第三方公司的澄清说明和证人证言（证人出庭）等新证据，意图证明双方属于挂靠关系，系基于朋友情义的代扣代缴行为。二审法院审理后认定第三方公司单方出具的证明无法核实真实性，不予采信。2016 年 7 月 13 日，北京市第一中级人民法院判决确认一审认定事实清楚，适用法律正确，驳回上诉，维持原判。

 **评析意见**

1. 某公司的录用通知书已实现签订书面劳动合同的功能，无须支付未签书面合同的双倍工资差额。

对于本案而言，不管签订书面劳动合同的相关事实是否如某公司所述，某公司在三个阶段的庭审中均未能举证证明系劳动者原因导致书面劳动合同灭失或不能呈堂作证。因此，按照《中华人民共和国劳动合同法》（以下简称《劳动合同法》）第八十二条的文义及一般司法实践，某公司被认定未签书面劳动合同的风险是极高的，这也是海淀区仲裁委员会裁决某公司支付未签书面合同双倍工资差额的直接原因。但是，我们理解，对于法律法规的理解和适用不能仅从文义解释出发，而应更多地落脚于执法现状，从立法解释的角度去适用法条，解决纠纷。

根据立法解释原则，《劳动合同法》第八十二条是针对实践中劳动合同签订率低，为保护劳动者合法利益而增设的惩罚性条款。也就是说，该条款的立法目的是促进、监督用人单位明确劳资双方的劳动关系，提高实践中的劳动合同签订率，固定权利义务；双倍差额的性质也并非劳动者的劳动所得，而是对用人单位违反法律规定的一种惩戒。如果用人单位已将劳动合同的主要必备条款通过其他合法形式与劳动者达成一致，则没有必要拘泥于书面纸质文件的格式要求，当然也就无须要求用人单位因未签订纸质文件而支付未签书面合同的双倍工资。

本案中，某公司已将具体的入职时间、工作时间、工资标准、岗位、工作地点、试用期等确定的劳动合同必备条款通过电子邮件的形式告知唐某，唐某也很快回邮确认，基本接受了聘书；同日，双方还签订了《反商业违法犯罪行为协议》《保密协议书》等其他书面文件。据此，不管从达成一致协议的角度出发，还是从用人单位积极履行签订义务的观点考量，某公司均不存在逃避签订书面劳动合同的恶意，也不存在混淆权利义务的过错，故没有需惩罚其支付双倍工资差额的法律事实，某公司的录用通知书已实现签订书面劳动合同的功能，本案不适用《劳动合同法》第八十二条的规定。

综上，我们理解，当用人单位举证证明已积极履行签署义务且存有得到劳动者确认的正式文本、电子邮件、录用通知书（offer）等涵盖劳动合同必备条款内容的载体时，应认定双方已签订书面劳动合同。

2. 第三方公司为唐某缴纳社保且推定存在劳动关系属于原劳动合同不能继续履行的情形，不支持继续履行劳动合同。

根据《劳动合同法》第四十八条的规定，用人单位违法解除的，劳动者可以选择诉请继续履行劳动合同，劳动合同已经不能继续履行的，用人单位应当依照该法第八十七条的规定双倍支付赔偿金，或者直接要求用人单位支付赔偿金。

就本案而言，根据某公司提交的线索和经某公司申请法院要求唐某提交的个人社保权益记录显示，某公司仅是其2015年4月至7月的缴费单位，个人权益记录表上的缴费单位已登记为案外第三方公司。原则上，社保缴纳关系应依附于劳动关系，缴纳社保是用人单位的法定义务。经过一审、二审法院的释明，唐某也未能提供有效证据证明该社保缴纳行为符合其单方主张的挂靠关系，应由其承担不利后果，故推定其已入职其他单位。在某公司明确拒绝继续履行的前提下，唐某要求继续履行原劳动合同已没有基础。

也就是说，如果劳动者已与其他用人单位建立劳动关系或符合建立劳动关系要件的，则主张继续履行原劳动合同的请求将得不到支持。

综上，我们理解，当发生劳动合同主体资格灭失、劳动者建立新的劳动关系、用人单位搬迁外地或者原工作部门被撤销等情形，导致继续履行合同的客观基础丧失时，不宜违背双方意志强制继续履行原劳动合同。

（北京市竞天公诚律师事务所　邓友平　陈　抒）

24. 劳动者提供虚假学历订立劳动合同的后果

原告：张某
被告：某科技公司

争议焦点

1. 劳动者在入职时提供虚假学历信息，用人单位与其签订劳动合同后以受欺诈为由要求确认劳动合同无效能否获得支持？
2. 涉及欺诈认定劳动合同无效的条件是什么？
3. 确认无效的法律后果如何？

基本案情

2013年年底，某科技公司招聘，张某前往应聘，其在《员工入职申请表》"最终学历"一栏填写其学历为"某科技大学管理学本科毕业"；之后，张某成功入职某科技公司，双方签订书面劳动合同，约定三个月的试用期。2014年12月，某科技公司查知张某非高校本科毕业。张某承认其在《员工入职申请表》上填写的学历、专业情况是虚假的，其真实学历为高中毕业。某科技公司遂以张某学历欺诈为由提出仲裁申请，要求：（1）确认双方劳动合同无效。（2）张某返还在职期间工资。

审理结果

仲裁委员会经审理后认为,张某认可在入职时告知某科技公司其学历为"某科技大学管理学本科毕业",也认可对学历专业的陈述虚假,其真实学历为高中毕业。用人单位在考虑是否录用应聘人员时,学历情况是其进行考量的重要因素之一。而张某以提供虚假学历信息的方式获得某科技公司的信任并与其建立劳动关系,该行为违反了诚实信用原则。根据《中华人民共和国劳动合同法》(以下简称《劳动合同法》)第二十六条第一款的规定,以欺诈、胁迫的手段或者乘人之危,使对方在违背真实意思的情况下订立或者变更劳动合同的,劳动合同无效或者部分无效。现某科技公司要求确认与张某之间劳动合同无效并无不当,应予支持。关于返还工资申请,因张某已向某科技公司提供劳动,某科技公司应支付其劳动报酬,故某科技公司要求返还工资的请求没有依据,不予支持。

张某对此不服,起诉至人民法院。一审法院经审理后认为,根据查明的事实,张某在《员工入职申请表》中填写的学历信息与其真实学历情况不符,属于虚假信息。学历信息作为用人单位招聘员工的重要考量因素,对用人单位与员工签订劳动合同具有影响,因此张某采用欺诈手段与某科技公司签订的劳动合同属于无效合同。至于某科技公司要求张某返还工资的请求,法院认为张某已经付出劳动,某科技公司已实际给付报酬且未提出过异议,因此,应当认为张某的工资报酬与其实际从事的岗位与工作相适应,某科技公司要求返还工资依据不足,不予采信。据此,法院判决:(1)某科技公司与张某之间的劳动合同无效。(2)驳回某科技公司的其他诉讼请求。

张某不服一审判决,向中级人民法院提起上诉。二审法院经审理后认为,根据《劳动合同法》第八条,某科技公司作为用人单位,对劳动者的个人简历、学历、工作经历等应当进行核查,而张某在应聘时应当向用人单位提供有关个人信息的真实资料。现张某所填写的《员工入职申请表》中关于学历的情况是虚假的,其行为明显与诚实、信用等道德准则相悖,法院对此提出严厉的批评。某科技公司主张在张某应聘时企业对应聘者有学历、同行业工作经历等相关条件的要求,但该公司在诉讼中未能提供证据予以证明,故法院对某科技公司此诉讼主张不予采信。某科技公司对张某进行了面试,该公司享有核查应聘者个人资料真实性的权利,但某科技公司未及时行使此权利,故该公司应承担相应的后果。某科技公司在面试后与张某签订了劳动合同,在其不能提供证据证明学历、工作经历是录用张某的决定性条件的情况下,法院确认某科技公司是在自愿的基础上与张某签订劳动合同,该劳动合同不属于《劳动法》《劳动合同法》规定的无效合同,故对某科技公司要求确认与张某所签劳动合同无效的诉讼请求,法院不予支持。原审法院判决确认张某与某科技公司所签劳动合同无效的处理不当,二审法院予以改判。据此,法院判决:(1)撤销原审法院判决。(2)驳回某科技公司的诉讼请求。

评析意见

劳动者在入职时提供虚假学历信息,用人单位与其签订劳动合同后以受欺诈为由要求确认劳动合同无效能否获得支持?涉及欺诈认定劳动合同无效的条件是什么?确认无效的法律后果如何?对此,在实践中争议颇大,司法机关也有不同裁判。

在实践中,由于学历和任职经历均不能等同于一个人的能力,因此,双方当事人在劳动合同的履行过程中可能会出现两种截然不同的情况:一种情况是,劳动者受其自身能力和素质所限,不能从事或者无法胜任其应聘的工作岗位,用人单位与其订立劳动合同的目的无法实现；而另一种情况是，有的劳动者虽借助于虚假文凭和不实的任职经历获取了工作机会，但在实际工作中，劳动者通过自身的努力，完全能够适应工作环境和岗位的需要，能完成工作任务，未使用人单位的利益受损。因此有观点认为，劳动者在订立劳动合同时虽然违反了诚实信用原则，但其能够胜任工作，用人单位与劳动者订立劳动合同的目的能够实现，未对用人单位造成损失，因此不宜认定劳动合同无效。

笔者对此持不同意见。按照民事法律的一般原则并结合《劳动合同法》第二十六条第一款的规定，构成欺诈的要件有四：第一，欺诈的故意，即行为人主观上有欺诈的意思；第二，欺诈行为，即行为人有告知虚假情况或者隐瞒真实情况的行为；第三，被欺诈人因欺诈行为陷入错误，产生错误认识；第四，被欺诈人因错误而做出意思表示，存在因果关系。对于劳动者提供虚假学历信息，用人单位与之建立劳动关系后要求确认无效的情况，认定是否无效主要应分析是否满足第四项要件，即用人单位是否因劳动者提供了虚假学历信息而同意招聘劳动者入职。

由此可见，劳动合同订立后劳动者是否能够胜任工作、合同目的是否能够实现、是否实际给用人单位造成经济损失，这些并不是劳动合同无效的认定标准。劳动者存在欺诈的行为，用人单位因此与其建立劳动关系，无论是否造成用人单位经济损失，行为人都应当按照法律规定承担相应责任。这并不是说劳动者未造成任何危害，事实上其造成的最大危害在于，劳动者将不能实现合同目的的风险转移给用人单位，实际危害的是用人单位的正常经营秩序及社会的公序良俗，这也说明了欺诈确认劳动合同无效制度的意义所在——法律惩罚的是欺诈行为本身，而不在于其所造成的损失。

第四项要件还涉及这样一个问题：劳动者提供虚假信息或者隐瞒信息是否局限于用人单位明示的招录条件。通说认为，用人单位在劳动合同订立过程中有如实告知义务，若其对学历、工作经历等有特定要求，应在招聘时明确告知。只有当劳动者故意隐瞒自己的学历、工作经历等信息，对录用产生重大影响，进而做出录用该劳动者的行为，才构成劳动者对用人单位的欺诈，由此签订的劳动合同才属无效；反之，即使劳动者填写了虚假学历，但用人单位不能提供证据证明学历是录用的决定性条件的，也不构成法律上的欺诈行为。笔者赞同上述观点，在认定劳动合同无效时，员工提供的虚假信息应当足以影响到企业做出是否录用的决定。若劳动者仅仅将毕业院系由A系虚构为B系，或将5年毕业虚构为4年毕业，而用人单位岗位对此无特别需要，或该情形并不影响录用结果的，不宜认定劳动合同无效。关于举证责任问题，一般认为用人单位应当承担其对岗位所需学历要求的举证责任。笔者认为还应当结合具体案情来判断。以本案为例，在某科技公司无法提供充分证据证明其招聘要求的情况下，其请求是否应驳回？从常理推断，如果某科技公司在张某应聘入职之初就知道张某的学历为高中，是否还会招聘其入职呢？

再者，在认定劳动者是否构成欺诈以及劳动合同是否无效时，是否应当考虑用人单位的注意义务。对此有观点认为，若用人单位以劳动者学历虚假问题主张无效，应当及时做出，过后不能随意以此为由对劳动者进行处理。如果一概赋予用人单位只要学历虚假即可主张无效，对劳动者显然有所不公。这种观点也是驳回用人单位诉求的常用理由。笔者持不同观点，确认劳动合同无效的请求本身是不受时效限制的，若在其之上设定一个期限，比如必须在试用期内提出，这就和《劳动合同法》第三十九条的规定没有什么区别了。用人单位规定录用条件或者做出询问本身就是在行使知情权，劳动者应做出如实说明，即使用人单位没有对劳动者提供的资料进行核查，也不应剥夺用人单位主张劳动合同无效的权利。

最后，关于劳动合同无效后的法律后果问题。《劳动合同法》第二十八条规定，劳动合同被确认无效，劳动者已付出劳动的，用人单位应当向劳动者支付劳动报酬。劳动报酬的数额，参照本单位相同或相近岗位劳动者的劳动报酬确定。劳动合同属于继续性合同，应限制无效的溯及效力，劳动合同被认定无效时，无效只是向着将来发生效力，过去的法律关系不因此而受到影响。劳动合同无效不能使已发生的关系自始归于消灭，劳动合同确认无效后，劳动者与用人单位应按照事实劳动关系来处理。

（北京市海淀区劳动人事争议仲裁院　王　雪）

25. 劳动合同变更的认定标准

原告：某酒店
被告：周某

争议焦点

争议焦点：本案是否应当适用《最高人民法院关于审理劳动争议案件适用法律若干问题的解释（四）》（以下简称《劳动争议司法解释（四）》）第十一条之规定？

基本案情

周某与某大学国际学术交流中心于 2005 年 12 月 1 日签订一份起止日期为 2005 年 9 月 1 日至 2007 年 10 月 1 日的劳动合同，后续签至 2012 年 12 月 1 日。2012 年 12 月 2 日，周某与某酒店签订劳动合同，期限为 2012 年 12 月 2 日至 2017 年 12 月 1 日，约定延续周某与某大学国际学术交流中心所签的劳动合同。2012 年 1 月 1 日至 2014 年 3 月 31 日期间，某酒店与周某签署过三份岗位聘任书，约定聘任周某为厨师长，月工资待遇 10 500 元。双方约定工资支付周期为每月支付上上月 26 日至上月 25 日期间工资。2014 年 4 月起，某酒店调整周某工作岗位，并下调月工资标准。2014 年 4 月至 2014 年 6 月，某酒店向周某应发工资（基本工资＋岗位绩效工资＋通信补＋餐补＋工龄补贴＋物价补贴＋高温津贴）为：5 945.78

元、4 753 元、4 554.73 元。2014 年 6 月 5 日，周某向某酒店送达单方解除劳动合同通知书，以某酒店未足额支付工资、未缴纳社会保险及公积金、未支付加班工资、未休年假为由提出辞职。周某正常出勤至 2014 年 6 月 11 日。

周某以要求某酒店支付解除劳动合同经济补偿金、工资差额及未休年休假工资为由向北京市海淀区劳动人事争议仲裁委员会提起仲裁申请。该委员会做出京海劳仲字（2014）第 8124 号裁决书，裁决：（1）某酒店向周某支付 2014 年 3 月 26 日至 2014 年 6 月 11 日工资差额 12 022.35 元。（2）某酒店向周某支付解除劳动合同经济补偿金 94 500 元。（3）驳回周某其他申请请求。周某认可仲裁裁决结果，某酒店不服该裁决，向法院起诉。

某酒店诉称：（1）对周某做出的调岗降薪处理，符合劳动合同法的相关规定，周某在担任厨师长期间，由于管理能力有限，不能履行厨师长职责，在此情况下，某酒店对周某的工作岗位进行调整，并按新岗位工资标准足额发放工资，并不存在拖欠工资的事宜。（2）周某在调岗后两个多月内，没有书面提出异议，某酒店调整工作岗位符合法律规定，周某要求解除劳动合同并无法律依据。（3）鉴于某酒店系合法调整工作岗位、调整工资标准，且足额向周某发放工资，所以周某要求支付解除劳动合同经济补偿金的请求显然于法无据。综上所述，某酒店请求法院判令双方继续履行劳动合同；如不能履行劳动合同，请求法院判令确认某酒店无须向周某支付 2014 年 3 月 26 日至 2014 年 6 月 11 日期间的工资差额 12 022.35 元及解除劳动合同经济补偿金 94 500 元；周某承担本案诉讼费。

周某辩称：其入职某酒店任厨师长一职，任职期间月平均工资 10 500 元，但 2014 年 4 月开始，某酒店无故降低其工资，故以此为由提出解除劳动合同。某酒店无证据证明周某不能胜任厨师长一职，周某本人也不同意调整工作岗位、降低工资标准，某酒店调岗降薪的行为明显违反法律规定，请求法院驳回某酒店的诉讼请求。

某酒店与周某就 2014 年 4 月调整工作岗位、降低工资标准是否符合法律规定存在争议。某酒店主张双方于 2012 年 12 月 2 日签署的劳动合同中关于工作岗位和工作内容、工作地点条款中约定：(1) 甲方（某酒店）可以依据乙方（周某）在该岗位是否称职，变更合同约定的工作内容，调整员工的工作岗位。(2) 如果乙方工作岗位、工作内容发生变化的，乙方到岗 3 天内，未向甲方提出书面异议，视为同意。(3) 乙方岗位变化后，甲方可根据相关制度相应调整乙方的工资待遇，与调整后的岗位其他人员相符，但该报酬不低于甲方所在地政府规定的最低工资标准。(4) 按照上述程序，甲方在合同规定的乙方工作内容范围内调整乙方工作岗位，乙方拒绝接受，或虽接受但仍不能满足该岗位工作要求的，可直接予以辞退，甲方可以与其解除劳动合同而不支付任何经济补偿或赔偿。按此合同条款，某酒店与周某自 2012 年 1 月 1 日至 2014 年 3 月 31 日期间签署三份岗位聘任书，聘任周某任厨师长一职，岗位聘任书中就厨师长应负职责做出明确规定。但周某在担任厨师长一职期间未能履行岗位聘任书所规定的职责，存在工作计划性不强、对厨房人员管理不到位等情况，出现员工私拿私吃厨房食品、后厨员工打架事件、菜品卫生遭到客户投诉等诸多问题，给某酒店造成恶劣影响，故某酒店领导自 2013 年 10 月起多次与周某谈话，指出问题，要求限期整改，但收效甚微。某酒店在 2014 年 3 月 31 日岗位聘任书到期后，经某酒店餐饮部会议考核后，决定不再聘任周某担任厨师长一职，调整其聘任岗位为厨师 B 级，工资进行相应的调整，并将调岗调资事宜通知周某本人，周某本人拒绝与某酒店签署新的岗位聘任书。就上述主张，某酒店向法院提交劳动合同书、岗位聘任书、2012 年某酒店工资调整草案、谈话记录、签订聘书的通知、短信、快递单底联、某酒店单方整理的宾客对菜品意见等予以证明。谈话记录显示为多次餐饮部例会与周某谈话的内容，谈话记录中仅有谈话人与记录人签字，并无周某本人的签字。某酒店单方整理的宾客对菜品意见也无周某本人签字。聘任周某为厨师B级的2014年4月岗聘确认书所定周某工资标准为2 640元，该确认书无周某本人签字。工资调整草案中所列的厨师B级的基本工资为3 900元。周某否认某酒店所称其不能胜任厨师长一职的情况，也否认某酒店书面通知其变更劳动合同、降低工资标准，并主张某酒店系无故调整其工作岗位、降低其工资标准，已违反法律规定。某酒店表示于2014年4月调整周某的工作岗位及工资标准，周某在新岗位也已工作两个月，领取厨师B级标准的工资，因周某在调整工作岗位后已经履行两个月，实则周某也认可调岗调薪，故其此后又以某酒店未足额支付工资为由解除劳动关系，明显不当。周某对某酒店该主张不予认可。

在本案二审期间，某酒店申请证人李某、张某、刘某、郑某出庭做证。李某做证称，其于2014年3月3日入职某酒店，担任厨师，其入职时周某是厨师长，厨师长不用炒菜，就是巡视管理。2014年4月或5月周某就不干厨师长了，只是炒菜，周某2014年4月还主持开过一两回晨会。2014年5月或6月有一位厨师赵某在工作中被压面机把手压了，当时周某是管理安全操作的，有管理职责。张某做证称，其于2009年入职某酒店，现担任餐饮会议部主管。餐饮会议部开会说过，周某不再担任厨师长，由副总经理郑某兼任厨师长，开会的具体时间记不清了，周某担任厨师长时会去炒菜。刘某做证称，其于2013年10月入职某酒店，现担任餐饮会议部主管。2014年4月，餐饮会议部开会宣布周某不再担任厨师长，由郑某兼任厨师长，周某负责炒菜，但不清楚周某是否实际炒菜。郑某做证称，其于2013年9月入职某酒店，现担任副总经理、餐饮会议部总监兼厨师长。周某担任厨师长不称职，2014年3月底宣布周某不再担任厨师长，从2014年4月开始由其兼任厨师长，周某不担任厨师长之后只负责炒菜。周某对上述证人证言的质证意见为：不属于新的证据，一审中证人未出庭，二审就不应该出庭；证人都属于在职工作人员,与某酒店存在利害关系,其证言不应采信。

另查明,某酒店在一审期间提交考勤统计表及员工休假申请单,用以证明周某已到新岗位工作两个多月。周某对该证据的证明目的不予认可,主张考勤统计表不能证明周某已在新的岗位工作两个月,员工休假申请单上岗位空缺,不能证明周某不再担任厨师长。

 审理结果

北京市海淀区人民法院于 2015 年 2 月 15 日做出 (2015) 海民初字第 197 号民事判决:(1) 自判决生效之日起 10 日内,某酒店向周某支付 2014 年 3 月 26 日至 2014 年 6 月 11 日期间的工资差额 12 022.35 元。(2) 自判决生效之日起 10 日内,某酒店向周某支付解除劳动合同经济补偿金 94 500 元。(3) 驳回某酒店其他诉讼请求。宣判后,某酒店向北京市第一中级人民法院提起上诉。北京市第一中级人民法院于 2015 年 7 月 24 日做出 (2015) 一中民终字第 3508 号民事判决:驳回上诉,维持原判。

法院生效裁判认为,本案焦点为:(1) 某酒店对周某调岗调薪是否合法。(2) 本案是否应当适用《劳动争议司法解释(四)》第十一条之规定。

对于争议焦点一,根据《最高人民法院关于民事诉讼证据的若干规定》第六条规定,在劳动争议纠纷案件中,因用人单位做出开除、除名、辞退、解除劳动合同、减少劳动报酬、计算劳动者工作年限等决定而发生劳动争议的,由用人单位负举证责任。本案中,某酒店以周某不胜任厨师长一职为由对其进行调岗降薪处理,但从某酒店提供的证据来看,会议记录、宾客对菜品的意见及厨房问题汇总系某酒店单方制作整理,无周某签字确认,二审出庭的证人与某酒店存在利害关系,且证言内容也不足以证明周某不胜任厨师长工作，故法院对某酒店所持依法依规对周某进行调岗调薪的上诉理由不予采纳。

对于争议焦点二，法院认为，根据《中华人民共和国劳动合同法》（以下简称《劳动合同法》）第三十五条第一款"用人单位与劳动者协商一致，可以变更劳动合同约定的内容。变更劳动合同，应当采用书面形式"，而《劳动争议司法解释（四）》第十一条"变更劳动合同未采用书面形式，但已经实际履行了口头变更的劳动合同超过一个月，且变更后的劳动合同内容不违反法律、行政法规、国家政策以及公序良俗，当事人以未采用书面形式为由主张劳动合同变更无效的，人民法院不予支持"，该司法解释是对《劳动合同法》第三十五条的补充和完善，主要是考虑到劳动合同变更采取口头形式符合我国企业生产经营管理的现状，同时对于那些签订了劳动合同但通过口头变更后履行了较长时间的劳动合同，应当确认其效力，防止处于悬而未决的事实状态，当然，这些必须建立在劳资双方合意的前提下。本案中，某酒店主张，周某从 2014 年 4 月 1 日开始已在新的厨师岗位上实际工作了两个月以上，应认定双方已实际变更劳动合同，但从某酒店提供的证据来看，证人证言在周某是否到新的厨师岗位履职以及具体履职时间等方面存在诸多矛盾之处，考勤统计表及员工休假申请单也不足以证明周某已接受某酒店的调岗降薪处理；相反，从某酒店的陈述及岗聘确认书、签订聘书的通知等证据可见，周某一直拒绝与某酒店签订新的岗聘确认书，本案难以认定周某与某酒店就调岗调薪达成了合意，故本案并不符合适用《劳动争议司法解释（四）》第十一条的条件，对某酒店的该项上诉理由，法院不予采信。

综上，某酒店于 2014 年 4 月起降低周某工资缺乏依据，周某以某酒店未足额支付工资为由提出解除劳动关系，某酒店应支付周某 2014 年 3 月 26 日至 2014 年 6 月 11 日工资差额 12 022.35 元及解除劳动合同经济补偿金 94 500 元。

 **评析意见**

劳动合同变更纠纷是劳动争议中的一类常见纠纷。劳动合同的变更是指劳动合同依法订立后，在合同尚未履行或者尚未履行完毕之前，经用人单位和劳动者双方当事人协商同意，对劳动合同内容做部分修改、补充或者删减的法律行为。《劳动合同法》第三十五条第一款规定："用人单位与劳动者协商一致，可以变更劳动合同约定的内容。变更劳动合同，应当采用书面形式。"根据该规定，一方面，劳动合同的变更必须坚持协商一致的原则，即劳动合同的变更必须经用人单位和劳动者双方当事人的同意，通过双方协商一致才能进行；劳动合同允许变更，但不允许单方变更，任何单方变更劳动合同的行为都是无效的。另一方面，变更劳动合同应当采用书面形式，达成变更劳动合同的书面协议，变更后的劳动合同文本由用人单位和劳动者各执一份。

值得注意的是，2013年2月1日起施行的《劳动争议司法解释（四）》第十一条规定："变更劳动合同未采用书面形式，但已经实际履行了口头变更的劳动合同超过一个月，且变更后的劳动合同内容不违反法律、行政法规、国家政策以及公序良俗，当事人以未采用书面形式为由主张劳动合同变更无效的，人民法院不予支持。"如何理解和适用该司法解释，实践中存在一定分歧。有意见认为，上述司法解释对法律规定做了一定的突破。根据该司法解释，一方面，变更劳动合同可以采用口头形式；另一方面，认定劳动合同是否变更以"实际履行"为判断标准，只要实际履行了口头变更的劳动合同超过一个月，就可以认定劳动合同发生了变更。

我们认为，《劳动争议司法解释（四）》第十一条是对《劳动合同法》第三十五条的补充和完善，对该司法解释的理解和适用也应当在法律规定的基本精神框架内进行。

1. 劳动合同变更可以采用口头形式

《劳动合同法》第三十五条规定，变更劳动合同，应当采用书面形式。"应当"应被理解为管理性的强制性规范而非效力性的强制性规范。违反这一规定，用人单位应当受到行政管理上的处罚或者制裁，但并不必然导致变更合同无效。劳动合同按其表示形式分为书面、口头和默示三种，《劳动合同法》虽然对不签订书面劳动合同规定了较重的法律责任，但也并未因此而否定劳动合同的效力。从现实情况看，变更劳动合同的合意客观存在，并且会通过当事人的实际履行表现出来，只要变更后的劳动合同内容不违法且经过一定期间劳动者未提异议的，就应当对这种变更行为的效力做出肯定性评价。

2. 口头变更劳动合同仍需坚持协商一致的原则

变更劳动合同的协商有时无法被具体感知，有观点即认为，根据司法解释的规定，劳动合同变更以"实际履行"为判断标准，只要实际履行了口头变更的劳动合同超过一个月，就可以认定劳动合同发生了变更。在本案例中，某酒店即主张已按新的工资标准向周某发放了两个月工资，因此可以认定周某接受调岗调薪。

我们认为，在双方协商一致口头变更劳动合同的情况下，可以推断出"实际履行"的事实，但仅根据"实际履行"的表象，并不能倒推出双方已口头变更劳动合同的结论。例如，用人单位故意克扣劳动者工资，每月均克扣10%，一年后，劳动者申请仲裁，要求用人单位支付克扣的工资。按照"实际履行"的观点，此时双方已变更工资标准，劳动者的主张将得不到支持，但这种结论显然是错误的。根据《中华人民共和国劳动争议调解仲裁法》关于劳动报酬争议仲裁的特别时效规定，劳动关系存续期间因拖欠劳动报酬发生争议的，劳动者申请仲裁不受一年仲裁时效期间的限制，理由即是考虑到有些劳动者为了维持劳动关系，在劳动关系存续期间对用人单位拖欠劳动报酬的行为不敢主张权利。可见，仅以"实际履行"

标准来判断劳动合同是否变更是不妥当的。

要正确理解《劳动争议司法解释（四）》第十一条，应当明确该司法解释是对《劳动合同法》第三十五条的补充和完善，主要是考虑到劳动合同变更采取口头形式符合我国企业生产经营管理的现状，同时对于那些签订了劳动合同但通过口头变更后履行了较长时间的劳动合同，应当确认其效力，防止处于悬而未决的事实状态，当然，这些必须建立在劳资双方合意的前提下，口头变更劳动合同仍需坚持协商一致的原则。例如，用人单位提出变更工作地点，劳动者实际到新的工作地点上班，如果实际履行超过一个月，应认定双方已变更劳动合同，此时，虽然双方并未采用书面形式变更劳动合同，但双方变更劳动合同的合意已通过劳动者的实际履行表现出来，人民法院对此应予以确认。

而具体到本案，某酒店以周某不胜任厨师长一职为由对其进行调岗降薪处理，工资从每月10 500元降至5 000元左右，但从某酒店提供的证据来看，不足以证明周某不胜任厨师长工作，也不足以证明周某已到新的厨师岗位履职；相反，从某酒店的陈述及岗聘确认书、签订聘书的通知等证据可见，周某一直拒绝与某酒店签订新的岗聘确认书，故本案不能认定双方已口头变更劳动合同，法院据此判令某酒店支付周某工资差额及解除劳动合同经济补偿金应属正确。

（北京市第一中级人民法院　何　锐）

劳动合同的解除与终止

26. 终止劳动关系协议未封口，劳动合同中约定的年度绩效工资能否获得支持

原告（被申请人）：某某投资管理（北京）有限公司

被告（申请人）：陈某某（澳大利亚籍华人）

争议焦点

劳动者与用人单位签订了终止劳动关系协议，但协议未"封口"、未约定履行完双方权利义务终止，劳动者除了终止协议上的工资和补偿外，要求按照劳动合同约定支付年度绩效工资，能否获得支持。

基本案情

2013 年 12 月 6 日，陈某某（澳大利亚籍华人）与某某投资管理（北京）有限公司（以下简称"某投资公司"）签订一份三年期的固定期限劳动合同，劳动合同期限为 2014 年 1 月 6 日至 2017 年 1 月 5 日，陈某某担任某投资公司的副总裁，工作地点为北京，执行标准工时制，试用期基本工资为 79 200 元/月，绩效工资为 19 800 元/月；转正后基本工资为 88 000 元/月，绩效工资为 22 000 元/月，年度绩效工资转正后月薪×2 个月。发放工资的时

间为每月 10 日，以银行转账方式支付上月 1 日至最后 1 个工作日期间的工资。双方还对其他权利义务进行了约定。

陈某某入职后工作兢兢业业、认真负责，不久月工资标准涨到了 120 000 元/月。但是，2015 年 1 月 16 日，某投资公司与陈某某因故不再履行上述劳动合同，在平等自愿的基础上，双方协商一致解除劳动合同，并就此签订了《终止劳动关系协议》，约定双方的劳动关系截止到 2015 年 1 月 31 日。作为终止劳动关系的条件，某投资公司向陈某某支付并提供：（1）协议签署当日发放陈某某 10 月份工资余额人民币 48 317.95 元；（2）协议签署当日发放陈某某 12 月份工资余额人民币 73 000 元；（3）协议签署当日发放陈某某一个月工资（补偿金），共计人民币 120 000 元；（4）于 2015 年 2 月 10 日发放陈某某截至 2015 年 1 月 31 日工资，共计 120 000 元；（5）某投资公司根据相关劳动法规为陈某某办理离职手续，并出具离职证明。上述协议签署后，某投资公司只履行了第（1）（2）两项，协议约定的第（3）（4）（5）项一直未履行，经陈某某多次要求均未予理睬。另外，某投资公司未按劳动合同支付相当于两个月工资的 2014 年年度绩效工资及开具离职证明。为此，陈某某委托北京市律师协会劳动和社会保障法律专业委员会委员、北京涌盈律师事务所高级合伙人阿致刚律师向北京市朝阳区劳动人事争议仲裁委员会申请劳动仲裁，要求支付拖欠的经济补偿（一个月工资）120 000 元、一个月工资 120 000 元及 2014 年年度绩效工资（两个月工资）240 000 元，并开具离职证明。

审理结果

北京市朝阳区劳动人事争议仲裁委员会认为，《终止劳动关系协议》并未涉及劳动合同中约定的年度绩效工资，也未约定双方履行完《终止劳动关系协议》双方劳动关系权利义务即终止，因此根据事实与法律,依法仲裁裁决某投资公司支付陈某某解除劳动关系经济补偿12万元、2015年1月份工资12万元以及2014年年度绩效工资24万元并开具离职证明。某投资公司对裁决不服,向北京市朝阳区人民法院起诉,法院支持了陈某某的主张。某投资公司向北京市第三中级人民法院提起上诉,被依法驳回。

评析意见

代理人阿致刚律师认为,该案争议焦点很明确,就是劳动者与用人单位签订了《终止劳动关系协议》,但协议未"封口"、未约定履行完双方权利义务终止。原劳动合同中约定的权利义务是否还需要继续履行?这个问题看似比较复杂,但实质上《终止劳动关系协议》(以下简称"协议书")可以看作是劳动合同的补充协议。如果能认识到这一点,这个问题就比较容易解决了。

《中华人民共和国劳动合同法》第三十五条明确规定:"用人单位与劳动者协商一致,可以变更劳动合同约定的内容。变更劳动合同,应当采用书面形式。"第三十六条规定:"用人单位与劳动者协商一致,可以解除劳动合同。"因此,协议书同时具备了变更和解除劳动合同的双重效力。如果劳动合同与协议书对相关事项都做出了约定,当然以协议书为准,只要协议书是双方的真实意思表示,且不违反法律、法规的强制性规定。但是,如果协议书对相关事项没有约定,而劳动合同对此做出了约定,应以劳动合同中的约定为准。

本案中对工资的约定,劳动合同与协议书不一致,理应以协议书为准;而年度绩效工资,协议书中未提及,且协议书并未约定履行完协议书约定的内容双方权利义务即终止,即协议未"封口",因此,原劳动合同中关于年度绩效工资的约定仍然有效。

所以,无论是北京市朝阳区劳动人事争议仲裁委员会的裁决,还是一审、二审法院的判决都是合法合理的。本案中，用人单位以签订终止协议为由否定原劳动合同中约定的年度绩效工资是无理的，用人单位以未"封口"的终止协议与劳动合同不一致为由，拒绝支付相应工资与经济赔偿，甚至拒绝配合劳动者办理相应离职手续，都是违反我国相关劳动法律法规的。

（北京诵盈律师事务所　阿致刚）

27. 劳动者与用人单位签订解除劳动合同协议的效力认定

申请人：马某

被申请人：某科技公司

争议焦点

劳动者与用人单位自行拟订并签署的解除劳动合同协议书是否有效？

基本案情

申请人马某 2011 年 9 月 6 日入职某科技公司，双方签订了劳动合同。合同约定马某每月工资 13 000 元。2015 年 5 月 26 日，双方签订《解除劳动合同协议书》。《解除劳动合同协议书》载明："由于甲方组织架构调整原因，甲乙双方协商解除劳动合同。……一、甲乙双方共同确认：甲乙双方之间的劳动合同于 2015 年 5 月 29 日（含当日）解除。甲方向乙方发放工薪、缴纳基本社会保险及住房公积金的截止日期为该劳动合同解除日。二、甲方向乙方支付一次性的解除劳动合同的经济补偿金及其他费用（包括但不限于经济补偿、社保），共计人民币 65 000 元。……七、乙方确认：本人对本协议内容完全了解、理解并认可。同时，本人还确认本协议项下的甲方给付金额为全部的、最终的给付金额。甲方对乙方不再负有任何其他给付义务。"某科技公司已将协议约定的补偿费用65 000元支付给马某。

马某主张单位强迫其签订解除协议,违法解除劳动合同,但马某未就签订协议是受胁迫的情况提交证据予以证明。某科技公司对马某的主张不予认可,并主张因为单位组织架构调解的原因,双方协商一致解除劳动合同,签订协议时单位方不存在胁迫的情况,属于双方自愿签订《解除劳动合同协议书》。

审理结果

某科技公司与马某于2015年5月26日签订了《解除劳动合同协议书》,马某作为完全行为能力人,应就其行为承担相应的法律责任,现其在《解除劳动合同协议书》上签字即表示其认可上述内容。马某虽主张其在受胁迫情况下签署此协议,但其未提交证据予以证明,无法体现出其所主张的胁迫情形,故对其主张无法采信,继而采信《解除劳动合同协议书》之内容。协议中约定了某科技公司支付马某解除劳动合同经济补偿金等共计65 000元,马某月工资标准为13 000元,其在职时间不满4年,依据《中华人民共和国劳动合同法》(以下简称《劳动合同法》)第四十七条之规定,某科技公司支付其65 000元并未低于法律规定标准,且现《解除劳动合同协议书》已履行完毕。综上,对马某的请求不予支持。

评析意见

劳动合同的解除分为协商解除、法定解除和约定解除三种。劳动合同既可以由单方依法解除,也可以双方协商解除。法定解除是指出现国家法律、法规或合同规定的可以解除劳动合同的情况时,不需双方当事人一致同意,合同效力可以自然或单方提前终止。约定解除是指合同双方当事人因某种原因，在完全自愿的情况下，互相协商，在彼此达成一致的基础上提前终止劳动合同的效力。本案系因双方协商解除劳动合同行为产生的争议。《劳动合同法》第三十六条规定，用人单位与劳动者协商一致，可以解除劳动合同。从实质上看，协商一致解除劳动合同与其他解除劳动合同形式的本质区别在于双方是否就劳动合同的解除时间、解除形式、工作交接、用人单位应支付的经济补偿金等计算标准进行了协商并达成一致意见，如果就上述相关内容达成了一致意见，即应视为双方协商一致解除劳动合同。如双方劳动合同解除是由用人单位依法提出，那么，用人单位还应按照法律规定支付劳动者经济补偿金。从形式上看，协商一致解除劳动合同一般体现为双方达成书面的协议书，主要基于劳动合同的书面形式要件。本案的争议焦点即为订立的《解除劳动合同协议书》的效力。

双方签订的《解除劳动合同协议书》是否有效对本案而言至关重要。《解除劳动合同协议书》实质上具有民事合同性质。其设定、变更了单位及员工之间的权利义务关系，双方意思表示真实，在不违反法律法规强制性规定的情况下，合同成立并生效，双方受合同约束。劳动者对于基于劳动关系产生的相应权利有处置权，双方签订《解除劳动合同协议书》即表明已对双方的权利义务处置达成了一致意见。

马某作为具有完全民事行为能力的自然人，应对其签字的行为承担相应的法律责任，其在《解除劳动合同协议书》上签字即表示其认可该文件的内容。马某主张协议是在受胁迫的情况下签订，依据"谁主张，谁举证"原则，其应对此进行举证，但在本案中，马某并未对此留存有效的证据，致使仲裁对其主张无法采信。另外，关于解除劳动合同协议签订的效力还有一个关键问题，即双方签订的协议内容是否违反法律法规的强制性规定。《最高人民法院关于审理劳动争议案件适用法律若干问题的解释（三）》第十条规定，劳动者与用人单位就解除或者终止劳动合同办理相关手续、支付工资报酬、加班费、经济补偿或者赔偿金等达成的协议，不违反法律、行政法规的强制性规定，且不存在欺诈、胁迫或者乘人之危情形的，应当认定有效。前款协议存在重大误解或者显失公平情形，当事人请求撤销的，人民法院应予支持。本案中，从双方签订的《解除劳动合同协议书》内容看，某科技公司向马某支付的经济补偿金标准未低于法定标准，因此，双方签订的《解除劳动合同协议书》应该被认定为有效。

(北京市海淀区劳动人事争议仲裁院　石　硕)

28. 考入士官学校是否属"超期服役"

申请人： 张某
被申请人： W 公司

争议焦点

1. "服役期间"具体指张某入伍后的哪一段时间？
2. 张某 2014 年 12 月 31 日后是否属于超期服役？

基本案情

张某于 2012 年 8 月 2 日入职 W 公司，签订五年期固定期限劳动合同。2012 年 12 月 1 日，张某应征入伍成为义务兵，W 公司与其签订了《张某在军队服役期间相关问题的协议书》（以下简称《协议》），约定"张某在服役期间 W 公司给予张某经济补助，补助标准保持张某原有工资和福利待遇水平，协议期限自 2012 年 12 月 1 日至 2014 年 12 月 31 日止，如张某超期服役，协议顺延"。2014 年 9 月，张某进入某士官学校学习，2014 年 12 月 31 日后未回 W 公司上班，W 公司自 2015 年 1 月 1 日之后停发张某工资，停缴社会保险。张某称自己仍在服役期间，要求 W 公司继续履行协议中有关经济补助的约定。双方协商未果，张某提起劳动争议仲裁。

审理结果

仲裁委员会裁决：驳回张某的仲裁请求。

 **评析意见**

本案涉及劳动者在工作期间应征入伍，用人单位应承担的相应义务以及相应义务的履行问题。

1. W公司为何要与张某签订《协议》

依法服兵役是每个适龄公民应尽的责任和义务。首先，无论用人单位是否同意，适龄职工均有报名参军入伍的权利，并且在入伍后享受法律、政策予以的劳动权利的保护。相应的用人单位应积极履行义务，维护入伍职工的合法权益。这里所说的义务，一是用人单位为入伍职工保留劳动关系的义务。原劳动部办公厅《关于职工应征入伍后与企业劳动关系的复函》（劳办发〔1997〕50号）规定：职工应征入伍后，根据国家现行法律、法规的规定，企业应当与其继续保持劳动关系，但双方可以变更原劳动合同中具体的权利与义务条款。《北京市劳动合同规定》第三十三条规定：劳动者应征入伍，在义务服兵役期间，用人单位不得依据本规定第三十一条、第三十二条的规定解除劳动合同。以上规章及规范性文件限制了用人单位对应征入伍劳动者在义务服兵役期间的劳动关系单方解除权，但赋予了双方协商保留劳动关系的空间。双方可以协商解除劳动关系，由企业支付经济补偿金，也可以协商变更劳动合同内容（主要是薪酬福利方面的内容），可以约定终止劳动关系。二是劳动者义务服兵役期满退伍后，原则上应回原用人单位复工复职。《中华人民共和国兵役法》（以下简称《兵役法》）和《退伍义务兵安置条例》均规定：义务兵入伍前原是国家机关、人民团体、企业、事业单位正式职工,退伍后原则上回原单位复工复职。也就是说,遇到上述情况,原单位不得拒绝与存在劳动关系的退伍义务兵复工复职。

本案中,应认定张某入伍后与W公司仍存在劳动关系,且退伍后原则上应回原单位复工复职。另外,根据原劳动部办公厅《关于职工应征入伍后与企业劳动关系的复函》规定"双方可以变更原劳动合同中具体的权利与义务条款",W公司在张某应征入伍后与其签订了《协议》。从《协议》约定的内容来看,既表明了W公司对张某入伍后与公司存在劳动关系的一种书面认可,也体现了对张某入伍后在经济上的一种特殊优待。按说,对《协议》W公司也可以不签,因为给张某保留劳动关系,并不意味着张某理所当然地享受《协议》中约定的工资和福利待遇,法律上也没有这方面的强制性规定。虽然原劳动部办公厅《关于职工应征入伍后与企业劳动关系的复函》中规定"职工应征入伍后,根据国家现行法律、法规的规定,企业应当与其继续保持劳动关系,但双方可以变更原劳动合同中具体的权利与义务条款",但这里所说的"可以"不是"必须"的意思。当然,W公司在张某应征入伍后与其签订了《协议》,内容符合相关法律规定,系双方在平等自愿、协商一致、意思表示真实的情况下对劳动合同做出的协商变更,对双方当事人均有约束力,W公司应当按照《协议》内容履行。事实上,W公司在张某入伍后的两年里已经履行了,至于2014年12月31日后W公司是否仍应按照《协议》内容继续履行,下文还要专门论述这个问题。

2. 2014年12月31日后W公司是否仍应按照《协议》内容继续履行

双方约定的《协议》履行期限是2012年12月1日至2014年12月31日,同时附有"如张某超期服役,协议顺延"的条件。因此,本案的争议焦点为《协议》所称的"服役期间"具体指张某入伍后的哪一段时间，以及张某2014年12月31日后是否属于超期服役。《兵役法》规定，义务兵服现役的期限为二年。《协议》虽未对张某服役性质做出明确说明，但根据《协议》约定2012年12月1日至2014年12月31日的期限，同时考虑双方签订《协议》的背景和相关法律法规对义务服兵役期间劳动者的优待规定，仲裁委员会认定双方约定的服役期限为张某服义务兵役期限。这很明显是双方订立《协议》的本意，否则，W公司与张某约定的《协议》履行期限为"2012年12月1日至2014年12月31日"也就令人匪夷所思了。至于2014年12月31日后张某是否属于超期服役这一问题，仍需向相关法律追索答案。1984年颁布的《兵役法》第十八条规定，义务兵服现役的期限：陆军三年；海军、空军四年。义务兵服现役期满，根据军队的需要和本人自愿，可以超期服现役。1998年，《兵役法》第十八条修订为：义务兵服现役的期限为二年。从兵役制度的修订上看，1998年，我国统一了义务兵的服役期限，取消了超期服役这一规定，故《协议》中约定的超期服役情形在当前的兵役制度下已经不存在。另外，张某2014年12月31日以后是士官身份还是其他身份，暂且不论，但肯定不属于义务兵。《兵役法》第二十条第一款规定：义务兵服现役期满，根据军队需要和本人自愿，经团级以上单位批准，可以改为士官。根据军队需要，可以直接从非军事部门具有专业技能的公民中招收士官。也就是说，义务兵两年服役期满后，要么复员退伍，要么改为士官。因此，张某根本不存在"超期服役"一说，其主张也没有现行的法律依据。

本案中，张某主张自己仍在服役期间，要求W公司继续履行《协议》中有关经济补助的约定，仲裁委员会认为，主要是张某对服兵役与服现役的区别没有搞清楚。从概念来看，服兵役是指义务服兵役，即服义务兵役，服现役是指在部队服役，也就是说，入伍后，只要一直在部队服役，没有复员退伍（特指义务兵）和转业

(特指干部、士官)，都属于服现役。从期限来看，义务服兵役时间为两年，服现役时间不定，可长可短。从服役对象来看，服兵役是义务兵，服现役既可以是义务兵，还可以是士官，也可以是干部。本案双方约定的《协议》中所说的"张某在服役期间"，实质上是"张某在服义务兵役期间"，而不能错误地理解为"张某在服现役期间"。

综上，张某的义务兵服役期应截止于 2014 年 12 月 31 日，W 公司在 2014 年 12 月 31 日之后终止履行《协议》中有关经济补助方面约定的做法并无不妥。

(北京市人力资源和社会保障局调解仲裁处　赵文婧　杜宝慧)

29. 用人单位突破规章制度解除劳动合同的效力

申请人：李某
被申请人：某服装公司

争议焦点

劳动者违反公序良俗或社会公德，用人单位突破规章制度与之解除劳动合同是否违法？

基本案情

李某于 2010 年 7 月 1 日入职某服装公司，后担任车间组长工作。2015 年 11 月 10 日，李某在夜班工作过程中，召集了几名员工在办公电脑上一起观看淫秽视频，后被公司领导发现。2015 年 11 月 20 日，某服装公司以李某工作时间观看淫秽视频给公司造成不良影响为由做出与李某解除劳动合同的决定。李某表示，某服装公司与其解除劳动合同的行为没有依据，该公司的规章制度里并没有观看淫秽视频可以解除劳动合同的规定，故提出仲裁申请，要求某服装公司支付违法解除劳动关系赔偿金。某服装公司表示，李某的行为违反了公民的基本社会公德和公序良俗，在公司造成了严重的不良影响，应属于严重违反公司纪律，故解除劳动合同的行为不违反法律规定。

审理结果

裁决驳回李某的仲裁请求。

评析意见

用人单位单方解除劳动合同，应当有法律依据或者依法制定的规章制度作为基础，否则将承担违法解除劳动合同的不利后果，这是劳动合同法的一项基本规则。但是，法律制度的更新滞后于社会发展的现实是一项基本规律，用人单位在制定规章制度的过程中也会遇到这样的难题；对于生产管理过程中的许多细微之处，也难免在制定规章制度时有所疏漏。在现实中，存在一些用人单位在制定规章制度时未能全面考虑的具体情形，而此类情形对于用人单位的管理和正常的生产工作秩序又存在一定程度上的不良影响。当这些情形出现时，用人单位能否突破规章制度的规定，对劳动者采取包括解除劳动合同在内的处罚措施？

本案中，在没有规章制度约束下，用人单位以劳动者违反公序良俗为由解除劳动关系，是否违反劳动合同法？

有观点认为，《中华人民共和国劳动合同法》（以下简称《劳动合同法》）第四章中明确了用人单位可以与劳动者解除劳动合同的情形，在法律法规以及用人单位的规章制度对可以与劳动者解除劳动合同的行为均没有规定的情况下，用人单位做出的解除决定，与法律法规相违背，应按照《劳动合同法》第八十七条的规定支付违法解除劳动关系赔偿金。另有观点认为，如果劳动者在工作期间做出一些违反公序良俗的行为，用人单位解除劳动合同后还需支付赔偿金，显然是对该行为的一种放任和认可，会给用人单位的其他职工带来不良的示范效应，对用人单位的工作秩序和用工管理造成不利影响。

由于两种观点相悖,在仲裁调解过程中,用人单位和劳动者各执一词,用人单位拒绝支付任何补偿或赔偿,是双方无法达成和解协议的最主要难点。而在裁判实践中,对此亦存在不同意见,以不符合法律规定为由,裁判用人单位支付违法解除劳动关系赔偿金的,会更容易说服用人单位,但若裁判用人单位的行为合法,则需要更严谨的论述来说服劳动者,这也是做出裁判的难点。

公序良俗是公共秩序和善良风俗的合称,包括两层含义:一是从国家的角度定义公共秩序,即社会一般利益,在我国现行法律中包括国家利益、社会秩序和社会公共利益;二是从社会的角度定义善良风俗,即一般道德观念或良好道德风尚,包括我国现行法律中所称的社会公德、商业道德和社会良好风尚。

虽然我国现行法律中并未采纳公序良俗的概念和表述,但是相关的法律条文,还是让我们看到了"公序良俗原则"的适用。如《中华人民共和国民法通则》第七条规定:"民事活动应当尊重社会公德,不得损害社会公共利益,破坏国家经济计划,扰乱社会经济秩序。"《中华人民共和国合同法》第七条规定:"当事人订立、履行合同,应当尊重社会公德,不得扰乱社会经济秩序,损害社会公共利益。"其中的"社会公共利益""社会经济秩序""社会公德",某种意义上体现的就是公序良俗原则。在劳动法律体系中,也没有关于"公序良俗"的具体规定,但在《最高人民法院关于审理劳动争议案件适用法律若干问题的解释(四)》第十一条中规定:"变更劳动合同未采用书面形式,但已经实际履行了口头变更的劳动合同超过一个月,且变更后的劳动合同内容不违反法律、行政法规、国家政策以及公序良俗,当事人以未采用书面形式为由主张劳动合同变更无效的,人民法院不予支持。"这是劳动法律法规、法律解释中第一次直接使用"公序良俗"这个概念,可以看出,"公序良俗"在劳动法律关系体系中,也应是双方遵守的一项基本原则。

因此，笔者认为，虽然《中华人民共和国劳动合同法》的出台是为了平衡劳资力量，更偏重保护劳动者的个别劳权，但其保护的也应是劳动者合法合理合情的权益。而劳动合同的履行应当遵循依法、诚实信用的原则，劳动者在履行劳动合同的过程中，应当遵守用人单位的规章制度、劳动纪律和职业道德，同时还应当遵守最基本的社会公德和公民基本行为准则。在用人单位的规章制度没有规定的情况下，劳动者明显违反了基本的社会公德、公民基本行为准则或公序良俗，对用人单位工作场所的秩序或者用人单位的日常管理、声誉造成了严重不利影响的，或者其行为与用人单位规定的严重违章行为具有相当性的，可以认定用人单位享有单方解除权，不宜以规章制度没有规定为由认定用人单位违法解除。

本案中，李某在工作期间组织其他员工观看淫秽视频的行为，明显违反了基本的社会公德、公民基本行为准则或公序良俗。首先，工作时间是指劳动者为履行工作义务，在法定限度内，在用人单位从事工作或者生产的时间，法定限度包括用餐、饮水、如厕等必要的生理行为。其次，用人单位是由管理者、劳动者和客户等众多人群组成并活动的公共场合，在此场所从事社会活动的人员都应当遵守基本的礼仪公德。最后，作为领取劳动报酬的劳动者，在工作时间内对所在单位负有勤勉劳动义务，并应秉承职业操守，自觉维护单位利益和自身的职业形象。本案中，李某的行为违反了勤勉工作的义务，客观上损害了单位的办公秩序和形象，更与劳动者基本的职业操守相悖，因此，仲裁委驳回了李某的仲裁请求。

由于个人素质的原因，使得很多用人单位的劳动者出现了诸如偷盗、骚扰、不雅举止等违背社会公德和公序良俗的行为。而用人单位在招聘劳动者时无法通过严格的审查发现劳动者在人品、道德、素养等方面存在的问题，且用人单位制定的规章制度也不可能涵盖劳动者所有的不良行为，这就导致用人单位对劳动者的行为进行处理时很容易出现瑕疵。所以，对于用人单位来说，提高用工管理水平，完善企业规章制度，严肃处理职工违纪行为，是用人单位合法行使劳资自治权的保障。对于劳动者来说，遵守社会公德和职业道德，既是自身基本素养的体现，也是对用人单位和其他同事的尊重，才能有效保护自身合法权益。

　　此外，作为司法工作人员，在遇到此类问题时亦应当保持审慎态度。一方面，要保护用人单位基于社会公德、公序良俗的要求对于劳动者形成的必要管理；另一方面，也要防止用人单位滥用此项原则损害劳动者的合法权益。因此，在实践中，我们应当对劳动者违反公序良俗、社会公德、基本道德行为的严重性做出准确判断，分析此类行为与用人单位在生产管理和工作秩序之间联系的紧密性，并判断用人单位对此类行为的处罚与规章制度现有规定当中有关处罚措施的相当性。通过缜密的法律适用实践，使用人单位、劳动者以及司法机关在整个社会文明建设中都发挥积极的作用。

　　　　　　　　（北京市顺义区劳动人事争议仲裁院　张偌晗）

30. 谁来承担支付赔偿金的法律责任

申请人：贾某
被申请人一：某机械公司
被申请人二：某工程公司

争议焦点

用人单位及其关联企业承担赔偿金支付义务的主体如何确定？

基本案情

贾某于2009年5月6日到某机械公司工作，并签订期限自2009年5月6日起至2010年5月30日终止的劳动合同，合同到期后双方续签合同有效期为2010年5月31日至2013年5月30日。2011年2月16日，贾某应某机械公司的要求与其关联公司某工程公司签订当日生效2013年2月28日终止的另一份劳动合同书，该合同到期后，贾某与某工程公司续订了生效日期为2013年3月1日终止日期为2016年2月29日的劳动合同续订书。

2016年4月22日，某机械公司以贾某未经公司同意私自进行配件买卖严重违反公司制度及《竞业禁止协议》约定的内容，根据公司规章制度中的"重大过失"条款与其解除劳动关系。但某机械公司未提供贾某未经公司同意私自进行配件买卖的有效证据，且提交的规章制度中对什么样的情况系"重大过失"未有详细的文字阐述来定性。2016年5月3日，贾某与某机械公司做离职交接，双方填写离职交接表及离职审批表。贾某不认可某机械公司对其做出的解除劳动关系的决定，于2016年5月23日到仲裁委提出仲裁申请，分别要求某机械公司、某工程公司支付：（1）违法解除劳动合同赔偿金82 443.20元。（2）2016年3月1日至4月22日未签订无固定期限劳动合同的双倍工资差额11 777.60元。庭审中，仲裁委另查明双方均认可的事实：贾某工作期间的工资、奖金及相关费用的报销等始终系某机械公司支付，但其自与某工程公司签订劳动合同后，其社会保险均系某工程公司缴纳。贾某与两家用人单位均提供了两份劳动合同及劳动合同续订书用以证明不同时期各方劳动关系的存在状况，对真实性及证明目的均互相认可。

审理结果

贾某撤销了对某工程公司的仲裁申请；与此同时，贾某与某机械公司达成调解协议，仲裁委依双方意向制作调解书。

评析意见

本案中，由于某机械公司未提交贾某未经公司同意私自进行配件买卖的有效证据，且提交的规章制度中对什么样的情况系"重大过失"未有详细的文字阐述来定性，显而易见，用人单位做出的解除劳动关系的决定，系违法解除。因此，用人单位要承担支付违法解除劳动关系赔偿金的法律责任。庭审中，逐一审查双方提供的证据，并让用人单位提交补充证据，做了大量的调解工作，最后在双方互谅的基础上结案。

《最高人民法院关于审理劳动争议案件适用法律若干问题的解释（四）》第五条规定："劳动者非因本人原因从原用人单位被安排

到新用人单位工作,原用人单位未支付经济补偿,劳动者依照《劳动合同法》第三十八条规定与新用人单位解除劳动合同,或者新用人单位向劳动者提出解除、终止劳动合同,在计算支付经济补偿或赔偿金的工作年限时,劳动者请求把在原用人单位的工作年限合并计算为新用人单位工作年限的,人民法院应予以支持。用人单位符合下列情形之一的,应当认定属于'劳动者非因本人原因从原用人单位被安排到新用人单位工作':(一)劳动者仍在原工作场所、工作岗位工作,劳动合同主体由原用人单位变更为新用人单位;(二)用人单位以组织委派或任命形式对劳动者进行工作调动;(三)因用人单位合并、分立等原因导致劳动者工作调动;(四)用人单位及其关联企业与劳动者轮流订立劳动合同;(五)其他合理情形。"

《中华人民共和国劳动合同法实施条例》第十条规定:"劳动者非因本人原因从原用人单位被安排到新用人单位工作的,劳动者在原用人单位的工作年限合并计算为新用人单位的工作年限。原用人单位已经向劳动者支付经济补偿的,新用人单位在依法解除、终止劳动合同计算支付经济补偿的工作年限时,不再计算劳动者在原用人单位的工作年限。"

本案的实际情况是,劳动者非因本人原因从原用人单位被安排到新用人单位工作,符合上述司法解释及条例规定的法定情形,但司法解释及条例规定的均是新用人单位对劳动者做出解除、终止劳动合同支付经济补偿金或者赔偿金工作年限如何确定的情况,并未涉及本案中原用人单位对劳动者做出解除劳动关系的情形,所以严格来讲并非完全适用。

一种观点认为,虽然贾某陆续与某机械公司、某工程公司都签有劳动合同及劳动合同续订书,但其与某工程公司签订的劳动合同及其续订书只是形式上的,其实质是贾某始终与某机械公司存在劳动关系,最后应合并计算其工作年限并裁决由某机械公司承担赔偿金。

原因如下：首先，贾某的工资、奖金等自始至终均由某机械公司支付，表明某机械公司承担了贾某劳动报酬的支付义务；其次，最后对贾某做出解除劳动关系决定所依据的系某机械公司的规章制度，表明贾某适用某机械公司的各项规章制度；第三，某机械公司向贾某发出解除劳动关系的通知，且贾某与某机械公司做离职交接，双方填写离职交接表及离职审批表，上述均表明贾某受某机械公司的劳动管理。综上，违法解除劳动关系赔偿金应由某机械公司承担，但未签订无固定期限劳动合同双倍工资差额是否也由某机械公司承担，值得商榷，由于非本案争议要点，不做赘述。

第二种观点认为，本案属于劳动者非因本人原因从原用人单位被安排到新用人单位工作的情形，按照现有法律、法规及司法解释的规定，计算赔偿金的工作年限时需合并计算，应由某工程公司支付赔偿金。

原因如下：第一，贾某系应某机械公司的要求与其关联公司即某工程公司签订了劳动合同书及劳动合同续订书，属于"劳动者非因本人原因从原用人单位被安排到新用人单位工作"的情形。第二，根据《中华人民共和国劳动法》第十六条"劳动合同是劳动者与用人单位确立劳动关系、明确双方劳动权利和义务的协议"及《中华人民共和国劳动合同法》第三条"订立劳动合同，应当遵循合法、公平、平等自愿、协商一致、诚实信用的原则"，依法订立的劳动合同具有约束力，用人单位与劳动者应当履行劳动合同约定的义务。本案中，鉴于贾某与用人单位分别提供的两份劳动合同及劳动合同续订书用以证明不同时期劳动关系的存续状况，真实性及证明目的各方均互相认可，在尊重劳动者与用人单位意思自治的原则下，应认为两份劳动合同书及其续订劳动合同书均真实、有效。那么，当贾某与某工程公司续订的劳动合同书期满后，贾某继续在原岗位工作，属于《中华人民共和国劳动合同法》第十四条第二款第三项规定"连续订立二次固定期限劳动合同"，用人单位应当与劳动者订立无固定期限劳动合同的情形，但某工程公司未与贾某订立无固定期限劳动合同，理应承担未签订无固定期限劳动合同双倍工资差额的责任。第三，贾某与某工程公司签订的劳动合同明确了贾某与该公司之间的劳动关系，且签订合同后贾某的社会保险均系某工程公司缴纳，虽然某机械公司为其发放了工资等，但某机械公司与某工程公司系关联公司，可以视为某机械公司代为发放贾某的劳动报酬。虽然最后做出解除劳动关系决定的系某机械公司，但事实上是关联公司适用一套规章制度的情况，在实践中也是不足为奇的。综上，裁决认定某工程公司承担违法解除劳动关系赔偿金。

(北京市通州区劳动人事争议仲裁院　杜利凤)

31. 夸大工作履历是否必然导致劳动合同归于无效

原告：北京某电子科技有限公司
被告一：张某
被告二：位某

争议焦点

劳动者夸大工作履历是否构成欺诈而导致双方劳动合同归于无效？

基本案情

张某某于2013年11月6日死亡。张某为张某某之父，位某为张某某之母。各方当事人均确认，2011年7月15日至2013年11月6日期间，张某某在北京某电子科技有限公司从事销售电子产品工作。北京某电子科技有限公司对张某某进行考勤，并按月向其支付工资。张某某在职期间双方未签订书面劳动合同，且均主张未签订的原因在于对方。

北京某电子科技有限公司主张，因张某某在应聘时存在夸大工作经历的欺诈行为，故请求法院确认双方间不存在劳动关系。具体系指张某某在应聘时陈述其从事电子元器件销售的工作经历为2009年10月至2011年7月，而其实际在北京某电子公司从事销售电子产品的期间仅为2010年4月至8月,而其公司在招聘时肯定会优先录取有销售经验的人员,如张某某在面试时如实告知仅有4个月的销售经验,其公司不会优先录用张某某。为证明上述主张,北京某电子科技有限公司提交林某证言,林某出庭做证,表示其系北京某电子公司总经理,张某某仅于2010年4月至8月期间在其公司任职。张某、位某对林某证言的真实性不予认可,表示张某某不存在欺诈情况,且北京某电子科技有限公司在招录时亦未明确规定对从业经历的时间要求,故张某某与北京某电子科技有限公司之间的劳动关系应真实有效。

张某、位某以要求确认张某某与北京某电子科技有限公司自2011年7月15日至2013年11月6日期间存在劳动关系为由向北京市海淀区劳动人事争议仲裁委员会提出申请。该委裁决:确认张某某与北京某电子科技有限公司自2011年7月15日至2013年11月6日期间存在劳动关系。北京某电子科技有限公司不服该裁决,于法定期限内向北京市海淀区人民法院提起诉讼。

审理结果

法院经审理认为:张某某于2013年11月6日死亡,张某、位某作为张某某的父母,于案件中就张某某确认劳动关系事宜主张相关权利,符合法律规定。张某某于2011年7月15日至2013年11月6日期间在北京某电子科技有限公司从事电子产品的销售工作,上述工作为北京某电子科技有限公司的业务组成部分;北京某电子科技有限公司对张某某实施考勤管理、按月向张某某支付工资报酬,同时双方均具备建立劳动关系的主体资格,张某某与北京某电子科技有限公司虽未订立书面劳动合同,但已具备了形成事实劳动关系的要素。

针对北京某电子科技有限公司主张因张某某存在夸大工作经历

构成欺诈导致双方间不存在劳动关系的抗辩理由,法院认为,工作经历是用人单位在招聘时考查和判断应聘人员工作能力的间接因素之一,用人单位对劳动者提供的该项信息应负有基本的注意和审查义务。现北京某电子科技有限公司在张某某入职前怠于履行上述义务,而在张某某入职其公司经过试用期并工作逾两年后,以其虚构工作经历存在欺诈为由主张双方间不存在劳动关系,显然有失公允亦缺乏依据。再者,北京某电子科技有限公司主张,如张某某如实陈述工作经历,公司必定不会优先录用张某某,但并未举证证明其在招聘张某某所在岗位时对该岗位的任职经历有明确的要求,应承担举证不能的法律后果。综上,依据《中华人民共和国劳动法》第七十九条之规定,判决如下:确认张某某与北京某电子科技有限公司自 2011 年 7 月 15 日至 2013 年 11 月 6 日期间存在劳动关系。

判决做出后,各方当事人均未提起上诉,判决书已发生法律效力。

评析意见

在岗位招聘过程中,用人单位通常注重审查劳动者的个人信息与所设工作岗位的匹配程度,劳动者则通常斟酌用人单位提供的用工条件是否能够满足其自身需求,在双方具备双向选择权的情况下,如实向对方陈述各自的信息则成为必要,法律对此亦做出明确规定。《中华人民共和国劳动合同法》第八条规定,用人单位招用劳动者时,应当如实告知劳动者工作内容、工作条件、工作地点、职业危害、安全生产状况、劳动报酬,以及劳动者要求了解的其他情况;用人单位有权了解劳动者与劳动合同直接相关的基本情况,劳动者应当如实说明。

近年来的司法实践中,因一方欺诈而主张劳动合同无效的新型劳动争议纠纷逐渐进入审判视界,通常系用人单位提起诉讼程序,以劳动者在应聘过程中未履行如实陈述义务为由，主张双方间劳动合同无效或不存在事实劳动关系，并进而以此为基础抗辩无须履行用人单位的法定义务。与此相关的法律依据为，《中华人民共和国劳动合同法》第二十六条第一款规定，以欺诈、胁迫的手段或者乘人之危，使对方在违背真实意思的情况下订立或者变更劳动合同的，劳动合同无效或者部分无效。

就此，第一种意见认为，应聘通常是劳动者入职，用人单位的第一道也是唯一一道关卡，故应当严格要求劳动者履行如实陈述义务，尤其是在学历、工作经历及个人能力等方面不能夸大甚至造假，以保障用人单位在招录过程中做出正确选择。如因劳动者未履行如实陈述义务，误导了用人单位给出相应岗位及薪资等承诺，则构成欺诈，双方间基于错误信息签订的劳动合同，应一律归于无效。

第二种意见认为，劳动者在应聘过程中基于诚实信用原则而应履行的如实陈述义务确属不能免除，但劳动关系是在劳动者提供劳动实现劳动价值的过程中与用人单位形成的继续性的、唯一的、相对稳定的社会关系，故在认定双方劳动合同是否无效、劳动关系是否存在的问题上应当从各方面、多要素进行权衡，区分情况、谨慎处理。

笔者倾向于第二种观点，并认为应依据不同案件的特定事实情况，自以下方面进行综合考量：

第一，劳动者是否虚构或隐瞒与岗位要求"直接相关"的信息，相应地，用人单位是否明示招聘岗位的特定要求并履行相应审查义务。如果用人单位基于特殊岗位的特定需求，且明确列出了招聘岗位的具体要求，而劳动者的自身条件尚未匹配特定的岗位需求，却以虚构教育经历甚至造假资质证书的手段以符合应聘要求，导致用人单位在不知情的情况下与其签订劳动合同，则构成欺诈行为；如果劳动者仅在某些与招聘要求并无直接相关的细枝末节上进行了适度的简历"美化",而这一部分并未列入用人单位的岗位需求条件亦未加以审查,或与劳动者入职后从事的工作并无直接关联,则用人单位以此为由主张劳动合同无效的请求通常缺乏依据。

第二,劳动者入职后与用人单位实际履行劳动合同的情况。如果劳动者已在用人单位工作了较长年限,且多年被授予优秀员工称号或年终奖奖励,而用人单位在裁员的过程中以劳动者简历造假为由主张双方劳动合同无效,并拒绝支付相应的解除劳动合同补偿金,那么这种行为通常缺乏法律依据,即双方长期以来形成的事实劳动关系已给予用人单位充分了解劳动者资质及能力的机会,用人单位亦相应地对劳动者提供的劳动做出了积极评价,在此情况下再行主张劳动合同基于欺诈而无效,显然缺乏基本的合理性。另结合欺诈的法律概念、劳动合同法的立法精神等,笔者认为,司法层面上将趋向于具体问题具体分析,合理分配举证责任,从合法性、合理性角度对特定的案件事实加以充分考量,以平衡和保护用人单位及劳动者双方的合法权益。

(北京市海淀区人民法院　王　琰)

32. 关于尚未用工的劳动合同的几个问题

申请人：陈某
被申请人：北京某公司

争议焦点

1. 陈某未按照劳动合同约定时间向北京某公司提供劳动，北京某公司能否以此为由解除劳动合同？
2. 陈某能否要求继续履行劳动合同？

基本案情

陈某和北京某公司于2014年8月8日签订了固定期限劳动合同，约定聘用起始日期为2014年9月1日。2014年9月1日，陈某未向北京某公司提供劳动。陈某主张双方签订劳动合同时北京某公司法定代表人口头告知上班时间暂定为2014年9月1日，有变化可以再沟通，其于2014年9月1日之前以短信形式向北京某公司法定代表人请假，该公司未批准，双方劳动关系自2014年9月1日建立，至今存续，北京某公司未给其安排工作，应当继续履行劳动合同，并赔偿其工资损失。北京某公司不认可陈某关于上班时间暂定及建立劳动关系的主张，主张陈某2014年8月27日发短信要求变更上班时间的行为属于意欲变更劳动合同主要条款，其公司未批准，并因陈某未按照约定上班与其解除劳动合同，双方劳动关系尚未建立，且其公司已聘其他人员从事陈某相应的工作。北京某公司就其主张提供了陈某与法定代表人之间的短信及其主张另行聘请的员工的劳动合同予以证明，其中短信显示：陈某以原公司工作尚未完成为由，向北京某公司法定代表人提出不能在2014年9月1日上班，希望能在2014年9月4日上班；北京某公司法定代表人回复称：不同意陈某的请求，并强调如果陈某2014年9月1日不来公司上班，那么双方所签订的劳动合同将被解除且视作无效。陈某认可短信真实性，不认可关联性，主张其仅是想请假而非变更劳动合同内容，对另行聘请的员工的劳动合同不予认可。

 审理结果

北京市某区仲裁委员会经审理后认为，依据《中华人民共和国劳动合同法》第十条的规定，用人单位与劳动者在用工前订立劳动合同的，劳动关系自用工之日起建立。陈某与北京某公司均认可双方于2014年8月8日签订劳动合同并约定聘用起始日期为2014年9月1日，双方应自合同约定的陈某实际向北京某公司提供劳动之日建立劳动关系，但是陈某并未按照合同约定于2014年9月1日向北京某公司提供劳动，其虽主张该日前已向北京某公司法定代表人请假并要求于2014年9月4日到公司上班，但双方均认可真实性的短信显示北京某公司并未批准且坚持要求陈某于合同约定的时间上班，故根据上述法律规定，本委采信北京某公司关于双方未建立劳动关系的主张。因此，陈某基于其与北京某公司劳动关系所提出的劳动争议仲裁请求，本委不予支持。本案经本委调解，双方未达成一致，根据《中华人民共和国劳动合同法》第十条第三款及《中华人民共和国劳动争议调解仲裁法》第六条规定，现裁决如下：驳回陈某的仲裁请求。

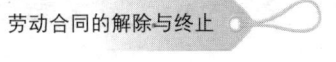

其后,陈某、北京某公司在法定起诉期限内均未向有管辖权的法院起诉,该仲裁裁决已发生法律效力。

 **评析意见**

1. 双方之间的纠纷是否属于劳动争议

本案中,陈某和北京某公司于2014年8月8日签订了固定期限劳动合同,约定聘用起始日期为2014年9月1日,2014年9月1日陈某未向北京某公司提供劳动,其后双方因为劳动合同的履行、解除产生纠纷,陈某向北京市某区仲裁委员会申请仲裁。此时,陈某与北京某公司虽然签订了劳动合同,但是由于尚未发生实际用工,因此,根据《中华人民共和国劳动合同法》(以下简称《劳动合同法》)第十条"用人单位与劳动者在用工前订立劳动合同的,劳动关系自用工之日起建立"的规定,双方尚未建立劳动关系。

劳动法领域有一种观点认为,劳动争议纠纷是劳动关系建立后才产生的,因此,在劳动合同订立未发生用工之前的这个阶段,用人单位与劳动者之间尚未建立劳动关系,双方之间发生的纠纷,应当作为一般民事案件处理,不应当作为劳动争议案件受理。根据该观点,陈某与北京某公司之间的纠纷,因为尚未用工、未建立劳动关系,应当作为一般民事案件处理,不应当作为劳动争议案件受理。

笔者认为,北京市某仲裁委员会将陈某和北京某公司之间的纠纷作为劳动争议案件受理,符合法律规定,前述"劳动争议纠纷是劳动关系建立后才产生的"观点不能成立。根据《中华人民共和国劳动争议调解仲裁法》(以下简称《劳动争议调解仲裁法》)第二条规定,因订立、履行、变更、解除和终止劳动合同发生的争议属于劳动争议,适用《劳动争议调解仲裁法》。本案中,陈某和北京某公司之间的纠纷，属于陈某要求履行劳动合同、北京某公司主张解除劳动合同而产生的纠纷，完全符合《劳动争议调解仲裁法》的规定，前述观点没有法律依据。

2. 双方之间劳动合同的解除

本案中，北京某公司主张陈某未按照合同约定于 2014 年 9 月 1 日提供劳动，因此与其解除了劳动合同。但是，北京市某公司主张解除劳动合同的条件、程序，与《劳动合同法》第三十九条（过失性辞退）、第四十条（无过失性辞退）、第四十一条（经济性裁员）规定的用人单位可以单方解除劳动合同的条件、程序无一符合。北京市某区劳动争议仲裁委员会，未对北京市某公司解除劳动合同行为的合法性进行评价，而依据《劳动合同法》第十条"用人单位与劳动者在用工前订立劳动合同的，劳动关系自用工之日起建立"的规定，认为双方未建立劳动关系，对陈某基于其与北京某公司劳动关系所提出继续履行劳动合同并赔偿损失的请求不予支持，笔者认为上述裁决适用的法条和理由均显不足，使人误认为尚未用工的劳动合同，因为用人单位与劳动者未建立劳动关系，用人单位可以随意解除。之所以造成上述假象，是因为我国《劳动合同法》规定的用人单位单方解除劳动合同的条款，主要是针对用人单位与劳动者已建立了劳动关系的劳动合同而制定，而对于尚未用工的劳动合同，其解除时适用的条件、程序在《劳动合同法》中未单独规定。这造成用人单位在适用《劳动合同法》规定解除未用工的劳动合同时，法律规定的解除条件、程序不易运用到具体的案件中。因此，笔者认为，需要通过进一步的立法或司法解释来对尚未实际用工的劳动合同的解除条件、程序进行规定。

3. 用人单位违法解除尚未用工劳动合同的法律责任

尚未用工的劳动合同，虽然用人单位与劳动者之间尚未发生用工行为，二者之间的劳动关系尚未建立，但是根据《劳动合同法》第十六条"劳动合同由用人单位与劳动者协商一致，并经用人单位与劳动者在劳动合同文本上签字或者盖章生效"的规定，该劳动合同属于生效的劳动合同，如果用人单位解除该劳动合同，也应当承担相应的法律责任。

（1）继续履行

笔者认为，对于尚未用工的劳动合同，用人单位违法解除时，劳动者可以依据《劳动合同法》第四十八条"用人单位违反本法规定解除或者终止劳动合同，劳动者要求继续履行劳动合同的，用人单位应当继续履行"的规定，要求用人单位继续履行。

（2）赔偿损失

尚未用工劳动合同属于用人单位与劳动者之间签订的合法有效的合同，用人单位违法解除的行为若给劳动者造成了损失，用人单位应当赔偿损失，赔偿损失应当相当于劳动者为订立和履行劳动合同支付的费用及减少的收入损失。

（3）经济补偿金或赔偿金

我国《劳动合同法》第四十六条、第四十七条、第四十八条对于用人单位单方合法或违法解除劳动合同的经济补偿金、赔偿金适用情形、计算标准进行了规定，但是规定的经济补偿金或赔偿金计算标准是以劳动者在用人单位终止工作前12个月的平均工资和工作年限进行计算。对尚未用工的劳动合同，劳动者与用人单位尚未发生用工行为，劳动者没有取得过用人单位支付的工资，也不存在在用人单位的工作年限，因此，在用人单位合法或违法解除尚未用工的劳动合同时，除非双方对经济补偿金或赔偿金进行了约定，否则，劳动者无法取得经济补偿金或赔偿金。

（北京市合川律师事务所　于　飞　裘卫国）

33. 劳动者在终止或解除劳动关系证明上签字能否认定为协商解除劳动合同

上诉人（原审原告）：赵某某
被上诉人（原审被告）：某人防构件厂

争议焦点

劳动者在《终止、解除劳动（聘用）合同证明书》上签字能否认定为协商一致解除劳动合同？

基本案情

2001年，赵某某到某人防构件厂（以下简称"人防构件厂"）工作，双方签订了2008年1月28日至2012年12月31日的劳动合同。人防构件厂为赵某某缴纳了工伤保险。2007年2月7日，赵某某工作中致伤，左手指远端骨折，于2014年7月22日被鉴定为工伤十级；2010年8月8日，赵某某因工致伤，腹部外伤致结肠穿孔于2014年9月30日被确认为工伤七级。

赵某某在工伤医疗期后一直未上班。2014年12月31日，人防构件厂向赵某某送达了《终止、解除劳动（聘用）合同证明书》，证明于2014年12月31日与赵某某解除劳动关系，赵某某之母赵某芹亦在场，赵某芹认可其当时在场，赵某某在证明书上签字。

2015年5月19日，赵某某之母赵某芹向一审法院申请宣告赵某某为无民事行为能力人。鉴定机构出具的鉴定意见为：赵某某为器质性精神障碍，评定为无民事行为能力。2015年8月7日，一审法院判决宣告赵某某为无民事行为能力人。

2015年10月8日，赵某某申请仲裁，要求人防构件厂支付其医疗费、误工费、护理费、住院伙食补助费、营养费、鉴定费、交通费、一次性伤残补助金等，并要求确认赵某某签字的《终止、解除劳动（聘用）合同证明书》无效，恢复赵某某与人防构件厂的劳动关系。2015年12月4日，北京市密云区劳动人事争议仲裁委员会裁决：(1)人防构件厂支付赵某某劳动能力鉴定费200元、一次性伤残补助金39 894元、2013年2月至2014年12月病假工资26 952.25元。(2)驳回赵某某的其他仲裁请求。人防构件厂认可仲裁裁决。赵某某对仲裁裁决不服，向一审法院起诉，请求：(1)人防构件厂给付赵某某医疗费3 289.77元、误工费111 600元、护理费75 270元、营养费56 550元、卫生纸等生活用品费13 712.47元、住宿费900元、鉴定费4 850元、交通费12 259元。(2)一次性伤残补助金39 894元。(3)依法确认赵某某于2014年12月31日签订的《终止、解除劳动（聘用）合同证明书》无效，并恢复双方之间的劳动关系。

人防构件厂在一审中辩称：不同意赵某某的诉讼请求。该厂于2014年12月31日与赵某某签订《终止、解除劳动（聘用）合同证明书》在前，宣告赵某某"无民事行为能力"在后，没有证据证明赵某某在签订证明书时即为无民事行为能力人。双方系协商一致解除劳动合同。

一审法院支持了赵某某的部分诉讼请求，赵某某不服提出上诉。二审期间，赵某某另行提出鉴定申请，申请无民事行为能力形成时间鉴定，且要求鉴定其2010年8月8日受伤与丧失民事行为能力之间具有因果关系。

审理结果

北京市密云区人民法院于 2016 年 3 月 1 日做出一审判决：（1）判决生效之日起十日内，人防构件厂给付赵某某 2013 年 1 月至 2014 年 12 月病假工资 26 952.25 元。（2）判决生效之日起十日内，人防构件厂给付赵某某劳动能力鉴定费 200 元。（3）判决生效之日起十日内，人防构件厂给付赵某某 2014 年 11 月至 2014 年 12 月医疗费 1 945.92 元。（4）判决生效之日起十日内，人防构件厂给付赵某某就医住宿费 900 元、就医交通费 3 000 元。（5）判决生效之日起十日内，人防构件厂给付赵某某一次性伤残补助金 39 894 元。（6）驳回赵某某的其他诉讼请求。

北京市第三中级人民法院于 2016 年 7 月 7 日做出终审判决：驳回上诉，维持原判。

 **评析意见**

实践中，在劳动关系解除主体方面有争议的案件非常多。由谁提出解除，表面上是对事实认定的争议，事实上却涉及解除合法性的判断，以及用人单位是否应向劳动者支付经济补偿金或赔偿金。本案中，需要解决的首要问题即为劳动合同解除主体的认定——究竟是用人单位或劳动者提出解除，还是双方协商一致解除。具体说来，劳动者在《终止、解除劳动（聘用）合同证明书》（以下简称《解除证明》）上签字是否说明协商一致解除劳动合同。

劳动争议案件按照劳动关系解除主体的不同可分为三种情况：用人单位提出解除、劳动者提出解除以及双方协商解除。协商解除劳动合同是经用人单位与劳动者双方协商一致而解除劳动合同。由于此种解除是基于双方当事人共同的行为，因此又称双方解除、协议解除。《中华人民共和国劳动合同法》(以下简称《劳动合同法》)第三十六条规定:"用人单位与劳动者协商一致,可以解除劳动合同。"在协商解除劳动合同的情况下,用人单位应当向劳动者支付经济补偿。但是,法律法规对于协商解除劳动合同并无具体规定,再加上多数情况下当事人不能提供明确的协商解除协议,双方在解除主体的问题上各执一词,增加了法院进行事实认定的难度。

关于协商解除的要件,在《劳动法》《劳动合同法》等劳动法律法规没有明确规定的情形下,可以参照《合同法》的相关规定。一方面,根据《劳动合同法》第三条"订立劳动合同,应当遵循合法、公平、平等自愿、协商一致、诚实信用的原则",劳动者与用人单位在不违反法律法规禁止性规定的前提下,可以对劳动关系是否继续履行进行意思自治的处分。另一方面,尽管倾斜保护劳动者在传统上一直被公认为劳动立法的宗旨,《劳动合同法》第一条也明确规定要"保护劳动者的合法权益",但是当今社会,劳动合同立法更倾向于在偏向劳动者利益基础上进行兼顾保护和平衡保护。我国《劳动法》与《劳动合同法》不仅规定了合同的法定内容,也规定了合同双方可以协商的内容,这使劳动合同的内容更具有弹性和适应性。[1] 而劳动合同的解除事宜,就属于《劳动合同法》中双方可以协商的环节。至少在协商解除的部分,除支付经济补偿金外,《劳动合同法》作为保护弱势群体利益的社会法的属性被适当削弱,合同自由原则、双方的意思自治更加凸显。因此,可以参照《合同法》的相关规定解决协商解除劳动合同过程中的法律要件问题。

协商解除劳动合同,应以双方当事人就解除劳动合同达成共同的意思表示为前提。[2] 理论上讲,协商一致解除劳动合同是订立一

---

[1] 李雄. 论我国劳动合同立法的宗旨、功能与治理 [J]. 当代法学,2015 (05):102.

[2] 潘伟梁. 关于劳动合同协商解除的几个细节问题 [J]. 中国劳动,2004 (04):42.

个新的合同，从而使原有的劳动合同失去效力。因此，当事人就解除合同问题而约定的合同应满足以下条件：主体适格、内容合法、意思表示真实、程序合法。具体到本案，审理的关键即判断当事人的真实意思表示。《合同法》中对于真实意思表示的确认，有要约、承诺的规定。此处的要约是解除合同的要约，内容既有消灭合同关系，也有对于合同关系存续期间已履行部分的处理、解除后续事宜的处理等。此处的承诺也是对解除合同的承诺，是受要约人完全接受要约的意思表示。①

本案中，赵某某在《解除证明》上签字的行为并不代表其与用人单位就协商解除劳动合同形成一致的意思表示。人防构件厂提交的《解除证明》属于人防构件厂为重复使用而预先拟定的格式合同，是员工离职必须进行的程序，而不是"协商"签署。"职工姓名""时间"栏均已手写填入，"依据"一栏空白，劳动关系依据何种事由、何种法律依据解除并未填写。尤其是人防构件厂向赵某某提供的《解除证明》中没有关于协商解除的内容，也就是说，并无协商解除的要约。那么，不管赵某某此时是否为无民事行为能力人，其签字行为仅仅代表收到了《解除证明》，谈不上对于协商解除的承诺，更不能以此推定出其与人防构件厂就解除劳动合同关系达成共同的意思表示，即协商一致。

既然《解除证明》并不能证明劳动者与用人单位协商解除劳动合同，那么，根据《解除证明》的内容以及双方当事人的陈述，可以认定是由用人单位单方提出解除劳动合同。《最高人民法院关于审理劳动争议案件适用法律若干问题的解释（一）》第十三条规定："因用人单位作出的开除、除名、辞退、解除劳动合同、减少劳动报酬、计算劳动者工作年限等决定而发生的劳动争议，用人单位负举证责任。"而人防构件厂并未提出证据证明其属于合法解除，故

---

① 周国良. 如何认定解除主体［J］. 中国劳动，2013（03）：51.

本案应属于用人单位违法解除与劳动者的劳动合同。赵某某可依据相关法律规定另行向人防构件厂主张违法解除劳动关系的赔偿金。

综上所述,劳动者在《终止、解除劳动(聘用)合同证明书》上签字不宜直接认定为协商解除劳动合同,而是应当结合在案证据和当事人的陈述,依据《合同法》中关于要约和承诺的规定,探究当事人真实的意思表示,判断当事人是否就解除劳动合同达成一致的意思表示,即协商一致。

(北京市第三中级人民法院　孙承松　郭　琳)

34. 劳动者行使预告解除权，用人单位能否单方放弃预告期

申请人：冯某
被申请人：A公司

 **争议焦点**

劳动者行使预告解除权，用人单位能否单方放弃预告期？

 基本案情

冯某于2008年3月24日入职A公司任资产经理一职。2014年8月29日，冯某向A公司递交辞呈，载明：我在此正式提交我的辞呈，辞去资产经理一职，并通知我的最后工作日是2014年9月28日。2014年9月3日，A公司向冯某发出通知：你的最后工作日为2014年9月3日，工资计发至同日，之后无须继续履行劳动义务。

冯某不服公司发出的通知，遂于2014年10月20日向当地劳动争议仲裁委员会申请仲裁，要求A公司支付2014年9月4日至2014年9月28日工资及违法解除劳动合同补偿金。

审理结果

仲裁委裁决结果及法院判决结果均驳回了冯某的申请请求。

 **评析意见**

《中华人民共和国劳动法》（以下简称《劳动法》）第三十一条规定："劳动者解除劳动合同，应当提前三十日以书面形式通知用人单位。"《中华人民共和国劳动合同法》（以下简称《劳动合同法》）第三十七条规定："劳动者提前三十日以书面形式通知用人单位，可以解除劳动合同。"另参考，《上海市高级人民法院劳动争议案件几个问题的讨论纪要》第12条规定："劳动者根据《劳动法》第31条的规定提前30天书面通知用人单位解除劳动关系，双方对解除劳动关系达成一致意见的，以协商一致的日期为劳动关系解除的日期；没有达成一致的，以劳动者书面通知满30天后的次日为劳动关系解除的日期。"

众所周知，法律规定劳动者行使辞职权需要通知的价值在于保障用人单位的利益，用人单位可以利用此期间合理安排工作，并重新招用合适的替代人员。实务中经常会出现这样的情形：一旦劳动者向用人单位提出解除劳动合同，用人单位可能很快招到了新员工，随后希望离职员工即刻或者在提前通知期届满前离职。通常如果劳动者接受用人单位提前离开的要求，则视为双方协商一致同意减少预告期而提前解除劳动合同。但如果劳动者不同意提前离开，坚持要工作至预告期届满，在这种情形下，用人单位能否单方要求离职，对此，在实践中争议颇大，存在不同意见。

一种观点认为，法律设定预告期在于平衡劳动者的无条件解除权，以限制劳动者随意辞职，减少对用人单位正常经营利益的损害；同时，用人单位还可以通过预告期，重新招聘人员填补岗位空缺，以维持其业务稳定，不致因劳动者离职而影响生产和经营活动，遭受损失。因此，提前通知既是解除程序，也是劳动者应当履行的义务；预告期对劳动者而言是义务，对用人单位而言则是权利。既然是权利，用人单位自然可以采用"批准"等方式做出放弃权利的意思表示，豁免劳动者的预告期义务，即允许劳动者预告期届满前终结劳动关系。

另一种观点则认为，预告期也包含在合同期限内，劳动者预告解除是依法提前进行通知，不管基于何种原因，如果劳动者不同意，用人单位均不可单方要求劳动者在预告期届满前离职。该观点认为前一种观点只看到了劳动者预告期的义务，而忽视了劳动者在预告期内继续履行劳动合同的权利，也即包括获得劳动报酬及社会保险、住房公积金等权利，同时劳动者还可以利用预告期来寻找下家用人单位。除劳动者同意预告期届满之前解除劳动合同，则双方还应按照劳动合同的约定继续正常履行，单位无权要求员工立即或提前离职，否则即由个人的预告解除转化为用人单位的单方解除。

笔者认为，用人单位没有权利提前终止劳动合同。理由有三：

首先，从劳动者劳动权的角度来看，劳动权是人权的重要组成部分，因其具有生存权与发展权的属性而备受关注。劳动权，简而言之，即有劳动能力的公民有获得参与社会劳动和领取相应的报酬的权利。虽然劳动法或劳动合同法中不乏平衡劳动关系双方利益考量的条款，但劳动法之所以被归为社会法，更多的还是基于对作为劳动关系中弱势一方的劳动者的保护的立法宗旨。正是基于对劳动者一方劳动权的保护，我国劳动法和劳动合同法均对用人单位的解除权做出了近乎苛严的限制，规定用人单位的解除只能依法而不能事先在合同中约定。基于上述理论，个人认为预告期属于劳动合同期限内，劳动者要求劳动合同履行至预告期满，对劳动者来说是其享有劳动权的一种体现，不能因为其已提出离职就否定劳动者在预告期仍享有劳动权。

其次，劳动法律规定劳动者辞职时要履行提前三十日预告的义务，目的是为了平衡劳动者和用人单位之间的利益，尽量减少劳动者行使辞职权给用人单位正常经营造成的不利影响,这一点没有疑义,但劳动法律关于预告期的规定并非民法上一方履行义务、另一方享有权利的单纯的民事权利义务对应关系。对于劳动者来说,其通过向用人单位提供劳动来履行预告期义务,反过来,用人单位在享有预告期权利或利益的同时,也要承担向劳动者支付劳动报酬的义务(这相对劳动者亦是一项权利)。从私权自治的角度说,权利可以放弃,但义务不可放弃,所以对用人单位来说,这种包含义务的权利是不允许单方放弃的。

最后,如果允许用人单位单方放弃预告期权利,则相当于变相赋予用人单位单方决定预告期长短的权利,而从现行法律规定中不能明确推出用人单位享有此项权利,也不宜做出扩大解释。原因在于:法律关于三十天预告期的明确规定给了劳动关系双方对劳动者辞职行为所产生的法律后果一个明确的预期,在劳动者一方要求履行至预告期满的情况下,严格遵守预告期规定不会对用人单位造成更坏的结果,而如果允许用人单位单方决定预告期长短,则会给劳动者一方的后续决策造成无法预期的困扰。这会使劳动者对劳动关系何时终止无法预期,增加劳动者提出预告解除后进一步做出决策的难度,进而使其陷入某种困境。比如,劳动者在离职前考虑到法律规定要提前三十天通知用人单位,那么其在与新单位确定入职时间时,就会把三十天预告期考虑进去,可能会约定三十天之后入职,或者考虑到还有三十天,不着急找新的工作。如果允许用人单位单方决定预告期长短,劳动者这一个月就可能面临没有工作、没有收入、没法缴纳社保和公积金等困境。

综合上述三方面考虑,笔者倾向于如下观点:除非劳动合同双方对劳动合同终止时间协商一致,在劳动者明确告之用人单位其将提供劳动至预告期满,则应以此日作为劳动合同解除日。

笔者对该案的裁决意见是:支持劳动者剩余预告期工资的请求,不支持违法解除赔偿金的请求。主要考虑两个请求存在矛盾,如果支持了工资的请求，就等于确认了劳动关系解除是基于劳动者的请求，那么违法解除赔偿金自然没有依据。还考虑到双方劳动合同的解除也是因为劳动者提出预告解除所致，而用人单位未提出明确解除理由，其仅是因为劳动者提出预告解除后对其给予的一个回复，故笔者不支持劳动者要求支付违法解除赔偿金的请求。

关于用人单位预告期的法律规定，《劳动合同法》第四十条规定："有下列情形之一的，用人单位提前三十日以书面形式通知劳动者本人或者额外支付劳动者一个月工资后，可以解除劳动合同：（一）劳动者患病或者非因工负伤，在规定的医疗期满后不能从事原工作，也不能从事由用人单位另行安排的工作的；（二）劳动者不能胜任工作，经过培训或者调整工作岗位，仍不能胜任工作的；（三）劳动合同订立时所依据的客观情况发生重大变化，致使劳动合同无法履行，经用人单位与劳动者协商，未能就变更劳动合同内容达成协议的。"此处虽然给了用人单位两种选择，但实际情况是，用人单位很少会选择给劳动者一个月工资补偿解除。法律也未赋予劳动者选择权，因为如果给劳动者选择权，劳动者多会选择拿一个月工资走人。那么该条之所以这样规定，个人认为更多的是考虑司法实践，在用人单位未提前三十天通知时给劳动者一个救济。基于上述分析，笔者在这里只讨论用人单位提前三十天通知解除的情况。

关于用人单位预告解除，虽说表面上来看同为预告解除，但笔者认为与劳动者预告解除还是有很大的区别的。从《劳动合同法》第三十七条可以看出，劳动者预告解除，除了要提前三十天通知外，不附任何条件。而根据《劳动合同法》第四十条规定，用人单位的预告解除，除了要提前三十天通知外，还要满足一定的条件，也即只适用于《劳动合同法》第四十条规定的情形。因此，法律附加给用人单位的不仅是期限，还有条件，如果条件不符合，那么就构成用人单位违法解除。现在此处仅讨论用人单位在符合《劳动合同法》第四十条规定的条件下预告解除的情况,笔者认为,此处如果用人单位明确要求劳动者履行至预告期满,除非劳动者有合法的即时解除理由,则不能提前终止劳动关系,否则,用人单位不承担支付解除经济补偿金的义务。

(北京市海淀区劳动人事争议仲裁院　高丽丽)

35. 不定时工作制员工是否适用旷工违纪解除劳动合同

原告： 某制药公司
被告： 相某

争议焦点

1. 不定时工作制员工是否存在"旷工"问题？
2. 如何认定不定时工作制员工存在旷工事实？

基本案情

2012年10月10日，被告相某入职原告某制药公司，签订的《劳动合同书》约定：合同期限为2012年10月10日至2015年10月31日，工作地点为北京及周边地区，从事医药代表工作，执行不定时工时制度。

2014年10月15日开始，相某以抑郁状态申请休病假，并连续提交休假证明书至2015年4月13日，2015年4月23日再次提交休假证明书申请休病假一个月，但是2015年4月14日至2015年4月22日期间，相某没有提交休假证明书，也没有返岗工作。相某签收的《员工手册（2014版）》第33条第4项规定："一个自然年度内累计旷工3日或擅自脱离岗位3次的，将被视为严重违反公司规章制度，并将给予解除劳动合同。"经向工会征求意见后，

2015年4月28日，某制药公司向相某发出解除劳动合同通知书，以2015年4月14日至2015年4月22日工作日期间，相某未经请假无故缺勤，某制药公司亦未收到任何请假通知，该行为已经构成旷工为由，依据《中华人民共和国劳动合同法》第三十九条第二款及某制药公司《员工手册（2014版）》第33条第4款规定，决定于2015年4月28日与相某解除劳动合同。某制药公司向相某家庭住址快递了《解除劳动合同通知书》，相某于2015年5月5日签收。2015年4月29日，相某的丈夫向某制药公司发送电子邮件告知相某2015年4月24日检查怀孕，要求某制药公司开具初婚初育证明。

2015年6月18日，相某向北京市朝阳区劳动人事争议仲裁委员会提出仲裁申请，主张2015年4月14日至2015年4月22日期间正常出勤，且在2015年4月发现怀孕要求某制药公司开具初婚初育证明被拒绝，某制药公司系违法解除劳动合同，要求裁决某制药公司继续履行劳动合同。仲裁委认为，某制药公司提交的休假证明书不足以证明相某2015年4月14日至2015年4月22日期间旷工的事实，某制药公司未提交其他证据证明相某2015年4月14日至2015年4月22日期间出勤情况，某制药公司与相某解除劳动关系缺乏事实依据，系违法解除，裁决某制药公司继续履行与相某的劳动合同。某制药公司不服，向北京市朝阳区人民法院提起诉讼，请求判令无须继续履行与相某的劳动合同。

庭审中，相某认为其岗位实行不定时工作制，其可以自主决定工作时间和休息时间，不存在旷工一说；且2015年4月14日至2015年4月22日期间，其本人感觉精神状态已经可以恢复工作，所以通过互联网和走访医院学习产品知识、了解竞品信息等，但未到公司报到或走销假程序。

诉讼阶段，某制药公司重新委托律师，并主张虽然相某执行不定时工时制，但是工作时间只是没有固定的上下班时间限制而已，并不代表其可以不进行工作,其未经请假缺勤,属于旷工。某制药公司委托律师在开庭前进行了充分的调查取证,为证明相某 2015 年 4 月 14 日至 2015 年 4 月 22 日期间旷工,某制药公司向法庭提交了相某签署的"职位描述"、相某正常工作时发给直接上级的周工作计划电子邮件、相某在公司系统填报的拜访记录、相某休假后公司安排其他员工代管相某负责医院的电子邮件、2015 年 4 月 22 日部门培训出席记录等。上述证据用以证明:相某的工作职责包括定期拜访目标医生,拜访前需要向直接上级提前告知下一周工作计划,拜访后须在公司系统自行上报拜访记录等;2014 年 10 月中旬相某开始休病假后,其负责拜访的医院已由公司安排其他员工接替代管,并且已经将相某区域奖金发放给代管员工;相某正常工作期间均填写提交了拜访记录,但自 2014 年 11 月起相某再也未提交拜访记录,包括 2015 年 4 月 14 日至 4 月 22 日期间;相某主张该期间已经恢复工作,但是并未按公司规定提交"长期休假返岗申请单"进行销假返岗;相某未参加 2015 年 4 月 22 日举办的部门培训;相某已经构成旷工。

 审理结果

一审法院经审理后认为,2015 年 4 月 14 日至 4 月 22 日期间,相某未再向某制药公司递交病假证明书,相某主张此期间已恢复向某制药公司提供劳动,但未举证证明;若其在休病假长达六个月后恢复工作多日,理应告知公司或办理销假,相某却未到公司报到或销假,与常理不符;结合某制药公司提交的有关相某未返岗工作的证据,对于相某关于上述期间正常向公司提供劳动的主张不予采信。据此,法院认定某制药公司以相某旷工严重违反规章制度为由解除与相某的劳动合同应属合法解除,确认双方劳动关系于 2015 年 4 月 28 日解除,支持了某制药公司的诉讼请求。相某不服提起上诉,后双方庭下达成和解协议,由某制药公司一次性支付相某3万元补偿,相某申请撤回上诉,一审判决生效。

评析意见

1. 实行不定时工时制的员工同样适用旷工违纪解除劳动合同

《北京市企业实行综合计算工时工作制和不定时工作制的办法》规定,不定时工作制是指因企业生产特点、工作特殊需要或职责范围的关系,无法按标准工作时间安排工作或因工作时间不固定,需要机动作业的职工所采用的弹性工时制度。原劳动部《关于企业实行不定时工作制和综合计算工时工作制的审批办法》第六条规定,对于实行不定时工作制和综合计算工时工作制等其他工作和休息办法的职工,企业应根据《中华人民共和国劳动法》第一章、第四章有关规定,在保障职工身体健康并充分听取职工意见的基础上,采用集中工作、集中休息、轮休调休、弹性工作时间等适当方式,确保职工的休息休假权利和生产、工作任务的完成。从以上规定可以看出,实行不定时工作制度的员工,虽然实行的是弹性的工作时间,但前提是确保生产、工作任务的完成,而不是绝对的自由。生产、工作任务是由用人单位安排的,在确保劳动者休息休假权利的前提下,用人单位有权要求劳动者在特定的时间到特定的地点从事特定的工作,此为"应出勤"。如果劳动者拒绝服从或者无正当理由不进行工作,将构成"未出勤",即使是实行不定时工时,也构成旷工。因此,旷工与否和实行不定时工时制没有必然的联系,认定是否构成旷工的关键是"应出勤而未出勤"。

案例中,相某实行不定时工作制,某制药公司并未按照标准工时对其进行考勤,其工作日也没有固定的上下班时间限制,但是其需要按照工作职责要求完成工作。实行不定时工作制并不代表相某可以不进行工作,未经请假无故缺勤的,属于旷工。相某以抑郁状态为由申请休病假，并连续提交休假证明书，从这一点也可以说明相某明知和认可虽然其执行不定时工作制，但患病不能进行工作仍需向公司请假并获得批准，而非其主张的可以自主决定工作时间和休息时间。况且，某制药公司《员工手册（2014版）》中关于旷工违纪解除劳动合同的规定也并没有排除不定时工作制员工的适用，因此，相某同样适用旷工违纪解除劳动合同的规定。

2. 合理分配举证责任，综合双方证据认定不定时工作制员工是否存在旷工事实

《最高人民法院关于民事诉讼证据的若干规定》第二条规定，当事人对自己提出的诉讼请求所依据的事实或者反驳对方诉讼请求所依据的事实有责任提供证据加以证明。没有证据或者证据不足以证明当事人的事实主张的，由负有举证责任的当事人承担不利后果。

用人单位主张不定时工作制员工存在旷工事实并据此解除劳动合同，应当提供证据加以证明。由于不定时工作制的工作特点，无法按标准工作时间衡量，用人单位不能按照标准工时制的管理方法对不定时工作制员工进行考勤和提交考勤记录。但是，这不代表用人单位不能对不定时工作制员工进行出勤管理，用人单位应当对不定时工作制员工的工作时间、工作地点、外出行程、工作成果等进行劳动管理，比如要求员工提供在工作时间的出勤记录，或者填写工作记录、工作报告等，作为出勤和工作的依据。当员工不服从用人单位的工作安排，无故不出勤或拒绝参加用人单位组织的培训或会议等，用人单位应注意搜集和保留相应证据，以便依法做出旷工违纪处理。

案例中，在仲裁阶段，某制药公司未能就2015年4月14日至4月22日期间相某旷工提供充分证据而导致败诉；在诉讼阶段，某制药公司委托律师进行了调查取证并提交了充分证据证明相某未返岗工作存在旷工事实，包括相某的工作已由其他员工代管，相某未

按照规定提交"长期休假返岗申请单"办理销假,未提交工作计划和拜访记录,未参加公司培训等。相某不认可旷工事实并主张2015年4月14日至4月22日期间已经恢复向公司提供劳动,同样要依照证据规则和相应的举证分配原则来提出相反证据证明自己主张的相反事实,但是,相某并未提交任何证据证明已经恢复向某制药公司提供劳动,理应承担不利后果。因此,法院合理分配举证责任、综合双方证据认定某制药公司解除劳动关系合法,支持某制药公司的诉讼请求是正确的。

(北京德恒律师事务所　崔　杰)

36. 原用人单位劳动关系终止的工作年限是否可以合并计算为新用人单位的工作年限

原告：徐某
被告一：中国某大学
被告二：Z劳务派遣中心
第三人：S公司

争议焦点

原用人单位劳动关系终止的工作年限是否可以合并计算为新用人单位的工作年限？

 基本案情

原告徐某于2000年1月30日入职中国某大学（以下简称"某大学"），负责学生服务中心公寓部保洁工作，2007年9月30日，某大学与徐某达成协议，签订《终止劳动关系协议书》，约定双方协商一致，某大学与徐某终止劳动关系，双方不存在任何遗留未解决问题。2007年10月1日至2009年4月22日期间，某大学使用S公司名义与徐某签订劳动派遣合同，将徐某派遣至某大学工作。2009年4月23日，Z劳务派遣中心又与徐某签订数份《劳务派遣

合同》，将原告派遣至某大学工作。徐某自始至终没有离开某大学。2015年4月6日，徐某以被告存在违法情形为由提出解除劳务派遣合同。2015年4月8日，徐某以要求确认劳动关系，某大学与Z劳务派遣中心连带支付解除劳动关系经济补偿金等为由向北京市海淀区劳动人事争议仲裁委员会提起仲裁申请。该委做出京劳人仲字（2015）第6295号裁决书，裁决：（1）确认徐某与某大学自2000年1月30日至2009年4月22日期间存在劳动关系，与Z劳务派遣中心于2009年4月23日至2015年4月8日期间存在劳动关系。（2）Z劳务派遣中心支付徐某未休年休假工资、失业补助金、未缴纳养老保险赔偿金、工资差额等1.8万余元。（3）Z劳务派遣中心支付徐某解除劳动关系经济补偿金11 607元。（4）某大学承担连带赔偿责任。其中对解除劳动关系经济补偿金一项，仲裁委认为2007年9月30日双方协商一致终止劳动合同，终止劳动合同之前的工龄不能计算在解除劳动合同经济补偿金工作年限范围之内，终止劳动关系在2008年1月1日之前不需要支付经济补偿金，所以仅支持2009年4月23日至2015年4月7日期间的经济补偿金。徐某、某大学及Z劳务派遣中心均不服仲裁裁决向北京市海淀区人民法院提起诉讼。徐某主张：（1）2000年1月10日至2015年4月8日与某大学存在劳动关系。（2）要求两被告连带支付加班工资、未休年休假工资、失业保险一次性生活补助费、未缴纳养老保险赔偿金、拖欠的工资等。（3）要求两被告连带支付解除劳动关系经济补偿金33 978元；在一审诉讼中，某大学追加S公司为第三人。

 审理结果

2016年5月20日，北京市海淀区人民法院做出（2015）海民初字第38398号民事判决。判决如下：（1）确认徐某分别与某大学、Z劳务派遣中心存在劳动关系。（2）Z劳务派遣中心支付徐某未缴纳养老保险赔偿金 6 100.95 元。(3) Z 劳务派遣中心支付徐某未缴纳失业保险一次性生活补助费 1 916 元。(4) Z 劳务派遣中心支付徐某未休年休假工资 4 002.57 元，某大学承担连带给付责任。(5) 某大学支付徐某双休日加班工资 11 103.44 元、法定节假日工资 1 359.3 元、工资差额 230.2 元，Z 劳务派遣中心对此承担连带给付责任。(6) Z 劳务派遣中心支付徐某解除劳动关系经济补偿金 33 978 元，某大学对此承担连带给付责任。

评析意见

针对此案例，在审理过程中存在较大争议，特别是原告徐某 2008 年之前在某大学的工作年限是否可以计算在解除劳动关系经济补偿金工作年限之内，仲裁委和人民法院对同一事实做出了不同的理解和认定，裁决结果也大相径庭。相同或者类似案情但判决结果迥异的现象有损法律的尊严和权威，不利于法律的统一实施与适用，《中华人民共和国劳动合同法》（以下简称《劳动合同法》）颁布实施已近十年，这样的问题仍然存在，让劳资双方无所适从，因此，对于该问题的研讨显得十分迫切和必要。

一种观点认为，2008 年《劳动合同法》生效前劳动关系终止之前的工龄不能计算在内，这也是目前的主流观点。该观点认为，2008 年 1 月 1 日《劳动合同法》生效前，无相关法律规定终止劳动关系应当支付终止劳动关系经济补偿金，并且双方签订有《终止劳动关系协议书》，该份协议有双方的签字盖章，系当事人的真实意思表示，法律应当尊重当事人的意思自治。

另一种观点认为，应当合并计算工作年限，依据《中华人民共和国劳动合同法实施条例》第十条规定："劳动者非因本人原因从原用人单位被安排到新用人单位工作的，劳动者在原用人单位的工作年限合并计算为新用人单位的工作年限。原用人单位已经向劳动者支付经济补偿的,新用人单位在依法解除、终止劳动合同计算支付经济补偿的工作年限时,不再计算劳动者在原用人单位的工作年限。"《最高人民法院关于审理劳动争议案件适用法律若干问题的解释(四)》第五条规定:"劳动者非因本人原因从原用人单位被安排到新用人单位工作,原用人单位未支付经济补偿,劳动者依照劳动合同法第三十八条规定与新用人单位解除劳动合同,或者新用人单位向劳动者提出解除、终止劳动合同,在计算支付经济补偿或赔偿金的工作年限时,劳动者请求把在原用人单位的工作年限合并计算为新用人单位工作年限的,人民法院应予支持。"以上规定没有区分《劳动合同法》生效之前终止劳动关系的情形,对于是否合并计算在新用人单位的工作年限,目前法律上没有明确规定。

本案中,徐某自2000年1月30日起至2015年4月8日离职之时,其工作岗位、工作地点、工作内容均未发生变化,持续不断地为某大学提供保洁工作,仅依据《终止劳动合同通知书》及《终止劳动关系协议》,尚未达到证明系徐某个人原因变更劳动合同主体的证明目的,鉴于某大学、S公司在解除或终止劳动关系时没有支付经济补偿金,在计算经济补偿时,徐某在某大学、S公司的工作年限应合并计算至新用人单位的工作年限。

司法实践中,一些用人单位利用2008年1月1日《劳动合同法》生效前终止劳动关系无须支付经济补偿金的法律空白,利用其自身优势地位与劳动者签订书面的终止劳动关系协议,借此达到不用支付经济补偿金的目的,呈现出手段、形式多样化、复杂化的特点。譬如,采取各种手段迫使劳动者书面提出因个人原因离职,与外地的劳务派遣公司签订劳动合同,与劳动者签订书面的终止或解除劳动关系协议但不支付或象征性支付经济补偿金,更有甚者利用基层员工弱势地位强迫劳动者"离职"后再办理入职手续以中断劳动关系,要求劳动者中途与多家用人单位签订劳动合同,等等。如果仅考虑表象的"离职证据",则对广大劳动者是不公平的,对守法的用人单位也不公平,对化解劳资矛盾更不利。笔者认为,衡量"非因劳动者本人原因从原用人单位安排到新用人单位"的标准,须重点考虑以下因素:一是劳动者的工作岗位、工作内容、工作场所、接受管理等情况是否发生变化,如有变化,则变化的时间长短;二是劳动者实际的工资发放单位及周期性、规律性;三是劳动者对改变劳动合同用工主体的意愿及认知能力;四是劳动者频繁更换工作单位是所在单位员工个别现象还是整体更换,是真实离职还是形式上的被动"离职",多家单位是否为关联企业;五是审查是否属于劳务派遣行为及劳务派遣行为的真实性。劳动者到一家用人单位工作一般不愿意频繁更换用人单位,工作一段时间之后不可能自己提出离职找劳务派遣或新的用人单位再将自己派遣或调动到原单位工作。如果劳动者的工作内容等并无实质变化,离职的原因或形式有违常理,离职原因有违劳动者本人意愿及超出本人的认知能力,属于单位的多数或全体人员统一更换新的用人单位的,一般可以判断出劳动者的离职非本人意愿,应在计算解除劳动关系经济补偿金时合并计算原用人单位的工作年限(包括 2008 年《劳动合同法》生效前与原用人单位终止劳动关系的情形)。结合本案例,徐某的工作岗位、工作内容、工作地点、接受管理等情况没有变化,实际用人单位为某大学,而在实际用工过程中人为地加入了两家劳务派遣单位 S 公司和 Z 劳务派遣中心,徐某从未见过这两家派遣公司的人员,也不知道自己为什么"被派遣",与某大学签订《终止劳动关系协议》应属表象形式的"离职",其与两家劳务派遣公司的劳动合同期限也是"无缝衔接",徐某被动更换两家用人单位主体非涉及徐某等极少数人,而是所有人员的整体大变换。这种做法改变不了实际连续用工的本质属性,如果机械地除去《劳动合同法》生效前终止劳动关系情形时的工作年限,则对劳动者是极不公平的,所以法院根据本案的实际情况,将劳动者在 2000 年 1 月 30

日至 2007 年 9 月 30 日期间的工作年限以及 2007 年 10 月 1 日至 2009 年 4 月 22 日期间的工作年限均合并计算在解除劳动关系经济补偿金的工作年限内是正确的。

(北京市新桥律师事务所　潘文军)

37. 劳动者学历造假情况下劳动关系效力的认定

原告：北京某汽车配件有限公司

被告：李某

争议焦点

劳动者学历造假，用人单位能否据此主张劳动关系无效？

基本案情

原告北京某汽车配件有限公司（以下简称"某公司"）诉称：被告李某于 2011 年 5 月入职某公司，后于 2015 年 2 月因个人原因离职，某公司认为被告李某存在学历造假的情况，双方劳动关系应属无效，某公司不应支付被告李某未续签劳动合同双倍工资差额。某公司不服京通劳人仲字（2015）第 1660 号裁决书的内容，诉至法院，请求判令某公司不支付被告李某 2014 年 5 月 1 日至 2015 年 2 月 12 日期间未续签劳动合同双倍工资差额 32 416 元。

被告李某辩称：其不存在学历造假的情况，而且其入职某公司时，某公司未要求学历，双方劳动合同到期后，某公司未依法与其续签劳动合同，应当向其支付未签订劳动合同双倍工资差额。被告李某认可仲裁裁决结果，不同意某公司的诉讼请求。

法院经审理查明：2011 年 4 月 23 日，被告李某入职某公司从事资材管理工作，2011年5月1日，某公司与被告李某签订期限自2011年5月1日起至2014年4月30日止的劳动合同，合同到期后，某公司未与被告李某续订劳动合同。2015年2月17日，被告李某因个人原因离职。

后被告李某向北京市通州区劳动人事争议仲裁委员会（以下简称"仲裁委"）提起劳动仲裁，要求某公司向其支付：2014年5月1日至2015年2月12日期间未签订劳动合同双倍工资差额32 416元。2015年5月18日，仲裁委出具京通劳人仲字（2015）第1660号裁决书，裁决某公司自裁决书生效之日起3日内支付被告李某2014年5月1日至2015年2月12日期间未签订书面劳动合同双倍工资差额32 416元。裁决做出后，某公司不服该裁决向法院提起诉讼，被告李某同意裁决结果。

庭审中，某公司主张被告李某存在学历造假，故双方劳动关系应属无效，某公司不应支付被告李某未续签劳动合同双倍工资差额，被告李某对此不予认可，某公司亦未能就其主张提供确实有效的证据予以证实。同时，某公司称2008年至2009年期间被告李某曾在某公司工作，2011年经某公司部门主管介绍再次入职，入职时并未对被告李某的学历有特别要求，被告李某工作期间能够胜任工作。

 审理结果

北京市通州区人民法院于2015年8月20日做出（2015）通民初字第11561号民事判决：（1）原告某公司于本判决生效之日起七日内支付被告李某未续签劳动合同双倍工资差额人民币32 416元。（2）驳回原告某公司的诉讼请求。宣判后，某公司向北京市第三中级人民法院提起上诉。北京市第三中级人民法院于2015年11月5日以同样事实做出（2015）三中民终字第12457号民事判决：驳回上诉，维持原判。

 **评析意见**

随着劳动者知识水平的普遍提升，我国劳动力市场的日益活跃，劳动者与用人单位之间的双向选择也越发多元化，在一些高、精、尖的专业领域，用人单位对劳动者的学历水平要求颇多，因此，劳动者的学历与过往的工作履历很多时候成为劳资双方互相选择的重要依据。这便促使一些低学历劳动就业人员为了获取更好的工作机会，铤而走险，伪造高学历证书或者知名院校学历证书，由此引发的劳动争议也较为常见。劳动者学历造假的行为显然与我们所提倡的诚实守信的基本原则相悖，普遍受到道德舆论的谴责。劳动者学历造假情况下对劳动合同效力的影响也日益成为劳资双方以及司法实践中考虑的重要问题。

1. 劳动合同无效的法律规定

不同于一般的民事合同，我国劳动法律法规仅有劳动合同无效情形的规定，无劳动合同可撤销的规定。《中华人民共和国劳动合同法》（以下简称《劳动合同法》）第二十六条规定："下列劳动合同无效或者部分无效：（一）以欺诈、胁迫的手段或者乘人之危，使对方违背真实意思的情况下订立或者变更劳动合同的；（二）用人单位免除自己的法定责任、排除劳动者权利的；（三）违反法律、行政法规强制性规定的。"

2. 劳动者"欺诈"行为的认定

笔者认为，认定劳动者是否存在"欺诈"行为，应当参考以下因素：

（1）劳动者主观上存在欺诈的故意

指劳动者为了获取对方提供的工作岗位，在自己不符合某种岗位条件的情况下，明知自己的陈述或者提供的证件虚假，而希望或者放任这种行为发生。这种故意包括两个方面：一是对用人单位陈述虚假事实或提供虚假证件的故意；二是诱使用人单位陷入错误认识的故意。

（2）劳动者客观上实施了欺诈行为

欺诈行为，是指劳动者明知自己不符合某种岗位条件的情况下，故意实施捏造事实、隐瞒情况或者提供虚假证件的行为。

（3）劳动者因"欺诈"使用人单位做出了违背真实意愿的错误意思表示

所谓错误，是指使用人单位对是否与劳动者订立劳动合同产生了重要的认知缺陷，而该种认知缺陷因劳动者的欺诈行为而产生。简言之，构成欺诈，必须是用人单位在招聘过程中决定与劳动者订立劳动合同，且劳动者在应聘过程中虚假陈述、捏造事实或者提供虚假证件与用人单位设定的工作岗位要求密切相关，并且用人单位因此对劳动者自身条件产生了错误的认识。

3. 学历造假是否构成"欺诈"

对于此种情况下劳动合同的效力问题，在实践中一直存在两种截然相反的观点：

一种观点认为，只要劳动者存在学历造假的情形，用人单位均可以此为由主张劳动合同关系无效。《劳动合同法》第八条明确要求劳动者对于用人单位有权了解的基本情况有如实陈述的义务。劳动者在与用人单位的双方选择中采用欺诈手段，利用虚假的学历足以使用人单位产生错误的认识，进而导致意思表示的不真实，侵害了用人单位意思自治的权利。同时，虚假学历与社会诚实信用的道德准则相违背，理应对于学历造假行为给予否定性评价。据此，双方劳动关系应当自始无效，用人单位亦可就劳动者造成的损失要求赔偿。

另一种观点则认为，对于此类案件应就个案具体分析，用人单位不能单纯以劳动者学历造假为由主张劳动关系无效。这种观点认为，学历并非所有用人单位与劳动者建立劳动合同关系的必备要件，很多情况下，用人单位根据岗位特征并不要求劳动者学历，或者用人单位看中的仅仅是劳动者学历之外的实际工作能力。更何况《劳动合同法》允许用人单位与劳动者约定一定的试用期，以对劳动者的工作能力进行更为全面、系统的评价：如果用人单位认为劳动者符合岗位要求，则继续留用；反之，则可以解除劳动合同。因此，该种观点认为除非用人单位对于劳动者的学历存在特殊要求，否则用人单位单纯以学历造假为由主张双方劳动合同无效，不应支持。

综合上述对劳动者"欺诈"行为的认定，笔者认为，劳动者学历造假是否构成"欺诈"不应一概而论，理由如下：

（1）劳动者是否负有如实告知义务是认定欺诈行为的重要前提

《劳动合同法》第八条规定："用人单位招用劳动者时，应当如实告知劳动者工作内容、工作条件、工作地点、职业危害、安全生产状况、劳动报酬，以及劳动者要求了解的其他情况；用人单位有权了解劳动者与劳动合同直接相关的基本情况，劳动者应当如实说明。"可见，用人单位与劳动者承担的告知义务性质是不一样的，用人单位如实告知义务是法定的义务，不管劳动者是否提出告知有关情况的要求，用人单位都必须如实履行告知义务。而对于劳动者而言，该义务是被动性的，只有用人单位提出告知要求的情况下，劳动者方负有如实告知的义务，否则只能认定为用人单位放弃了自己的权利，不能认定劳动者有欺诈行为。就劳动者学历情况而言，在入职过程中，如果用人单位并未要求劳动者如实提供学历情况，那么劳动者便不负有此项告知义务。

（2）学历并非用人单位与劳动者订立劳动合同的必然考虑

不可否认，很多情况下学历对于用人单位做出是否录用劳动者的决定确实属于一个重要的参考因素，然而，并非所有用人单位在招聘时均对劳动者学历有所要求，对于一些较为注重劳动者身体条件及经验条件的岗位，例如保洁、保安、司机、销售及其他非技术型工作岗位，用人单位在招聘过程中更加注重劳动者的工作经验及工作能力，并未向劳动者提出关于学历方面的要求，此种情况下，劳动者学历高低或者是否存在学历造假的行为均不影响用人单位做出与其订立劳动合同的主观判断。

可见，劳动者学历造假构成"欺诈"行为的重要前提之一在于劳动者入职时，用人单位根据招聘岗位特征对劳动者学历有所要求并将该要求明确告知劳动者。

（3）一概认定劳动关系无效对于劳动者有所不公

实践中，用人单位在劳动者入职过程中未对学历有所要求，而有些劳动者虽然确实存在学历造假的情形，但是在工作过程中完全能够适应工作环境及工作要求，用人单位也未发现劳动者有任何不足之处，此时，如果一概赋予用人单位解除劳动合同的权利，或者是随意主张劳动关系无效，显然不利于劳资关系的和谐稳定，对于劳动者亦有所不公。

本案中，被告李某曾系某公司员工，离职后经人介绍再次入职，其间某公司对李某的工作能力表示肯定，且未对所持学历有所要求，可见，被告李某的学历并非某公司决定与其建立劳动关系的参考因素，是否造假也并不影响双方劳动关系的效力，因此，某公司应当依法向被告李某支付未续签劳动合同双倍工资差额。

总之，笔者认为，劳动者入职时，在用人单位并未对劳动者学历有所要求的情况下，学历并非用人单位决定与劳动者建立劳动关系的参考因素，此种情况下，劳动者并没有主动告知学历情况的法定义务，即使其存在学历造假的情形，用人单位也不能据此主张双方劳动关系无效。

（北京市通州区人民法院　王　迪）

38. "长期两不找"劳动争议中劳动关系的解除应如何认定

上诉人（原审原告）：周某
被上诉人（原审被告）：某演艺集团有限公司

争议焦点

1. "长期两不找"劳动争议案件中，应当认定劳动关系处于中止状态还是自动解除？
2. 对于劳动者提出的要求用人单位支付"两不找"期间的工资福利等诉请是否应支持？

基本案情

周某于1986年12月调入某演艺集团有限公司，任舞台技师。某演艺集团有限公司为事业单位法人，周某为在编人员。1990年6月30日，周某向文化部申请自费赴马耳他共和国留学，同年7月7日文化部批准同意，留学期间停发工资、保留公职一年，后周某因故未能成行。1992年7月27日，周某再次向文化部申请赴捷克斯洛伐克探亲，经文化部批准，同意周某探亲，假期30天。周某于1992年10月1日前往捷克斯洛伐克，于1993年5月2日返回。某演艺集团有限公司向周某发放工资至1992年9月，1992年10月停发工资。周某的档案一直存放于某演艺集团有限公司。周某自

1992年首次出境后至今二十余年间经常出境前往捷克、匈牙利、奥地利等国家，其自述依靠往返东欧国家买卖二手乐器为生。2005年8月，Z歌舞团与某演艺集团有限公司合并为中国某演艺集团有限公司。2009年11月10日，中国某演艺集团有限公司转企改制为有限责任公司（国有独资），名称变更为中国D演艺集团有限公司（以下简称D公司）。周某主张回国后每年都回单位报到要求安排工作，单位人事部门让回去等通知，但始终没有向其发出过任何通知，并提交证人汤某某等四人的证言，证明其2012年至2014年期间多次找D公司交涉劳动关系均未得到解决。周某2013年8月9日到退休年龄，其主张于2014年6月、7月去D公司时才得知自己早已被作为自动离职处理了。周某诉至法院请求：（1）确认周某与D公司自1986年2月至2013年8月期间存在劳动关系。（2）确认周某自1969年至2013年期间的44年工龄，并为周某办理退休手续。（3）D公司向周某支付1992年8月至2013年8月期间的最低工资393 120元。（4）请求D公司向周某支付2013年8月至2015年8月期间未发放的退休金、赔偿金100 000元，并从2015年9月起每月向周某支付退休金约4 500元/月。

一审庭审中，D公司提交了某演艺集团有限公司1993年4月15日做出的《某演艺集团有限公司关于对因私出国未按期回国报到人员的处理决定》，该决定载明："周某同志于1990年自费赴马耳他留学，因未按时回团报到，不再保留公职，按自动离职处理。"经查，该份证据无合法送达手续。

二审庭审中，D公司提交了《2005年某演艺集团有限公司人员名册》及《2008年中国某演艺集团有限公司人员名册》，主张该两份名册中也没有周某的信息，故周某与D公司不存在劳动关系。

 审理结果

北京市朝阳区人民法院做出（2015）朝民初字第22781号民事

判决：驳回周某的全部诉讼请求。宣判后，周某向北京市第三中级人民法院提起上诉。北京市第三中级人民法院做出（2016）京03民终3384号民事判决：驳回上诉，维持原判。

生效判决认为，周某于1986年12月调入某演艺集团有限公司，属在编人员，故与某演艺集团有限公司存在人事关系，法院予以确认。周某主张其于1993年5月2日探亲回国后，多次要求某演艺集团有限公司安排工作，但对此并未提供充分证据予以证明，故法院不予采纳。某演艺集团有限公司自2005年与Z歌舞团合并为中国某演艺集团有限公司，中国某演艺集团有限公司于2009年11月转企改制为D公司，庭审中，D公司提交两团合并及转企改制时的人员名册用以证明与周某不存在劳动关系，周某对该两份证据的证明目的不予认可，但并未提供证据予以反驳，故法院对该两份证据予以采信。周某无证据证明其自1993年起至今曾向某演艺集团有限公司及D公司提供过劳动，某演艺集团有限公司及D公司亦未向周某支付过劳动报酬，双方多年来不存在相互间的权利义务关系，现周某主张与D公司存在劳动关系及要求支付最低工资，依据不足，一审判决未予支持并无不当，法院予以维持。周某提出的要求确认工龄、办理退休手续、支付退休金及赔偿金，不属于人民法院受理范围，一审法院予以驳回于法有据，法院予以维持。

评析意见

本案为典型的"长期两不找"劳动争议案件，此类案件的产生多与企事业单位改制等历史遗留问题相关，历时较长、劳动者年龄偏大、矛盾较为激化，但现行法律法规对此类案件未做出明确规定，审判实践中存在裁判尺度不统一的问题。

1. 概念界定

"长期两不找"劳动争议案件主要指劳动者与用人单位之间几

年甚至十几年没有联系，在此期间劳动者未给单位提供过任何劳动，用人单位也没有给劳动者发放过任何工资及福利待遇，但用人单位一直未正式与劳动者解除劳动关系，或者用人单位虽主张已经解除劳动关系但未能证明已将解除劳动关系的书面通知送达给劳动者。若干年后劳动者因办理退休手续等问题诉至法院，要求与原单位继续履行劳动合同或者要求用人单位为其办理退休手续、补缴社会保险费、支付待岗期间的基本工资或生活费等。①

该类案件应包含如下要件：一是劳动者与用人单位长期互不享有和履行劳动法上的权利义务；二是用人单位一直未正式与劳动者解除劳动关系，或者用人单位虽主张已经解除劳动关系但无法证明已将解除劳动关系的书面通知送达给劳动者；三是劳动者与用人单位就劳动法上的权利义务产生争议。

关于"长期"应如何界定，笔者认为，我国企事业改制主要自20世纪80年代开始，《中华人民共和国劳动法》于1995年1月1日起施行，《中华人民共和国劳动合同法》于2008年1月1日起施行，综合社会背景、相关法律规范施行时间及对劳动者、用人单位双方利益均衡考量，"长期"宜为5年以上。

2. 裁判依据

关于"长期两不找"劳动争议案件，现有的参考依据为《北京市高级人民法院、北京市劳动争议仲裁委员会关于劳动争议案件法律适用问题研讨会会议纪要（2009年8月17日）》第14条，根据该条精神，劳动者长期未向用人单位提供劳动，用人单位也长期不再向劳动者支付劳动报酬等相关待遇，双方长期两不找的，可以认定此期间双方不享有和承担劳动法上的权利义务。

关于劳动关系是否已实际解除及劳动者是否能要求继续履行劳动关系，学界及审判实践中主要存在三种观点：一是认为劳动关系

---

① 王林清. 劳动争议裁诉标准与规范 [M]. 北京：人民法院出版社，2014：21.

应依法解除,我国劳动法并无劳动关系自动解除的规定,劳动者虽然多年未向用人单位提供劳动,但是用人单位未做处理存在过错,故应认定劳动关系未解除,支持劳动者的相关诉请;二是认为我国既然承认事实劳动关系的存在,从公平角度考虑应承认劳动关系的实际解除,劳动者的诉请不应得到支持;三是认为劳动者与用人单位的劳动关系处于中止状态,不应认定双方劳动关系已经解除,因为劳动法规定用人单位解除劳动合同必须以明示的方式做出,但劳动者并未付出劳动力,自然无权要求用人单位支付相应对价,无权要求支付相应工资。

我们倾向于第三种观点,即劳动关系处于中止状态。劳动者与用人单位双方多年来不存在相互间的权利义务关系,继续履行劳动关系失去了存在的基础,但不应认定双方劳动关系已经解除,因为劳动法规定用人单位解除劳动合同必须以明示的方式做出,如果用人单位没有履行法定程序,很难认定用人单位已经履行了解除劳动合同所必需的形式要件,因此,认定劳动者与用人单位已事实上解除劳动合同没有法律依据。从公平角度出发,宜认定劳动关系处于中止状态。如果劳动者已经另谋职业,可视为双方已协商一致解除劳动关系。关于劳动者主张的福利,因"两不找"期间劳动者并未实际提供劳动,故不应予以支持。

关于劳动关系存续期间,我们认为应区分不同情形具体认定:如果劳动者已经另谋职业,可视为双方已协商一致解除劳动关系,则劳动关系存续期间应为劳动者实际向用人单位提供劳动期间。如劳动者未另谋职业,劳动关系存续期间应自劳动者入职至劳动者主张权利之日止;如劳动者主张权利时已达到法定退休年龄,则应截至劳动者达到法定退休年龄之日。

关于劳动者是否有权要求继续履行劳动合同,我们认为,用人单位与劳动者多年来不存在权利义务关系,劳动关系失去了继续存在的基础,故原则上不应支持劳动者要求继续履行劳动合同的请求。如劳动者确有证据证明其系长时间待岗，待岗系用人单位要求且劳动者多年来一直没有其他工作，可以支持其诉讼请求，但应严格把握，除了要考虑双方过错程度外，要考虑履行的客观可能性。

3. 应注意的问题

（1）举证责任分配

此类案件因历时较长，举证存在一定困难。鉴于用人单位在信息获取、人员管理方面具有优势地位，其应对劳动者的离职原因、劳动关系的解除程序承担举证责任；劳动者如主张曾向用人单位要求恢复劳动关系或已向用人单位提供过劳动，则应对此举证。

（2）与劳动者因待岗发生劳动争议案件的区别

如劳动者离职系因用人单位要求其待岗，则此类争议不属于"长期两不找"劳动争议案件，用人单位应依相关规定向劳动者支付工资福利。如双方就离职原因均无法提供充分证据证明，则属于"长期两不找"劳动争议案件。

（3）审理范围

一是劳动者的诉讼请求多涉及确认工龄，办理退休手续，支付退休金、住房公积金等事项，应注意区分是否属于人民法院审理劳动争议案件的受案范围；二是如用人单位存在企事业改制背景，应查清劳动者编制是否发生变化，应注意区分劳动者与用人单位之间法律关系的性质，注意区分人事关系与劳动关系。

（北京市第三中级人民法院　李　坤）

39. 用人单位规章制度存在瑕疵并以旷工为由解除劳动关系的合法性问题分析

申请人：孙某
被申请人：A 公司

争议焦点

A 公司在其规章制度存在程序瑕疵的情况下，以旷工为由解除孙某的劳动关系是否当然违法？

基本案情

2007 年 7 月 24 日，孙某入职 A 公司，双方共签订四份劳动合同，最后一份劳动合同为无固定期限劳动合同，双方约定孙某任操作工，试用期后工资标准为 2 080 元/月。2015 年 4 月 1 日，A 公司口头通知孙某解除劳动关系及办理离职手续，4 月 4 日出具了《劳动合同解除证明书》，4 月 5 日向孙某出具《旷工解除劳动合同通知函》，该通知函载明：孙某从 2015 年 4 月 2 日至 2015 年 4 月 4 日连续旷工达到 3 天，按照公司规定，累计旷工达 3 天者，处以即时解聘，按照《中华人民共和国劳动合同法》第三十九条第二款规定"严重违反用人单位的规章制度的"，用人单位可以解除劳动合同，A 公司决定于 2015 年 4 月 4 日与孙某解除劳动关系且无须支付任何补偿费用。此后，孙某向北京市劳动争议仲裁委员会申请劳动争议仲裁，请求裁决：（1）确认其与 A 公司解除劳动关系。（2）A 公司支付其赔偿金 65 376 元、2015 年 4 月工资 188 元、未休年休假工资 15 028 元，为其办理领取失业保险金等相关手续。

  A 公司辩称：公司与孙某签订了劳动合同，向孙某公示过员工手册内容，孙某亦阅读签字确认员工手册，知晓并承诺遵守公司规章制度，但孙某在上班期间多次玩手机、睡觉，态度不严谨，质量意识淡薄，导致产品不合格，给公司造成损失。公司针对其违纪行为出具了雇员违纪惩处表，系合法解除双方劳动关系，无须支付任何赔偿。A 公司提供的请假审批表证明孙某享受了带薪休假，故无须支付未休年休假工资。另，A 公司提交了孙某的考勤记录表，记录显示孙某在 2015 年 4 月 2 日至 4 日期间无出勤到岗记录，以证明孙某连续旷工 3 天的事实。但是，A 公司并未提供孙某签字确认的员工手册，也无法证明员工手册经过了民主制定程序及公示程序。

  孙某对 A 公司提交的考勤记录的真实性予以认可，但其主张：（1）在未到岗期间由于身体不适需休假看病，且已经电话向其主管领导赵某提出申请，并得到赵某批准休假的答复。（2）并不知晓 A 公司所称旷工解除劳动合同的有关规章制度。但是，孙某并未提供未到岗期间的病假证明，也不能对其未到岗事实做出任何合理的解释。

  另查明，孙某 2014 年 3 月至 2015 年 2 月月平均工资为 4 086 元。A 公司提供的请假审批表显示孙某共休年休假 6 天。

 审理结果

  孙某与 A 公司缔结了合法劳动关系，孙某的劳动权益受我国相关法律、法规保护。A公司上诉称孙某严重违反公司规章制度，公司合法解除双方劳动关系，因A公司未举证证明相关规章制度经民主议定程序制定及解除行为符合法律规定程序，故不予采纳其上诉理由，A公司需向孙某支付违法解除劳动合同赔偿金。孙某在A公司工作7年零8个月，解除劳动合同前月平均工资为4 086元，根据相关法律，A公司应支付孙某赔偿金65 376元（4 086元/月；8个月；2倍）。

关于未休年休假工资：2013年之前年休假诉请已过诉讼时效，2013年、2014年、2015年孙某可休年休假11天，实际休假6天，A公司应付孙某5天未休年休假工资1 879元（4 086元/21.75天×5天×200%）。

评析意见

本案的焦点在于员工旷工，企业以严重违反规章制度为由解除劳动合同，是否必须要以企业具备程序合法的规章制度为前提。对此，实践中存在两种不同的观点。

第一种观点认为，用人单位以劳动者严重违反规章制度为由解除劳动合同，均需依据经过民主程序制定并向劳动者公示告知的规章制度。依据《中华人民共和国劳动合同法》第四条"用人单位应当依法建立和完善劳动规章制度，保障劳动者享有劳动权利、履行劳动义务。用人单位在制定、修改或者决定有关劳动报酬、工作时间、休息休假、劳动安全卫生、保险福利、职工培训、劳动纪律以及劳动定额管理等直接涉及劳动者切身利益的规章制度或者重大事项时，应当经职工代表大会或者全体职工讨论，提出方案和意见，与工会或者职工代表平等协商确定。……用人单位应当将直接涉及劳动者切身利益的规章制度和重大事项决定公示，或者告知劳动者"，如果用人单位的解除依据没有在规章制度中以书面的形式确认，则解除依据不成立，构成违法解除。针对本案中孙某的旷工行为，A公司以孙某旷工严重违反公司规章制度为由解除劳动关系，必须在规章制度中明确规定旷工行为的违纪情形，并针对具体旷工的情形制定相应的处罚措施，同时在满足内容合理性的前提下，规定员工旷工满几日用人单位可解除劳动合同。因此，持此观点的人坚持认为，用人单位以旷工为由解除劳动合同应当具有程序合法的规章制度，否则就构成违法解除。

  第二种观点则认为，在没有完备的规章制度的情形下，用人单位依然有权以员工旷工为由合法解除劳动关系。《中华人民共和国劳动法》（以下简称《劳动法》）第二十五条"劳动者有下列情形之一的，用人单位可以解除劳动合同：……（二）严重违反劳动纪律或者用人单位规章制度的"，据此可以推定，员工如果有严重违反劳动纪律的情形，即使没有规章制度，用人单位也有权利解除劳动合同。劳动纪律是用人单位为形成和维持生产经营秩序，保证劳动合同得以履行，要求全体员工在集体劳动、工作、生活过程中，以及与劳动、工作紧密相关的其他过程中必须共同遵守的规则。此处的劳动纪律不仅包括用人单位依据合法程序在其规章制度中所规定，还应当包括一些具有普适性的劳动纪律，例如在规定的时间、地点到达工作岗位提供劳动，根据岗位职责按质按量完成工作任务，严格遵守技术操作规程和安全卫生规程等，这些劳动纪律即使不明确规定在用人单位的规章制度中，也理应得到劳动者的认可并严格遵守。任何用人单位的规章制度都无法将所有可能的违纪行为列入其中，有些当然违纪的行为，用人单位无须以书面的形式在规章制度中进行规定。虽然没有具体的条款规定，但无论是从社会公德的角度出发，还是从立法本意来讲，有些行为是普遍不被接受和不可容忍的。例如，工作期间劳动者无故殴打他人，该种行为即使没有被写入规章制度，也应当被认定为严重违纪，此时，用人单位解除劳动合同的正当性理应受到法律的保护。正常准时出勤是劳动者应当遵守的勤勉义务和基本职业准则,对于旷工行为,无须用人单位专门以规章制度的形式加以规定,劳动者显然不能因用人单位没有明确的规章制度并告知而豁免。

笔者更认同第二种观点。恪守勤勉义务、遵守劳动纪律是劳动者保证劳动合同正常履行的最基本条件,也是劳动者基于诚实信用原则对自身行为的基本要求,无故旷工是任何单位都无法接受的行为,因此,用人单位为了维持企业的生产经营秩序,保证劳动合同得以履行,即使没有成文的规章制度或规章制度存在程序瑕疵,用人单位解除无故旷工者的劳动关系也并无不妥。劳动者无故旷工本身就是严重违反劳动合同的行为,从这个角度讲,用人单位采取救济措施,保障企业的正常运行,维护企业的合法权益,进而解除无故旷工者的劳动关系并未违反法律规定和劳动合同约定。反之,如果不考虑员工的行为及其造成的后果,而只将程序合法的规章制度作为解除无故旷工者劳动关系唯一合法的依据,难免有些教条主义,且有悖实质正义,形成过度保护劳动者的态势,也必将违背劳动法的立法初衷。劳动合同的履行应当遵循诚实信用的原则,劳动者和用人单位之间除了规章制度的约束之外,实际上也存在很多依据诚实信用原则而应承担的合同义务。《劳动法》第三条第二款关于"劳动者应当遵守劳动纪律和职业道德"等规定,为上述理论提供了法律基础。因此,在没有规章制度或规章制度存在瑕疵的情况下,劳动者违反必须遵守的合同义务或勤勉义务,用人单位以旷工违纪为由解除劳动关系,不具有违法解除的恶意,应当确认用人单位解除的合法性。

当然,并非只要劳动者出现连续旷工的行为,用人单位都可以行使解除权,此时需要结合实际情况判断劳动者旷工行为的严重性,例如给用人单位造成损失的情况、旷工天数、劳动者的恶意程度等。如果实践中劳动者无故旷工,且用人单位多次通知其到岗劳动者仍不到岗,即使未给用人单位造成重大损失,用人单位解除劳动关系也应当具备合法性。当然，还应当考虑劳动者旷工的天数，劳动者连续旷工几日用人单位可以解除劳动合同，在司法实践中是值得探讨和研究的。笔者认为，将连续旷工的天数界定为 15 天是合理的。我们可以从以下相关规定中探寻其合理性：已经于 2008 年 1 月 15 日被废止的《企业职工奖惩条例》第十八条"职工无正当理由经常旷工，经批评教育无效，连续旷工时间超过十五天，或者一年以内累计旷工时间超过三十天的，企业有权予以除名"；《公务员辞退规定（试行）》（人社部发〔2009〕71 号）第四条"公务员有下列情形之一的，予以辞退：……（五）旷工或者因公外出、请假期满无正当理由逾期不归连续超过十五天，或者一年内累计超过三十天的"；《全民所有制事业单位辞退专业技术人员和管理人员暂行规定》第三条"单位对有下列情况之一，经教育无效的专业技术人员和管理人员，可以辞退：……（四）无正当理由连续旷工时间超过十五天，或一年内累计旷工时间超过三十天的"。上述规定均将"连续旷工时间超过 15 天"界定为严重违纪的行为。

因此，原则上用人单位以劳动者无故旷工为由解除劳动关系的，应当按照《中华人民共和国劳动合同法》第三十九条"严重违反用人单位的规章制度的"规定，同时，用人单位需要提供程序和内容均合法的规章制度作为解除依据。但是，也不可教条式地适用法律，需要根据司法实践中的具体情况进行具体分析，基于诚实信用原则，赋予用人单位在规章制度存在瑕疵的情况下的合法解除权。

（中国国际技术智力合作公司法律事务部　田　阔）

40. 劳动管理中的程序价值与社会公共利益的平衡

原告（被申请人）：某驾校
被告（申请人）：潘某

争议焦点

用人单位未按照预设的处罚程序做出并告知劳动者处罚决定，法院及劳动仲裁部门一般应给予否定性评价，但劳动者的违规行为严重威胁到自身、第三人切身利益以及社会公共利益时，法院及劳动仲裁部门应当如何在程序价值与社会公共利益之间进行平衡？

基本案情

2009年9月，某驾校与潘某签订期限至2013年8月31日的劳动合同，约定潘某任职培训部教练员岗位，后双方续订劳动合同至2018年8月31日。2014年5月30日，某驾校因为潘某在2013年度被扣罚12分，对其进行下岗培训，培训合格后，潘某半年内又发生违纪行为，被扣罚9分，故做出与潘某解除劳动合同的决定。2014年8月6日，潘某申诉至劳动仲裁委，要求某驾校支付违法解除劳动合同赔偿金等。2015年1月，劳动仲裁委裁决某驾校支付潘某违法解除劳动合同赔偿金。裁决后，某驾校不服起诉至法院。

一审法院审理期间，某驾校主张其与潘某解除劳动合同属于合法解除，并就此提交以下证据：（1）《关于印发〈绩效管理考核实施细则（2014年修订）〉的通知》《绩效管理考核实施细则（2014年修订）》、公示照片打印件、培训部培训记录。其中《关于印发〈绩效管理考核实施细则（2014年修订）〉的通知》载明：重新修订的《绩效管理考核实施细则（2014年修订）》经某驾校二届七次职工代表大会审议通过后执行。《绩效管理考核实施细则（2014年修订）》第四章第十二条第四项规定：员工在年度内扣分达到12分的，由人力资源部安排员工下岗培训一周，考核合格的返回原部门安排工作，经过培训后上岗或者调整工作岗位，仍不能胜任工作或不服从分配或6个月内（含跨年度考核月份）扣6分的人员，企业与其解除劳动合同。《绩效管理考核实施细则（2014年修订）》附件1规定：擅离职守、脱岗、睡岗、打瞌睡、吸烟的，扣罚6分。公示照片打印件显示某驾校就上述通知及实施细则在厂务公开栏进行了公示。培训部培训记录记载某驾校于2014年1月28日向教练员宣讲了《绩效管理考核实施细则（2014年修订）》。（2）《关于印发〈绩效管理考核实施细则（2013年修订）〉的通知》《绩效管理考核实施细则（2013年修订）》。其中《绩效管理考核实施细则（2013年修订）》规定：员工在年度内扣分达到12分的，在当月到人力资源部办理下岗培训手续，下岗培训人员经培训，人力资源部考核合格的，返回原单位安排工作；经过培训后上岗或者调整工作岗位，仍不能胜任工作（半年内扣6分）或不服从分配的人员，按规定办理解除劳动合同手续。（3）岗位绩效考核标准考试试卷、某驾校员工培训综合知识答卷。上述证据显示潘某于2013年被扣分之后进行了下岗培训，培训内容包括绩效考核实施细则。（4）《员工违规处罚通知单》、核实谈话记录复印件。上述证据显示2013年潘某扣满12分，进行下岗培训，考核合格后上岗，之后半年内又发生违纪行为被扣9分。其中《员工违规处罚通知单》备注栏均显示"检查人员两人以上签字有效，责任人签字有效"，但2013年12

月30日及2014年2月23日《员工违规处罚通知单》中责任人签字栏无潘某本人签字,且检查人员只有赵涛一人的签字。(5)客服中心与学员王某的录音及文字整理材料。该证据显示潘某在岗期间睡觉,被学员投诉,某驾校于2014年2月23日对其进行处罚。(6)视频资料。该证据显示潘某于2014年2月23日在执教期间存在多次睡觉的情况。(7)某驾校培训部《关于培训部潘某扣罚情况说明及处理意见》。该证据内容为:"经培训部研究决定,根据违规性质将潘某提交人力资源部处理。"(8)《关于解除潘某同志劳动合同的决定》及EMS快递单。上述《关于解除潘某同志劳动合同的决定》载明:"企业根据以下条款认定潘某属于'严重违反用人单位的规章制度'解除潘某的劳动合同:1.该同志违反《劳动合同法》第三十九条第(二)项之规定;2.该同志违反《劳动合同书》第十九条第二款的规定,属于严重违反用人单位的规章制度;3.该同志违反《绩效管理考核实施细则》第四章第十二条第4项第4小项的规定'经过培训后上岗,6个月内(含跨年度考核月份)扣6分的人员,企业与其解除劳动合同'。"EMS快递单显示寄送《关于解除潘某同志劳动合同的决定》的快递件被拒收。(9)工会关于解除潘某劳动合同意见复印件。该证据显示某驾校工会同意某驾校做出的解除潘某劳动合同的决定。

二审法院审理期间,某驾校同意按照《中华人民共和国劳动合同法》第四十条、第四十七条之规定向潘某支付解除劳动合同经济补偿及未提前三十日通知解除劳动合同的代通知金。经法院向潘某释明,潘某表示如果法院认定某驾校属于合法解除劳动合同,其同意变更诉讼请求为要求某驾校支付解除劳动合同经济补偿及未提前三十日通知解除劳动合同的代通知金。

审理结果

一审法院经审理认为:某驾校提交的2013年12月30日及

2014年2月23日处罚通知单上备注栏显示"检查人员两人以上签字有效,责任人签字有效",而该两份处罚通知单中责任人签字栏没有潘某本人签字,且检查人员只有一人签字,某驾校对此没有做出合理解释,故认定某驾校2013年12月30日及2014年2月23日做出的两次处罚无效,不能证明潘某下岗培训合格后半年内又发生违纪行为被扣罚9分,亦不能以此为依据与潘某解除劳动关系。故法院认定某驾校与潘某解除劳动关系的行为属于违法解除,判决:某驾校支付潘某违法解除劳动合同赔偿金85 080元。

二审法院经审理认为:某驾校出具的多份《员工违规处罚通知单》的备注栏均载有"检查人员两人以上签字有效,责任人签字有效"的内容,由此可见"两名以上检查人员进行检查并告知违规劳动者后,要求违规劳动者签字"系某驾校在日常劳动管理中对违规劳动者正常实施的处罚程序。但是,某驾校于2014年2月23日发现潘某在执教期间多次睡觉的事实后,并未安排两名以上检查人员对潘某实施检查,亦无证据显示其将扣罚6分的处罚决定向潘某进行了告知,故某驾校对潘某实施的处罚程序存有明显瑕疵,法院及劳动仲裁部门应当对该处罚决定的效力进行严格审查。然而,潘某从事的驾校教练职业属于特殊职业,其劳动过程事关自身及学员的生命安全,如果放任其在劳动过程中漠视安全、玩忽职守、违章作业,将可能对自身、学员及潜在的有学车意愿的社会公众的生命安全产生巨大威胁,因此,某驾校严格要求潘某遵守最基本的劳动纪律和职业道德并无不当。由此可见,只有维护驾校教练最基本的劳动纪律,方能实现保护教练员和学员切身利益以及潜在的社会公共利益之目标,故在已有视频资料等证据足以证明潘某存在执教期间多次睡觉的违规行为时,即便某驾校实施的处罚程序存有瑕疵,法院亦认为某驾校做出的扣6分的处罚决定不应予以否定。因潘某属于经下岗培训重新上岗后6个月内又被扣6分的人员,而《绩效管理考核实施细则(2014年修订)》中规定下岗培训合格后6个月内又被扣6分的后果与不胜任工作并列，均属于可解除劳动合同的情形，《绩效管理考核实施细则（2013年修订）》更是将不胜任工作直接指代为"半年内扣6分"，因此某驾校与潘某解除劳动合同符合《中华人民共和国劳动合同法》第四十条之规定，并不构成违法解除劳动合同。在潘某从事驾校教练这一特殊职业且执教期间多次睡觉的事实可以查实的情况下，原审法院仅以某驾校《员工违规处罚通知单》存有瑕疵为由认定某驾校构成违法解除劳动合同不当，应予纠正。某驾校同意按照《中华人民共和国劳动合同法》第四十条、第四十七条之规定向潘某支付解除劳动合同经济补偿及未提前三十日通知解除劳动合同的代通知金，潘某亦同意变更其诉讼请求为要求某驾校支付解除劳动合同经济补偿及未提前三十日通知解除劳动合同的代通知金，法院对此予以确认。

评析意见

某驾校提交的《员工违规处罚通知单》、核实谈话记录复印件、岗位绩效考核标准考试试卷、某驾校员工培训综合知识答卷、视频资料、客服中心与学员王某的录音及文字整理材料等证据足以证明潘某于2013年因违反规定被扣罚12分进行下岗培训，经培训合格再次上岗后，于2014年2月23日在执教期间多次睡觉的事实。然而，某驾校出具的2014年2月23日《员工违规处罚通知单》显示"检查人员"一栏仅有赵涛一人签字，"责任人签字"一栏亦无潘某本人签字，但该通知单的备注栏却显示"检查人员两人以上签字有效，责任人签字有效"，由此可见，上述2014年2月23日《员工违规处罚通知单》因形式要件欠缺而未发生效力。现某驾校在2014年2月23日《员工违规处罚通知单》未发生效力的情况下仍做出解除潘某劳动合同的决定，潘某不服某驾校上述解除劳动合同的决定并诉诸司法程序。据此，在已有视频资料等证据足以证明潘某存在违规行为的情况下，某驾校未按照预设的处罚程序对潘某实施处罚从而导致《员工违规处罚通知单》未发生效力，上述情形是否对某驾校的违规处罚决定以及解除劳动合同决定产生否定效力，法院及劳动仲裁部门对此应当如何审查，成为本案审理的关键点。

对此，我们认为，在劳动者发生违纪行为时，用人单位通常会按照预设的处罚程序做出处罚决定并告知劳动者，上述处罚程序的实施对于保障劳动者的申辩权、知情权、救济权等权利具有重要意义。因此，对于用人单位未按照预设的处罚程序做出并告知违规劳动者的处罚决定，法院及劳动仲裁部门一般应给予否定性评价。然而，上述审理思路并不能绝对适用于任何情况，一旦劳动者的违规行为严重威胁到自身、第三人切身利益以及社会公共利益时，法院及劳动仲裁部门就必须在程序价值与社会公共利益之间进行平衡，并做出有利于保护社会公共利益的判断。

《中华人民共和国民法通则》第七条规定：民事活动应当尊重社会公德，不得损害社会公共利益，扰乱社会经济秩序。《中华人民共和国劳动法》第三条第二款规定：劳动者应当完成劳动任务，提高职业技能，执行劳动安全卫生规范，遵守劳动纪律和职业道德。由上述规定可见，劳动者在充分享有劳动权利的同时，亦应当遵守劳动纪律和职业道德，尊重社会公德，不得损害社会公共利益。我们在此对全体劳动者做如下提示：在劳动过程中，应当将保护自身及他人生命安全等切身利益作为最基本的劳动纪律和职业道德予以遵守，不得从事有损社会公德以及社会公众利益的违规及违法行为，始终做到守法守纪，对自身、他人及社会高度负责。同时指出，鉴于用人单位在劳动管理中实现"程序正义"对于优化用人单位的人文环境、体现公平公正劳动管理的重要价值，亦在此提示某驾校等用人单位在对劳动者实施处罚时应当强化程序观念，在预设的程序基础上实现符合法治精神的劳动管理。

（北京市第二中级人民法院　窦江涛）

41. 劳动者不胜任工作，如何对其培训才属于劳动法意义上的不胜任工作培训

上诉人（原审被告）：某通信技术公司
被上诉人（原审原告）：刘某

争议焦点

劳动者不胜任工作，如何对其培训才是劳动法意义上的不胜任工作培训？

基本案情

刘某于 2011 年 9 月 5 日入职某通信技术公司任应用工程师，负责手机测试工作，某通信技术公司与刘某签订了无固定期限劳动合同。

2013 年 12 月 12 日，刘某的主管张某通过电子邮件告知刘某，同事对其工作不满意。2013 年 12 月 26 日，刘某的主管张某通过电子邮件告知刘某其工作中存在的问题。2014 年 1 月 13 日至 2014 年 1 月 22 日期间，刘某的同事多次因刘某的工作存在问题而对刘某进行投诉。2014 年 1 月 16 日，某通信技术公司以"学习能力较低，无法按时完成工作任务为由"向刘某送达行为改正计划，并告知刘

某"若员工在计划执行期限内失败或没有明显进步迹象,员工会被解除与某通信技术公司劳动合同"。

2014年1月23日至2014年3月6日期间,刘某的主管张某每周都通过电子邮件告知刘某,管理团队对其行为改正计划的实施情况表示不满;上述期间,刘某还因工作效率低下、设备使用等问题被其同事多次投诉。

刘某的同事分别在2014年1月16日、2014年1月24日、2014年2月27日通过电子邮件向刘某发送了有关FLASH软件、机器人自动化、NFC方面的学习资料。2014年2月14日,刘某的主管张某通过电子邮件告知刘某改进工作的方式,其中同时载明刘某已参加过有关培训。

2014年3月14日,某通信技术公司向刘某送达解除劳动合同通知书,以刘某不胜任工作且经过培训后仍不胜任工作为由,决定于2014年3月14日与刘某解除劳动合同;刘某当日与某通信技术公司办理了工作交接。2014年11月18日,某通信技术公司将其与刘某解除劳动合同的情况告知了工会联合会。

2014年8月15日,刘某提出仲裁申请,要求继续履行与某通信技术公司签订的无固定期限劳动合同。仲裁委裁决驳回刘某的申请请求。刘某不同意该裁决,起诉至北京市大兴区人民法院。

庭审中,某通信技术公司称其在发现刘某不胜任工作后,向刘某提供了三种方式的培训。即:刘某有问题可以随时问同事或主管,由相关人员给予一对一的解答;刘某的主管和同事针对相关问题向刘某做出解答;向刘某提供学习资料以及向刘某发送载有工作步骤的材料。

刘某称某通信技术公司从未对其进行过实质意义上的培训。

审理结果

一审法院认为:根据已查明的事实,某通信技术公司所称的劳动者有问题随时问同事或主管，由相关人员给予一对一解答的所谓培训方式，实际上是由劳动者就工作中的问题主动向相关人员提问，而非某通信技术公司对劳动者进行的培训；劳动者的主管和同事针对相关问题向劳动者做出的解答亦为工作团队能够协同工作的基本要求，不能视之为培训；某通信技术公司所称的其公司向劳动者提供学习资料以及向劳动者发送载有工作步骤的材料，只是为劳动者了解相关工作或流程提供了条件，亦不能称之为培训。综上，某通信技术公司以劳动者不胜任工作，且经过培训后仍不胜任工作为由与劳动者解除劳动合同的行为违反法律规定，对劳动者关于要求撤销某通信技术公司解除劳动合同通知书，某通信技术公司继续与其履行双方签订的无固定期限劳动合同的诉讼请求，法院予以支持。

二审法院认为：某通信技术公司与刘某解除劳动合同，不符合《中华人民共和国劳动合同法》第四十条之规定。理由如下：首先，某通信技术公司并未提交经刘某确认的工作岗位要求，亦未提交充分证据证明刘某实际工作与工作岗位要求之间存在差距，故某通信技术公司认定刘某不胜任工作的依据并不充分。其次，某通信技术公司虽主张对刘某进行了培训，但实际采取的由刘某向同事或主管提问、向刘某提供学习资料及载有工作步骤的材料等三种方式并不符合《中华人民共和国劳动合同法》第四十条所规定的培训。第三，某通信技术公司对刘某进行的所谓培训结束后，并未安排刘某重新开展工作，此后亦未对刘某的实际工作和岗位要求之间是否存在差距进行评估，故某通信技术公司认定刘某经培训后仍不胜任工作，欠缺程序要件，显属不当。综上，法院判决某通信技术公司与刘某继续履行双方签订的无固定期限劳动合同。

评析意见

1. 如何认定劳动者不能胜任工作

劳动者不能胜任工作，是指劳动者不能按照要求完成劳动合同中约定的任务或者同工种、同岗位人员的工作量。劳动者不能胜任工作应当与消极怠工、不服从工作安排区分开。不能胜任工作应当是劳动者主观上虽然有努力工作的愿望，但由于智力、体力、技能等各方面的原因而无法完成工作，而消极怠工和不服从工作安排则是劳动者主观上不具备积极努力的愿望，是可以做好而故意不做好。根据我国劳动法保护劳动者的立法精神，用人单位主张劳动者不能胜任工作的，应当承担相应的举证责任。

首先，用人单位需要提供劳动者应当完成工作量或工作任务的标准，作为对劳动者进行考核的依据。一般而言，用人单位需要在劳动合同中就工作岗位、工作内容进行明确约定，再根据劳动者的岗位在单位的考核制度中找到与岗位相关的具体考核标准，考核标准应当明确区分何种情况下属于胜任工作，何种情况下属于不能胜任工作。当然，该考核制度有效的前提是用人单位已经履行了告知义务，让员工知晓并确认单位的考核制度以及考核方式。

其次，用人单位需要严格依照约定的考核标准对劳动者进行考核，考核过程需要劳动者确认，以示劳动者对考核的公平性和权威性没有异议。用人单位的绩效考核过程要严格依照单位考核规定执行，严防随意性考核。考核应当由专职部门负责，依照既定的考核方案和工作流程有序进行，可以采用员工自评、同事互评、领导评价等方法，通过面谈和书面考查相结合的方式进行，将考核过程中的事项进行量化处理，以符合考核标准的要求。整个过程都需要劳动者的配合，并要求劳动者对考核过程进行确认，确保劳动者对考核的公平性合理性不存异议。

最后，对于考核结果的处理，考核结果出来后，需要送达劳动者，以表格形式将考核中的各项罗列清楚，并要求劳动者签字确认，如其对考核结果有异议，则告知其解决异议的途径。

经过以上程序，方可认定劳动者不能胜任工作。经考核确认劳动者不能胜任工作后，用人单位可以对劳动者进行培训或调岗。

2. 如何培训才属于劳动法意义上的不胜任工作培训

一般而言，广义的用人单位培训是指用人单位开展的，为提高劳动者素质、能力、工作绩效和对组织的贡献而实施的，有计划、有系统的培养和训练活动。目标就在于使员工的知识、技能、工作方法、工作态度以及工作的价值观得到改善和提高，从而发挥出最大的潜力以提高个人和组织的业绩，推动组织和个人的不断进步，实现组织和个人的双重发展。

而我们讨论的劳动者不胜任工作的培训是特指劳动者的劳动技能无法达到岗位要求，旨在提高劳动者的劳动技能，使劳动者符合其岗位要求而进行的专项职业技能培训。

结合培训的含义，可以发现培训具有以下特点：

（1）目的性

用人单位为员工提供培训是出于提高员工的知识技能、工作能力等目的，使员工能够更好地为用人单位服务。而不胜任工作的培训目的在于提高劳动者的劳动技能，使其能够完成其所在岗位的工作要求，简单说，就是通过培训让劳动者达标，而不是提升。

（2）主动性

用人单位培训必须是用人单位主导的，用人单位需主动安排单位人员或是聘请外部讲师对员工进行授课，提供相关学习资料，并进行结业考查或记录。而不胜任工作的培训更能体现出培训的主动性，它是用人单位针对特定劳动者专门进行的培训，这种专门的培训包括安排培训老师，提供培训时间、培训场地等。而在案例中，用人单位并没有安排专门的老师，也没有安排特定的培训时间，培训缺乏主动性。

（3）互动性

用人单位对员工进行培训需要员工的配合。在培训过程中，用人单位会要求员工遵守相关纪律，培训结束后，用人单位会要求员工对培训进行总结或提交学习心得。而不胜任工作的培训不仅要求劳动者对培训进行总结,最重要的是考查劳动者通过培训劳动技能是否已达到岗位要求。

(4) 时间性

学习是一个过程,培训需要一定的时间,用人单位提供培训的,必须给劳动者安排时间。而不胜任工作的培训时间应当以劳动者工作技能可以达标时结束,具体多长时间,要看岗位的性质和劳动者自身的能力。

正如霍姆斯那句名言所讲,法律的生命始终不是逻辑,而是经验,可感知的时代必要性、盛行的道德理论和政治理论公共政策的直觉知识,甚至法官及其同胞所共有的偏见等,所有这一切在确定支配人们所依据的规则时,比演绎推理具有更大的作用。在劳动法实践过程中,法官据以判断用人单位所提供的培训能不能构成劳动法意义上的培训时,其所依据的依然是生活经验,也就是上述一般意义上的培训的概念,只是法官会依据自身经验对相关事实进行综合判断。

就生活经验来说,培训的目的是不言自明的,用人单位安排劳动者培训这一行为已经包含了希望员工能够更好地为企业服务的目的;就主动性来说,用人单位需证明其主动为员工提供培训,而不是要求员工自主学习,要求员工自主学习或是让其主动求教都已经违反了培训对用人单位主动性的要求,因为用人单位将这一主动性要求转移给了劳动者;互动性要求用人单位提供一些培训中培训讲师与劳动者互动的证据,比如劳动者完成的作业、回答问题的照片、教学过程的视频等,需证明劳动者参加到培训中,不胜任工作的培训,还要证明劳动者通过培训已经达到岗位的基本要求;关于时间性要求,对于培训的时间,各地判断标准不一,也无法统一。

结合本案,用人单位主张采取的三种"培训方式",包括劳动者向同事或主管提问,用人单位向劳动者提供学习资料、提供载有工作步骤的材料,均不符合上述培训的一般经验,法院也就难以将上述三种方式认定为劳动法意义上的培训。

3. 以劳动者不能胜任工作解除劳动合同的程序

《中华人民共和国劳动合同法》第四十条规定,劳动者不能胜任工作,经过培训或者调整工作岗位仍不能胜任工作的,用人单位提前三十日以书面形式通知劳动者本人或者额外支付劳动者一个月工资后,可以解除劳动合同。根据该规定,用人单位如以劳动者不能胜任工作为由与劳动者解除合同,需满足以下要件:

(1) 劳动者不能胜任工作

如前所述,用人单位需要先确认劳动者不能胜任工作,并提供相关证据。

(2) 经过培训或者调岗仍然不能胜任工作

对劳动者进行培训后,要安排劳动者回到原岗位工作,经过一段合理时间,用人单位再依照相关程序对劳动者进行第二次考核,如果劳动者考核不合格,依然不能胜任工作,用人单位这时才能解除劳动合同。

经过培训,劳动者培训考试不合格,如果用人单位直接解除劳动合同,将被视为违法解除。本案中,用人单位以劳动者行为改正计划不合格为由直接解除劳动合同,没有获得法院认可。

(3) 提前30日以书面形式通知或者额外支付1个月工资

用人单位履行了上述义务后,劳动者仍然不能胜任工作,说明劳动者不具备在该用人单位工作的职业能力,用人单位可以在提前30日以书面形式通知劳动者本人或者额外支付劳动者1个月工资的前提下,与劳动者解除劳动合同。

(北京东合律师事务所 郝云峰 刘迎冬)

42. 用人单位违法解除劳动合同时，合同解除时间的确定及违法解除期间的工资支付标准

原告（被申请人）：甲公司
被告（申请人）：梁某某

争议焦点

1. 用人单位违法解除劳动合同时，合同解除时间如何确定？
2. 如何确定未实际到岗工作期间劳动者的工资支付标准？

基本案情

梁某某于2013年7月1日入职甲公司，双方签订有期限为2013年7月1日至2018年9月30日的劳动合同，试用期为2013年7月1日至2013年11月1日。劳动合同约定，在试用期内，如果梁某某不符合录用条件，甲公司可解除劳动合同。梁某某试用期月工资为8 000元，转正后月工资为10 000元。

关于最后出勤时间，甲公司主张梁某某最后出勤至2013年10月30日，打卡记录显示2013年11月4日有梁某某上班打卡记录。梁某某主张其最后出勤至2013年11月4日。关于劳动关系的解除，梁某某主张2013年11月4日甲公司强行将其赶出公司，但双

方的劳动关系当时并未解除,此后甲公司既不让其上班也不支付工资,故其于2014年3月13日以甲公司未足额支付工资为由向甲公司书面提出解除劳动关系。甲公司主张其因梁某某试用期不合格,故依据劳动合同及绩效考核管理办法与梁某某解除劳动关系。甲公司提交:(1)职位说明书,其上无梁某某签名。(2)绩效考核管理办法及规章制度学习确认单。其中,规章制度学习确认单有梁某某签名,显示梁某某学习知晓的内容包括"绩效考核方案";绩效考核管理办法第5.4.2条显示绩效考核结果的应用方向与员工转正、调职、调薪、提奖挂钩,另显示考核得分低于60分的属于考核等级的D档,对应绩效工资为0。(3)2013年7月至10月的员工月度绩效考核表,显示梁某某2013年7月至10月的绩效考核终审得分分别为23.5分、20.5分、35分、34分。

另,梁某某主张其2013年10月1日至2013年11月4日期间正常出勤,但甲公司未支付此期间的工资,故其要求甲公司支付上述期间工资以及2013年11月5日至2014年3月13日的工资损失。甲公司主张因梁某某未办理离职手续,故其未发放梁某某2013年10月1日至2013年10月30日的工资。

2014年3月13日,梁某某就双方的劳动争议向仲裁委申请劳动仲裁,甲公司不服仲裁裁决,诉至法院。

审理结果

一审法院于2014年12月23日做出判决:(1)确认甲公司与梁某某于2013年7月1日至2014年3月13日期间存在劳动关系。(2)甲公司于判决生效之日起7日内支付梁某某2013年10月1日至2013年10月30日及2013年11月5日至2014年3月13日期间的工资总额49 471元。(3)甲公司于判决生效之日起7日内支付梁某某解除劳动关系的经济补偿金10 000元。(4)驳回甲公司的全部诉讼请求。二审法院于 2015 年 5 月 18 日做出民事调解书。

一审法院裁判认为：本案中，甲公司虽主张梁某某试用期期间不符合录用条件，但其所提交的职位说明书无梁某某签名，梁某某对该说明书不予认可，甲公司亦未能提交其他证据证明梁某某所应符合的录用条件；甲公司所提交的绩效考核管理办法并未规定如果绩效考核成绩为"D"，其可解除劳动关系，故其解除梁某某劳动关系的行为并无依据。另，甲公司尚有工资未支付梁某某，故梁某某以此为由解除劳动关系于法有据，一审法院确认双方于 2013 年 7 月 1 日至 2014 年 3 月 13 日期间存在劳动关系，仲裁裁决甲公司支付梁某某解除劳动关系的经济补偿金 10 000 元并无不当。

关于工资，甲公司应向梁某某支付 2013 年 10 月 1 日至 2013 年 10 月 30 日的试用期工资 8 000 元；另因 2013 年 10 月 31 日至 2013 年 11 月 3 日未显示有考勤记录，而 2013 年 11 月 4 日的考勤记录仅显示梁某某有上班打卡记录、无下班打卡记录，故甲公司无须支付梁某某 10 月 31 日至 11 月 4 日的工资；因一审法院对甲公司违法解除劳动关系的事实予以采信，故甲公司应支付梁某某 2013 年 11 月 5 日至 2013 年 3 月 13 日未到岗工作期间的工资损失。

甲公司不服一审法院判决，向二审法院提起上诉。在二审期间，梁某某认可 2013 年 11 月 4 日看到甲公司的《开除通知》。最后，本案在二审法院主持下双方最终达成了调解协议。

评析意见

本案是用人单位在试用期内解除与劳动者的劳动合同而引发的纠纷。本案的争议问题在于劳动合同解除时间的确定以及梁某某未实际到岗工作期间的工资支付标准。

1. 用人单位违法解除劳动合同时合同解除时间的确定

本案中，梁某某于 2013 年 11 月 4 日收到甲公司的《开除通知》，自 2013 年 11 月 5 日至 2014 年 3 月 13 日期间梁某某未实际工作，2014 年 3 月 13 日，梁某某在申请仲裁当日书面向甲公司提出解除劳动合同。

本案的特别之处在于：第一，梁某某在提起仲裁时并未要求甲公司继续履行劳动合同，而是主张双方劳动关系未解除。第二，自 2013 年 11 月 4 日甲公司发出违法解除通知至 2014 年 3 月 13 日梁某某提出解除劳动合同跨时近 5 个月之久。因此，双方就此期间内劳动关系的存续期间以及工资支付问题在认识上产生巨大分歧。

在本案二审审理过程中，关于双方劳动关系解除时间的确定存在两种不同意见：

（1）以 2013 年 11 月 4 日梁某某收到甲公司的《开除通知》作为双方劳动合同解除的时间。

（2）以 2014 年 3 月 13 日梁某某书面向甲公司提出解除劳动合同的时间作为双方劳动合同解除的时间。

第一种意见认为，2013 年 11 月 4 日梁某某确认收到《开除通知》时双方劳动合同解除，因为梁某某直至 2014 年 3 月 13 日向仲裁委提起劳动仲裁时才向甲公司书面提出解除劳动关系。梁某某在提起仲裁时并未要求甲公司继续履行劳动合同，而是主张双方劳动关系未解除，要求甲公司支付解除劳动关系的经济补偿金。2013 年 11 月 5 日至 2014 年 3 月 13 日，梁某某并未实际工作，故梁某某主张双方劳动关系存续至 2014 年 3 月 13 日不能成立。用人单位和劳动者均有权选择解除劳动合同，如果用人单位解除劳动关系行为违法，法律也明确规定了相应的处理方式，即应当向劳动者支付经济赔偿金。第二种意见认为，第一种处理方案承认了甲公司单方面做出的解除劳动合同行为违法，但又确认了双方劳动关系正式解除，即承认一个违法的行为可以产生一个受法律保护的合法的法律后果，这在法理上是讲不通的。用人单位违法解除劳动合同，对劳动者不产生解除劳动合同的效力。仲裁委和一审法院均持第二种观点,该观点认为甲公司与梁某某解除劳动关系的行为违法,故应采信梁某某关于双方劳动关系未解除的主张,并最终确认梁某某提出解除劳动关系的时间为劳动合同解除的时间。

如果用人单位解除劳动关系行为违法,尽管法律明确规定了由用人单位向劳动者支付经济赔偿金的处理方式,但是法律仍赋予劳动者选择继续履行劳动合同的权利。本案中,劳动者虽然没有明确提出要求继续履行劳动合同,但其明确表示用人单位违法解除通知送达的时间劳动合同不应予以解除,而其后又明确向用人单位提出了书面解除劳动合同。因此,在本案中不应通过任意解释的方式确认用人单位违法解除通知到达劳动者的时间作为双方劳动合同解除的时间。尽管本案二审最终以调解方式结案,但二审法院对于确认劳动合同解除时间的倾向性意见为:用人单位违法解除劳动合同,劳动者不要求继续履行劳动合同或者劳动合同已经不能继续履行的,劳动者明示不要求继续履行劳动合同或者确认劳动合同已经不能继续履行的时间应确定为劳动合同的解除时间。

2. 未实际到岗工作期间劳动者的工资支付标准

在本案中,劳动者虽然没有明确提出要求继续履行劳动合同的诉讼请求,但笔者认为,对于2013年11月4日至2014年3月13日期间劳动者的工资处理应当参照劳动者要求继续履行劳动合同情形下对于该期间工资报酬支付的处理方式。关于用人单位做出违法解除的处理决定至诉讼期间的工资标准问题,实践中存在按照当地最低工资标准、本市职工上年度月平均工资标准、提供正常劳动应得工资标准以及根据程序方面或实体方面分情况处理等多种审理意见。

北京市高级人民法院、北京市劳动争议仲裁委员会2009年8月17日《关于劳动争议案件法律适用问题研讨会会议纪要》(以下简称《会议纪要》)中规定了相关的处理原则,即:用人单位做出的处理决定仅因程序方面存在瑕疵而被依法撤销的,用人单位应按最低工资标准向劳动者支付上述期间工资;若处理决定因实体方面存在问题而被依法撤销的,用人单位应按劳动者正常劳动时的工资标准向劳动者支付上述期间的工资。还有观点认为,劳动者要求支付违法解除劳动合同期间的工资,劳动者在仲裁、诉讼期间的劳动报酬应当按照用人单位违法解除劳动合同前劳动者提供正常劳动应得工资计算。① 综合上述两种意见,笔者认为,用人单位违法解除劳动合同,劳动者要求支付违法解除劳动合同期间的工资标准应当以用人单位违法解除劳动合同前劳动者提供正常劳动应得工资为基本处理原则。总体上,应根据《会议纪要》中规定的原则予以把握。

按照提供正常劳动应得工资标准处理未实际到岗工作期间劳动者的工资支付标准问题,笔者认为主要基于以下几方面原因:

(1)《中华人民共和国劳动法》第九十八条规定,用人单位违反本法规定的条件解除劳动合同,对劳动者造成损害的,应当承担赔偿责任。用人单位单方做出的解除劳动合同决定被撤销或确认违法,劳动者和用人单位的劳动关系继续有效。虽然劳动者未提供劳动,但未提供劳动的原因是用人单位的违法解除行为造成的,因此,劳动者不应当为此承担不利的法律后果。

(2)违法解除行为可能导致用人单位高昂的成本,用人单位应当对自身做出的违法解除行为承担相应的法律风险。

(3)由于法律对于劳动争议案件的仲裁时效具有明确的规定,劳动者就相关争议在法定期限内提起仲裁,应当视为劳动者在合理的时间行使自身权利,不能认定为劳动者恶意拖延。此外,程序法对于诉讼的审理期限具有相应规定,仲裁委和法院能在可以预见的期间内对案件进行处理,用人单位对于可能承担的法律责任应当具

---

① 王林清,杨心忠. 劳动合同纠纷裁判精要与规则适用 [M]. 北京:北京大学出版社,2014:219.

有预见性，其可以采取各种措施尽量减少和避免损失扩大。

（4）尽管由于劳动者仲裁或诉讼行为的不确定性可能造成双方劳动关系存续期间不确定的状态，但是如果劳动者恶意拖延，其自身无法再与其他单位建立新的劳动关系，也会为此承担更大的成本。

由于现实生活的复杂性，在具体案件的审理过程中，还应结合劳动者的具体岗位特点、工资标准、工资构成、争议发生后的离岗期间等因素综合认定上述期间的工资标准。

本案产生争议问题的根本原因在于用人单位管理模式的缺陷以及规范制度的不健全。用人单位在劳动者管理的各个环节都应当注重法律风险的防控。在劳动者入职前应当进行背景调查，最大限度减少不符合用人单位录用标准的人员进入单位，并应以谨慎诚信的态度与劳动者订立和履行劳动合同，避免留下隐患。在解除劳动合同过程中，用人单位应当按照《中华人民共和国劳动合同法》关于劳动合同的"解除和终止"中所规定的情形，严格依照法定条件和程序解除和终止劳动合同，并根据相关条款向劳动者足额支付经济补偿金，避免自身损失不断扩大。当发生劳动争议时，劳动者和用人单位均应当积极进行协商处理，必要时及时进行仲裁和诉讼，避免由于拖延处理而使得劳动关系长期处于未决状态，产生不利的法律后果。

（北京市第三中级人民法院　孙　京　赵　霄）

43. 如何认定用人单位未依法缴纳社会保险费而导致劳动者解除劳动合同并请求支付经济补偿金

申请人（被告/上诉人）：王某
被申请人（原告/被上诉人）：S公司

争议焦点

如何认定《中华人民共和国劳动合同法》第三十八条第一款规定的用人单位"未依法为劳动者缴纳社会保险费"？

基本案情

一审法院查明，王某于2002年9月6日进入S公司工作，离职前任自主产品经营部经理，双方已经续订了无固定期限劳动合同，实行不定时工时。2014年10月15日，王某以S公司未为其足额缴纳社会保险费为由提出辞职，并要求S公司给付经济补偿金。根据王某提交的建设银行个人活期明细查询单计算，王某2013年度月平均实发工资为10 059.03元。S公司每月从王某的工资中代扣个人所得税1 322.01元，代扣社会保险费1 246.41元及公积金480元。S公司为王某缴纳的2014年度社会保险缴费基数为11 331元。王某向天津市某区劳动人事争议仲裁委员会申请仲裁，该委员会于 2015 年 1 月 22 日做出仲裁裁决书，裁决：(1) 双方劳动合同自 2014 年 10 月 15 日解除。(2) S 公司一次性向王某支付解除劳动合同经济补偿金 159 009.96 元。(3) 驳回王某的其他仲裁申诉请求。现 S 公司对于仲裁裁决的第一项、第三项表示同意，对第二项不服，向一审法院提起诉讼，诉讼请求为：(1) S 公司不予承担解除劳动合同经济补偿金人民币 159 009.96 元。(2) 本案诉讼费由王某承担。王某表示同意仲裁裁决。

二审期间，双方认同王某 2013 年度月平均应发工资 13 107.45 元，月平均实发工资为 10 059.03 元。天津市 2014 年度社会保险缴费最高基数为 12 780 元。王某认为，S 公司应当以 12 780 元基数为其缴纳社会保险，S 公司认为应当以王某的实发工资为其缴纳社会保险。

审理结果

一审法院认为，双方系劳动关系。根据《中华人民共和国劳动合同法》规定，用人单位未依法为劳动者缴纳社会保险费的，劳动者可以解除劳动合同，用人单位应当向劳动者支付经济补偿。现 S 公司作为用人单位已经为王某缴纳了社会保险费，社会保险机构对此也依法予以认可，王某无证据证实 S 公司未依法为其缴纳社会保险费，故王某提出以 S 公司未为其足额缴纳社会保险费为由辞职要求给付经济补偿金的主张，缺乏法律依据，对于 S 公司起诉要求不予承担解除劳动合同经济补偿金人民币 159 009.96 元的请求，应予以支持。一审法院依照《中华人民共和国劳动合同法》第三十八条、《最高人民法院关于适用〈中华人民共和国民事诉讼法〉的解释》第九十条之规定判决：(1) 双方劳动合同自 2014 年 10 月 15 日解除。(2) 准许 S 公司不支付王某解除劳动合同经济补偿金 159 009.96 元。

王某不服此判决，提起上诉，请求：(1)撤销原判第二项，改判 S 公司一次性支付解除劳动合同经济补偿金 159 009.96 元。(2)两审案件受理费由 S 公司承担。主要理由：S 公司未依法为王某足额缴纳社会保险费，故其提出辞职，S 公司应支付解除劳动合同经济补偿金。S 公司同意原判决。

二审法院认为，王某认为 S 公司未足额为其缴纳社会保险费而与 S 公司解除劳动关系并主张 S 公司给付其经济补偿金。本案事实表明，S 公司已经为王某缴纳了社会保险费，王某的主张并不符合《中华人民共和国劳动合同法》第三十八条及第四十六条的规定，一审判决并无不当。如 S 公司确实未能足额为王某缴纳社会保险费，王某可向相关机关主张权利。二审法院最终判决：驳回上诉，维持原判。

评析意见

《中华人民共和国劳动合同法》（以下简称《劳动合同法》）第三十八条第一款"用人单位有下列情形之一的，劳动者可以解除劳动合同：……（三）未依法为劳动者缴纳社会保险费的"，以及该法第四十六条的规定，劳动者因上述情形主动解除劳动合同的，用人单位应当支付经济补偿金。如何理解用人单位未依法为劳动者缴纳社会保险费，成为此类案件裁判的关键。劳资双方在利益立场上虽有差异，但是根本利益应当是一致的，过分偏私任何一方都不利于和谐稳定的劳动关系和生产经营的正常进行。故，结合《劳动合同法》的立法精神和司法实务中总结的实践理性，认定用人单位未依法缴纳社会保险费应当坚持主客观标准相结合的司法尺度。

1. 客观标准的适用

根据《中华人民共和国社会保险法》（以下简称《社会保险法》）第五十七条、第五十八条、第六十条、第六十一条、第六十二条、第六十三条、第八十四条、第八十六条,以及人力资源和社会保障部《社会保险费申报缴纳管理规定》的相关规定,依法为劳动者缴纳社会保险费应当包括两个方面:第一,依法为劳动者办理社会保险登记;第二,依法及时足额缴纳社会保险费。用人单位是否依法为劳动者办理社会保险登记,实践中比较容易查实,只需要向社会保险经办机构调查咨询即可获得是否已经办理社会保险登记的信息,而是否依法及时足额缴纳社会保险费则是司法实践中认定案件事实的难点,这其中又以是否足额缴纳为难中之难。未依法及时足额缴纳社会保险费包括以下情形:第一,申报后未按时足额缴纳社会保险费的;第二,因瞒报、漏报职工人数、缴费基数等事项而少缴社会保险费的。实践中有观点认为,法院应当根据法律法规的规定对用人单位申报的劳动者社会保险费缴费基数进行实质性审查,发现低于法律法规规定标准的,即应认定用人单位未依法足额缴纳社会保险费。笔者认为,这种观点混淆了司法权力与行政权力的界限,容易对社会保险费缴纳秩序造成不良影响,不宜作为司法审判的标尺。

首先,社会保险费的核准、追缴等权力系属于社会保险机构的法定性专属权力。根据《社会保险法》第五十七条第一款、第六十三条第一款,国务院《社会保险费征缴暂行条例》第十条、第十三条,人力资源和社会保障部《社会保险费申报缴纳管理规定》第三条,社会保险经办机构负有对用人单位申报的材料是否齐全、缴费基数和费率是否符合规定、填报数量关系是否一致等进行核定的责任,核准后需要向用人单位出具缴费通知单。此外,按照《社会保险法》第六十三条、第八十六条的规定,社会保险经办机构还拥有对用人单位未及时足额缴纳社会保险费的追缴、处罚等权力。由此可见,是否及时足额缴纳社会保险费的核定与确认职责归属于社会保险经办机构,该权力是依法属于社会保险经办机构的专属性权力,司法权不宜通过诉讼的方式侵夺行政权的领地。

其次，社会保险费的核准计算工作具有高度专业性的特点。社会保险费的计算十分复杂，涉及缴费基数、费率、用人单位工资总额、用工方式等因素，且不同社会保险项目的计算规则均有所不同。《关于规范社会保险费缴费基数有关问题的通知》（以下简称《通知》）（劳社险中心函〔2006〕60号）、国家统计局1990年发布的《关于工资总额组成的规定》（国家统计局令第1号），以及每年各省区市统计局在劳动统计报表制度中对劳动报酬指标的具体解释，均是计算社会保险缴费基数的主要依据。《通知》还规定："凡是国家统计局有关文件没有明确规定不作为工资收入统计的项目，均应作为社会保险缴费基数。"社会保险经办机构依照上述文件及配套解释对用人单位申报的社会保险缴费基数进行核定，受政策影响较大，计算依据及内容纷繁复杂，专业性极强。这一工作的要求与法院作为司法机关的知识构成、能力水平是不相称的。希望法院能够对用人单位申报的缴费基数进行实质性审查的观点，脱离了当前的司法能力及水平，与我国社会保险制度的运行情况不相称，而且也不利于对用人单位及劳动者合法权益的保护。

最后，社会保险费纠纷的处理离不开法院与社会保险经办机构的密切配合。前已述及社会保险经办机构在核准社会保险缴费基数时所依据的文件及配套政策，但是，国家统计局的上述文件发布于1990年，而目前的法治环境较之当年已经有了巨大变化，法院在认定劳动者工资报酬时只是参照国家统计局的上述文件，对很多细节处的认定标准与该文件并不相同。这就会导致法院认定的工资数额极有可能与社会保险经办机构核准的数额并不相符。如果法院机械地认为对此类事实具有管辖权，不顾社会保险经办机构的专业性和权力法定性，那么极可能导致法院裁判结果无法得到社会保险经办机构的认同而沦为一纸空文。

综上，在认定用人单位是否未足额缴纳社会保险费的问题上，法院应当以社会保险经办机构的核准结果为准，而不宜进行实质性审查。只要用人单位缴纳的社会保险费经过了社会保险经办机构的核准,那么法院就应当认定用人单位已经足额缴纳了社会保险费。

2. 主观标准的适用

用人单位客观上未依法及时足额缴纳社会保险费,在未确定该客观事实形成的原因特别是用人单位主观具有过错的前提下,不宜认定为符合《劳动合同法》第三十八条第一款第三项规定的情形,由用人单位向劳动者支付经济补偿金。

《劳动合同法》第三十八条的规定属于"推定解雇"的范畴,按照推定解雇的理论与实践,认定劳动者因用人单位的不当行为而解除劳动合同的,需要考查用人单位的主观过错及过错程度对劳动者做出解除劳动合同行为的因果关系。社会保险费的核定、缴纳工作本身比较复杂,实际操作过程中极有可能出现因客观原因造成的数据计算不准确或者出现误差的情况,而《劳动合同法》第三十八条所要规制的应为用人单位具有主观过错的行为。如果用人单位因客观原因导致社会保险费缴纳不足额而承担推定解雇的法律责任,对于用人单位是不公平的,也容易导致劳动者的道德风险。

前已述及,用人单位未依法及时足额缴纳社会保险费的情形主要体现为:未按规定申报且未缴纳社会保险费的;申报后未及时足额缴纳社会保险费的;因申报的职工人数、缴费基数等事项不准确而少缴社会保险费的。在认定用人单位主观过错上,需要分析造成上述情况的具体原因。具体可以分为以下情形:第一,因劳动者原因导致用人单位未申报且未缴纳社会保险费。实践中,有很多劳动者因为个人原因无法立即向用人单位提交解除或终止劳动合同证明等入职文件,或者暂时无法将社保关系转入用人单位。在此情况下,如果用人单位在合理的期限内未为劳动者申报及缴纳社会保险费,不宜认定用人单位主观上具有过错。第二,申报后未及时足额缴纳社会保险费。只有在用人单位遇到不可抗力或者因不可抗力造成生产经营出现严重困难的情况下,才可以认定用人单位未及时足额缴纳社会保险费不具有主观过错。第三，因申报的职工人数、缴费基数等事项不准确而少缴社会保险费。如果申报的职工人数、缴费基数等事项不准确的原因在于用人单位故意漏报、少报，即应认定用人单位具有主观过错。如果造成上述事实的原因在于客观上的计算错误或者基数存在争议，则不宜认定用人单位具有主观过错。

3.用人单位未及时足额缴纳社会保险费的行为程度对劳动者辞职的影响

在确定是否适用《劳动合同法》第三十八条第一款第三项的时候，不但要考查用人单位的客观行为表现和主观过错情况，还需要考查用人单位违法行为的程度对劳动者做出辞职行为的影响关联性。易言之，即使用人单位未及时足额缴纳社会保险费具有主观过错，也要看该行为是否足以达到迫使劳动者辞职的程度。结合国内外的司法实践和判例，笔者认为对这种程度的考查可以从三个方面进行：第一，是否对劳动者签订劳动合同时的预期造成重大影响，导致劳动者继续履行劳动合同的目的落空；第二，用人单位一系列的违法行为虽然每个程度都不剧烈，但叠加在一起构成对劳动者的现实压力，以至于最后一个不剧烈的违法行为的出现导致劳动者辞职；第三，是否对劳动者的生存产生重大影响。如果用人单位未及时足额缴纳社会保险费的行为满足上述任意一个条件，那么就应当认定符合《劳动合同法》第三十八条规定的推定解雇的条件。

结合本案，S公司已经向社会保险经办机构申报了相应材料，社会保险经办机构经过核准后向S公司下达了社会保险缴费通知书，S公司以此为据为王某缴纳了社会保险费。王某虽然主张S公司未足额缴纳社会保险费，但是未能提供社会保险经办机构出具的S公司缴费基数申报有误的证明，所以王某的主张依据不足，两审法院对此案的处理是正确的。

（天津市高级人民法院　吴　彬）

44. 试论《劳动合同法》第四十条第（三）款及第四十八条的适用

当事人：刘某
当事人：某有限公司

争议焦点

1. 某有限公司以客观情况发生重大变化为由做出的解除决定是否违法？
2. 违法解除或终止劳动合同后劳动者要求继续履行劳动合同，是否必须继续履行？

基本案情

案件双方当事人为刘某和某有限公司（以下简称"公司"）。2004年11月26日，公司与刘某签订了无固定期限劳动合同，刘某在公司担任综合行政管理部行政经理的职务，月工资标准为14 580元。2005年6月17日，公司以刘某未达到公司对其行政经理一职的期望为由做出了与刘某终止劳动合同的处理决定，刘某不服该决定向劳动争议仲裁委员会提出仲裁申请，后经仲裁、一审，劳动合同继续履行。2006年4月25日，公司以相同理由做出与刘某解除劳动合同的决定，刘某再次提出仲裁申请，仲裁庭再次裁决双方继续履行原劳动合同。

2006年8月16日,公司对刘某做出了调岗、降薪的处理,刘某第三次提出仲裁申请。2006年11月9日,公司以双方订立劳动合同时所依据的客观情况发生重大变化、调岗协商未果为由,做出了与刘某解除劳动合同的处理决定。刘某第四次申请仲裁,后经一审、二审,北京市某中级人民法院最终判决撤销了公司做出的解除劳动合同处理决定,原劳动合同继续履行。

2007年12月1日,公司因经营情况变化和业务调整需要,做出了机构调整的决定,撤销了销售部、运营部(含IT、行政、设施部)、市场部、中国工程实验室四个部门以及财务部的部分岗位(含采购部全部员工)。2007年12月27日,公司向刘某送达了《关于协商变更劳动合同的通知》并提出了变更劳动合同方案,安排刘某待岗,待岗期为两个月,劳动合同于待岗期届满之日终止,待岗期间的月工资为730元。刘某对公司提出的变更劳动合同方案予以拒绝,2008年1月11日,公司以订立劳动合同时所依据的客观情况发生重大变化,刘某又拒绝与公司协商变更劳动合同为由,做出了与刘某解除劳动合同的处理决定。2008年1月,刘某以要求撤销解除劳动合同的决定、支付工资等为由第五次向劳动争议仲裁委员会提出了仲裁申请,裁决做出后,刘某与公司不服仲裁裁决,均在法定期限内向法院提起了诉讼。

审理结果

北京市某人民法院依据《中华人民共和国劳动合同法》第四十八条、第八十七条、第九十七条之规定,做出民事判决:(1)公司与刘某签订的无固定期限劳动合同于2008年1月11日解除。(2)公司于本判决生效后七日内向刘某支付解除劳动合同赔偿金;等等。

一审判决后,刘某与公司均不服,向北京市某中级人民法院提起上诉。二审法院查明的事实与一审一致,对一审查明的事实予以确认。刘某申请再审，再审法院查明的事实与原审查明的事实一致，对原审查明的事实予以确认。本案最终尘埃落定。

评析意见

本案的焦点有二：一是公司以客观情况发生重大变化为由做出的解除决定是否违法；二是违法解除或终止劳动合同后劳动者要求继续履行劳动合同，是否必须继续履行。

1. 解除决定是否违法

《中华人民共和国劳动合同法》（以下简称《劳动合同法》）第四十条规定："有下列情形之一的，用人单位提前三十日以书面形式通知劳动者本人或者额外支付劳动者一个月工资后，可以解除劳动合同：……（三）劳动合同订立时所依据的客观情况发生重大变化，致使劳动合同无法履行，经用人单位与劳动者协商，未能就变更劳动合同内容达成协议的。"

依据本条款与劳动者解除劳动合同，必须同时满足两个要件，一是客观情况发生重大变化，致使劳动合同无法履行；二是协商变更劳动合同未达成一致。

（1）如何认定签订劳动合同时的客观情况发生了重大变化

此处的客观情况发生重大变化，即《中华人民共和国合同法》中所适用的情势变更原则。所谓情势变更，是指合同有效成立后，因不可归责于双方当事人的原因发生情势变更，致使原合同基础动摇或丧失。若继续维持合同原有效力，将造成显失公平，此时允许变更合同内容或者解除合同。情势变更原则的意义在于，通过司法权力的介入，强行改变合同已经确定的条款或撤销合同，在合同双方当事人订约意志之外，重新分配交易双方在交易中应当获得的利益和风险，其追求的价值目标是公平和公正。

本案中，公司因经营情况变化和业务调整需要，做出了机构调整的决定,撤销了销售部、运营部(含 IT、行政、设施部)、市场部、中国工程实验室四个部门以及财务部的部分岗位,这其中包括刘某所在的行政部。但这是否构成法律上所说的客观情况发生重大变化致使劳动合同无法履行的情形呢?

原劳动部在《关于〈中华人民共和国劳动法〉若干条文的说明》第二十六条中规定:"客观情况"指:发生不可抗力或出现致使劳动合同全部或部分条款无法履行的其他情况,如企业迁移、被兼并、企业资产转移等,并且排除劳动法第二十七条所列的客观情况。

虽说此处只列举了企业迁移、被兼并、企业资产转移三种情形,但我们认为法院认定致使劳动合同无法履行的客观情况时不应该仅仅局限于这三种。《关于〈中华人民共和国劳动法〉若干条文的说明》颁布实施距今已有二十多年,在这二十多年中,经济形势发生了巨大变化,除《关于〈中华人民共和国劳动法〉若干条文的说明》第二十六条列举的情形之外,还产生了很多致使用人单位与劳动者签订的劳动合同基础动摇或丧失的情况,如果继续维持原劳动合同的效力,将对用人单位造成极大的不公平。例如,企业产品经营结构调整,部门(岗位)被撤销,经营方向或经营战略重大调整,人工操作流程被自动化所取代等。如果实务及司法实践中仅仅局限于《关于〈中华人民共和国劳动法〉若干条文的说明》第二十六条原条文表面的意思,已远远不能满足现代企业发展的需要。

我们认为,所谓"客观情况发生重大变化,致使劳动合同无法继续履行"应具备三个特征:其一,"客观情况发生重大变化"是客观存在的,是实质上的变化,并非形式上的变化。例如,某用人单位主张其由于经营的需要而撤销了某个部门,但实际上,该部门只是变更了名称,而其职能依然保留,并没有发生实质上的变化,则这种情形下不构成"客观情况发生重大变化"。而本案中,公司因经营情况变化和业务调整需要,撤销了包括刘某所在的行政部等四个部门以及财务部的部分岗位,刘某原所在部门及岗位确实不复存在,这种改变是客观的,实质发生的。其二,"客观情况发生重大变化"是订立合同时当事人不可预见的。本案中,2004年公司与刘某签订劳动合同时谁都不会料到,3年后由于经济大环境的影响,公司生产经营会发生如此重大的变化。其三,"客观情况发生重大变化"已导致劳动合同全部或部分无法履行。如果继续履行劳动合同,将会造成当事人之间的利益失衡,对用人单位显失公平。本案中,在刘某所在的岗位及部门都不复存在的情况下,如果公司还继续履行原合同,对于公司来说是极其不公平的。

从本案一审、二审法院的裁判中也可以看出,对于公司因部门撤销导致的刘某工作岗位不复存在、劳动合同无法继续履行的客观情况发生重大变化的事实,法院是认可的。但后续应如何对刘某进行协商调岗,直接关系到公司解除是否合法的认定。

(2) 协商变更劳动合同的本质是什么

《劳动合同法》仅在第四十条第三款规定,劳动合同订立时所依据的客观情况发生重大变化,致使劳动合同无法履行,经用人单位与劳动者协商,未能就变更劳动合同内容达成协议的,可以无过失性辞退。但用人单位应与劳动者如何协商,协商的内容包括哪些,协商变更劳动合同的标准是什么,法律并未做明确规定。

所谓协商,就是为了取得一致意见而共同商量。显然,本案中公司直接通知刘某待岗、发最低工资的协商调岗方式是不被法院认可的。但在《劳动合同法》未明确规定的情况下,用人单位与劳动者的协商调岗是否意味着在保证不降低刘某工资、福利待遇的前提下,与刘某协商变更工作岗位?

笔者认为,《劳动合同法》第四十条第三款所规定的用人单位与劳动者协商变更劳动合同,应是对原劳动合同内容的协商,劳动合同中所列的合同期限、工作内容、工作时间、劳动报酬等都可以作为协商的内容;协商变更劳动合同应当在遵循《劳动合同法》基本原则的基础上进行，保证用人单位与劳动者公平、平等、自愿。如果认定协商变更劳动合同要在薪资待遇保持不变的基础上进行，对于用人单位是显失公平的。

用人单位的薪酬制度，一般都是考虑到不同岗位的岗位职责、对单位的贡献值以及单位对员工的激励来制定的，不同岗位的薪资待遇通常情况下是不同的。《中华人民共和国劳动法》第四十七条明确规定，用人单位根据本单位的生产经营特点和经济效益，依法自主确定本单位的工资分配方式和工资水平。每个单位都有自己的薪资制度，用人单位享有薪资自主权。如果按某种观点，协商变更劳动合同必须保持原薪资待遇不变的话，势必会对公司的薪资制度造成很大的冲击，很有可能在相同的岗位出现不同的薪酬，导致同工不同酬。这是很不现实的，对于任何单位来说也是不能接受的。相反，如果允许单位在对上述员工进行调岗的时候，在保证公平合理的情况下，充分尊重企业的薪资制度，鼓励一岗一薪，不仅能促进企业的调岗积极性，也能降低员工被企业单方解除劳动合同的发生概率。

所以，笔者认为，仲裁庭及法院在判定用人单位因客观情况发生重大变化导致劳动合同无法继续履行与劳动者解除劳动合同是否合法时，不仅应适应经济发展的需要，对客观情况发生重大变化的情况做比较宽泛的解释，还应在认定协商调岗时，充分尊重单位原有的薪资制度，允许单位与员工在薪资制度范围内充分协商，从而一方面通过司法权力的介入，改变原劳动合同中已经确定的条款或撤销原劳动合同，尽量实现公平公正；另一方面，通过司法审判活动带动立法的发展。

2. 违法解除或终止劳动合同后劳动者要求继续履行劳动合同，是否必须继续履行

《劳动合同法》第四十八条规定："用人单位违反本法规定解除或者终止劳动合同，劳动者要求继续履行劳动合同的，用人单位应

当继续履行；劳动者不要求继续履行劳动合同或者劳动合同已经不能继续履行的，用人单位应当依照本法第八十七条规定支付赔偿金。"

那么，哪些情形可以被认定为"劳动合同已经不能继续履行"？对此，法律未做明确规定。笔者认为，以下情形可以被认定为"劳动合同已经不能继续履行"：（1）劳资双方矛盾激烈，相互间丧失信任基础；（2）劳动者在劳动合同解除后入职新单位；（3）劳动者在劳动合同解除后继续全日制学习；（4）劳动者在劳动合同解除后出国深造；（5）劳动者原岗位具有特殊性、唯一性，劳动合同解除后其原岗位已被他人替代等。

劳动关系作为一种人身属性很强的社会关系，有用人单位与劳动者之间的管理与被管理的关系，也有单位员工之间工作中的配合协作关系。在劳资双方丧失了最基本的信任以后，这种关系是难以为继的。这种情况下如果强行要求继续履行劳动合同，不仅不利于单位正常的经营管理，也会带来无休止的诉争，浪费司法资源。

本案中，刘某要求继续履行 2004 年 11 月 26 日与公司签订的无固定期限劳动合同，但自 2004 年 11 月 26 日双方签订劳动合同之日起至 2008 年 1 月 11 日止，三年多的时间内，刘某实际工作的时间还不足一年，其余的时间双方一直处于仲裁、诉讼中。本案前后，刘某与公司进行了 26 次诉讼，双方矛盾已经非常激化，相互之间丧失了最基本的信任和理解，已无继续履行劳动合同的基础。

可喜的是，本案法院做出了大胆尝试，依据《劳动合同法》第四十八条及第八十七条的规定，依法确认双方的劳动合同已于 2008 年 1 月 11 日解除，判定公司向刘某支付相当于经济补偿金标准两倍的赔偿金。笔者认为，该判决充分尊重了劳动合同已无法继续履行的客观情况，最终使该案案结事了。

本案是劳动争议案件中少有的因劳动合同不能继续履行直接判处赔偿金的案例。在劳动合同已经无法履行的情形下，应劳动者要求判定继续履行劳动合同，使案件进入解除—仲裁—诉讼—继续履行劳动合同—再解除—再仲裁诉讼的怪圈。而法院最终的裁决既实现了节约诉讼资源，又能兼顾企业与劳动者的合法权益，这种尊重现实、理性判案的做法是值得称道的。

由于《劳动合同法》第四十条第（三）款及第四十八条对于如何认定客观情况发生重大变化、协商变更劳动合同的标准以及何为劳动合同不能继续履行的情形所做出的规定不够明确，导致理解各不相同、法律适用差别很大。因此，为维护司法权威、保证司法公正，期待立法对以上条款进行细化和完善。

（北京市易和律师事务所　吴颖萍　李国敬）

45. 劳动合同适用情势变更原则的判断标准

上诉人（一审原告）：张某
被上诉人（一审被告）：某系统软件（北京）有限公司

争议焦点

某系统软件（北京）有限公司所称的业务调整是否属于《中华人民共和国劳动合同法》第四十条第（三）项规定之情形，适用情势变更原则？

基本案情

张某于 2007 年 7 月 9 日入职某系统软件（北京）有限公司（以下简称"某公司"），双方签订了劳动合同，约定：张某在桌面产品部从事软件测试经理工作；6.1 有下列情形之一的，公司可以经提前三十天书面通知雇员，解除本合同，或以付款代替通知的方式解除本合同：（C）本合同订立时所依据的客观情况发生重大变化（包括但不限于企业的迁址、企业因兼并而被吸收或公司资产的转让、公司重组），致使本合同无法履行，且双方不能再开始协商后七天内就修订本合同达成协议的；本合同自 2007 年 7 月 9 日（开始日）起一直有效，除非根据本合同第 6 条予以终止。

某公司主张于 2013 年年底，由于市场和客户需要发生巨大变化，全球市场往云计算方向发展，某公司管理层根据商业策略和全球背景变化，决定由传统商业软件提供商转型至服务型公司。某公司软件提供的功能在一定程度上有所保留，但更加注重客户体验服务、售后保障等业务。某公司在全球策略调整中，对北京地区进行重新整合和裁撤，具体而言，直接受影响的是C部门（该部门与其他部门合作完成技术开发和测试工作），在此轮调整中，C部门整体裁撤，张某属于该部门。其他部门在中国国内有技术开发岗位，但测试岗位均在国外。2014年下半年，某公司在全球范围内进行再次调整，全面停止了在中国的研发业务，裁撤研发分公司及其所有岗位，中国的研发业务全部停止。在此轮调整后，某公司在中国仅保留销售、人力、财务岗位。

某公司主张由于某公司及其研发分公司发生业务重组，张某所在的部门已经被裁撤，因此张某与某公司订立劳动合同时所依据的客观情况发生了重大变化，劳动合同无法依据原有条件继续履行。基于此，某公司就变更劳动合同事宜与张某进行了协商，但是双方未能达成一致，故依据《中华人民共和国劳动合同法》第四十条第（三）项的规定，于2014年3月17日与张某解除了劳动关系。

 审理结果

张某主张，某公司所称的业务调整并非属于《中华人民共和国劳动合同法》第四十条第（三）项规定之情形。《中华人民共和国劳动合同法》第四十条第（三）项规定，劳动合同订立时所依据的客观情况发生重大变化，致使劳动合同无法履行，经用人单位与劳动者协商，未能就变更劳动合同内容达成协议的，用人单位提前三十日以书面形式通知劳动者本人或者额外支付劳动者一个月工资后，可以解除劳动合同。张某主张，"客观情况发生重大变化"的客观情况应是不可归责于双方当事人的外因所致，如不可抗力、公司远距离迁移等，此种情况下，外因主导，企业的自主决定权相对较弱。

一审法院未采信张某之主张，认为某公司做出的解除行为事实依据与法律依据充分，系合法解除。张某不服一审法院判决，持相同理由向二审法院提起上诉。二审法院未采信张某之主张，维持一审法院判决。

评析意见

《中华人民共和国劳动合同法》（以下简称《劳动合同法》）第四十条第（三）项规定，劳动合同订立时所依据的客观情况发生重大变化，致使劳动合同无法履行，经用人单位与劳动者协商，未能就变更劳动合同内容达成协议的，用人单位提前三十日以书面形式通知劳动者本人或者额外支付劳动者一个月工资后，可以解除劳动合同。这一条文一般被理解为劳动合同法领域中的情势变更原则。

1. 劳动合同法领域是否适用情势变更原则

关于劳动合同法领域是否适用情势变更原则，存在两种观点。第一种观点认为，《劳动合同法》第四十条第（三）项之规定，即为劳动合同法中可以适用情势变更原则的依据。第二种观点认为，劳动合同具有特殊性，不能适用情势变更原则。①

笔者同意观点一。上述法律规定中"劳动合同订立时所依据的客观情况发生重大变化"，规定本身就包含了情势变更的客观事实存在，且为当事人签订合同时无法预见并不可归责于劳动合同当事人任何一方，符合情势变更的应有之义。在劳动合同法领域适用情势变更原则具有合理性。首先，情势变更原则赋予法官直接干预合同关系的"公平裁量权"，使合同法能够适应社会经济情况的变化，

---

① 王林清. 情势变更原则与劳动合同法 [J]. 中国劳动，2009 (6).

更好地协调当事人之间的利益冲突,维护经济流转的正常秩序。情势变更原则也因此成了当代债法最重要的原则之一。[①] 其次,在劳动合同领域,双方签订劳动合同时并不能预见履行过程中的所有情形,因此,在出现情势变更时,应当准许双方援引该条款进行合同变更。

2. 劳动合同法领域适用情势变更原则应注意的事项

如前所述,劳动合同毕竟与一般合同不同,在适用情势变更原则时应当注意与一般的民事合同的差异。根据上述法律规定,用人单位合法行使单方解除权应当满足以下条件:订立劳动合同时所依据的客观情况发生重大变化;劳动合同无法履行;用人单位经过与劳动者协商的程序且未能协商一致。在适用该法条时,要注意以下几个方面:

第一,严格限制该原则的适用范围。情势变更原则的适用是对"契约必须严守"原则的例外,因此,即便是在民事合同领域,该原则的适用也是严格的。在劳动合同领域,更应该谨慎适用该原则,因为用人单位与劳动者之间力量对比悬殊,劳动合同法的原则之一就是对劳动者倾斜保护。只有在劳动合同法中适用情势变更原则,才能在倾斜保护劳动者的同时兼顾用人单位的自主经营权;只有严格限制、审慎适用该原则,才能避免用人单位滥用情势变更原则侵害劳动者的合法权益。

第二,适用情势变更原则时,不能突破劳动法的特殊保护制度。如,最低工资制度、特殊人群的保护、工时限制、劳动合同解除后的经济补偿等制度,是劳动法领域特有的对劳动者保护的制度,是劳动合同法的基础,无论何时均不能突破,即使是在适用情势变更原则的情况下。

第三,情势变更的情形应当符合合同无法继续履行、继续履行

---

① 梁慧星. 合同法上的情势变更问题 [J]. 法学研究,1988 (6).

显失公平或无法实现合同目的,用人单位方能行使单方解除权解除劳动合同。情势变更一定要达到"重大变化"且使得合同履行不能或继续履行成本过高达到使双方显失公平或合同目的无法实现的程度,用人单位方能行使解除权。

本案例中,关于订立劳动合同时所依据的客观情况是否发生重大变化,某公司主张,2013年年底,订立劳动合同时所依据的客观情况发生了重大变化;该变化是指由于市场和客户需求发生巨大变化,全球市场往云计算方向发展,某公司管理层根据商业策略和全球背景变化对此经营方向和策略做出调整——由传统商业软件提供商转变为服务型的公司,对北京地区的组织结构所产生的直接影响即为对研发分公司的C部门进行整体裁撤。某公司主张,张某为研发分公司C部门的员工,因此受到公司本轮调整的影响。某公司就其主张提交了某集团总裁兼首席执行官的电子邮件、某公司及研发分公司董事会决议、某公司法定代表人及研发分公司负责人的电子邮件、某集团组织机构图、C部门人员名单等。某公司提交的上述邮件、董事会决议等证据材料,已形成完整证据链,确能证明其公司发生了上述变化。

3. 如何理解情势变更原则中的"客观情况"

本案中值得特别讨论的是,如何理解上述法律规定的订立劳动合同时所依据的"客观情况"。原劳动部于1994年发布的《关于〈中华人民共和国劳动法〉若干条文的说明》规定,客观情况指发生不可抗力或出现致使劳动合同全部或部分条款无法履行的其他情况,如企业迁移、被兼并、企业资产转移等,并且排除经济性裁员的客观经济情况。关于判断标准,存在两种观点。第一种观点:因用人单位自身经济情况发生重大变化,主动或者被动适应市场变化采取的调整产业结构、战略调整等经济行为,均不应属于客观经济情况的范畴,故本案中某公司做出的战略调整,不属于情势变更原则中的"客观情况"。第二种观点:客观情况既包括用人单位的变化，也包括劳动者自身的原因。其中用人单位的变化，可能是由于经营上的原因发生困难、亏损或业务紧缩，也可能因为市场条件、国际竞争、技术革新等造成工作条件的改变，致使双方订立的劳动合同全部或者主要条款无法履行，或者若继续履行将出现成本过高等显失公平的状况，劳动合同的目的难以实现，本案中，某公司做出的战略调整，属于情势变更原则中的"客观情况"。

笔者认为，上述两种观点最关键的差异在于，用人单位为应对市场环境变化所做出的商业性调整，是否属于劳动合同法情势变更原则中的"客观情况"。进一步引申，两种观点的差异源自对用人单位自主经营权与劳动者权益保护之间如何平衡。劳动法作为规范用人单位用工行为、保护劳动者合法权益的基本法律，不可避免要在投资者与劳动者权利之间做出协调与平衡。处理劳动争议案件，应坚持依法保障劳动者合法权益和用人单位的生存发展并重的原则。单纯地保护劳动者合法权益并非是劳动合同法的终极目的，构建和发展和谐稳定的劳动关系才是劳动合同法的最终价值取向。劳资双方具有根本利益的高度一致性和具体利益的相对差异性，二者相互依赖、不可分割。① 在审理劳动争议纠纷案件时，必须坚持和谐发展、互利共赢的理念，不能强调保护一方而忽视另一方利益，要"放水养鱼"，切忌"竭泽而渔"。在保护劳动者合法权益的同时兼顾用人单位的自主经营权，将劳资双方的根本利益统一起来，是劳动法的基本原则和理念。因此，笔者认为，在对"客观情况"进行解释时，应当遵从以下原则：第一，坚持劳动者权益保护与企业生存发展平衡保护原则，把保护劳动者眼前利益、现实利益同保障劳动者长远利益、根本利益结合起来，最大限度化解双方具体利益上的相对差异。第二，具体案件具体分析，在产业结构调整的大背

---

① 适应中国特色社会主义法律体系形成新形势在新的历史起点上谱写民事审判工作新篇章——在全国民事审判工作会议上的讲话》（奚晓明，2011年6月23日）。

景下，要区别案件不同情况，采用不同处理方法，全面审视劳动争议案件的裁判结果。①

笔者认为，上述司法原则认可了用人单位的自主经营权，在认可自主经营权的同时，司法规制的重点则在于审查用人单位在利用"客观情况变化"为由进行商业策略调整时是否构成权利滥用。权利人行使权利本应受到法律保护，罗马法中就有"行使自己的权利，无论对于任何人，皆非不法"的观念。但社会实践的发展证明，在这种思想的指导下，权利人不正当地行使权利，会对他人造成损害，也会对社会带来不利，于是产生了"权利滥用"的观念。但是，"权利滥用"是一个十分抽象的法律概念，不少国家和地区在立法中虽已规定了权利不得滥用，但对"权利滥用"的概念并没有做出任何界定。

尽管如此，对于上述"客观情况"的解释，有些地方法院进行了一定的探索。如北京市高级人民法院《劳动争议案件法律适用问题研讨会会议纪要（三）》（征求意见稿）第七条：下列情形一般属于"劳动合同订立时所依据的客观情况发生重大变化"：（1）地震、火灾、水灾等自然灾害形成的不可抗力；（2）企业迁移或者停产、转产、转（改）制、企业资产转移等；（3）所依据的法律、政策等发生重大变化的；（4）特许经营性质的企业经营范围等发生变化的。笔者建议，在对具体案件进行裁判时，如何判断"客观情况"，可参酌以下因素：

第一，市场所发生的变化应当是客观的，而非用人单位主观臆测的。企业作为市场中的经营主体，及时判断市场需求变化并适时做出调整以适应这种变化，是企业得以生存、发展的必要前提。而

---

① 《大力开展民事审判工作，为完善社会主义法治秩序，维护司法公正，推进依法治国而努力奋斗——在全国高级法院民一庭庭长座谈会上的讲话》（杜万华，2013年4月12日）。

市场的变化并非企业所能控制，是一种客观存在；企业为适应这种客观存在的市场变化所做出的调整，应当也是客观存在，否则企业在客观的市场条件面前将无所作为。但这种市场变化应当是客观的，而非用人单位主观臆测的，否则用人单位可以此为由随意解除与劳动者的劳动关系。

第二，企业所做出的调整具有目的正当性。用人单位做出的商业调整是为了企业能有更好的发展，调整目的具有正当性，其调整的结果才能为社会一般观念所接受。本案中，某公司所做出的首轮调整，系其作为某集团全球调整的组成部分，其出发点是为了企业更好地适应市场需求，使得企业获得更好发展，并非针对某个劳动者，其目的具有正当性。如果借企业调整之名而行损害劳动者权益之实，则不具有目的正当性，也不应得到法律保护。

第三，客观情况的变化应达到"重大"程度。客观情况的变化，致使双方订立的劳动合同全部或者主要条款无法履行，或者若继续履行将出现成本过高等显失公平的状况，劳动合同的目的难以实现，方构成"重大"程度。本案中，某公司的上述变化的确达到了"重大"程度，即双方劳动合同达到了无法履行的程度。张某的工作岗位系软件测试经理，在首轮调整中，某公司C部门整体裁撤，只部分保留了其他部门的软件开发岗位，取消了软件测试岗位；在第二次调整中，某公司仅保留了财务、人力、销售团队，裁撤了所有研发团队。某公司在中国国内不再保留研发技术团队，没有适合张某的工作岗位，双方的劳动合同已达到了无法履行的程度，劳动合同确已不具备履行的条件和可能。

综上，本案中参考以上因素，某公司援引劳动合同法中情势变更原则与张某解除劳动关系属合法解除。以上因素，亦是法院在具体处理该类案件时判断"客观情况"的主要参考。

（北京市第三中级人民法院　高　娜）

46. 违法解除劳动合同及恢复劳动关系的认定标准

原告：李某
被告：某（上海）贸易有限公司

争议焦点

1. 用人单位做出的解除劳动合同行为是否合法？
2. 用人单位以公司框架已发生变化为由主张双方已不能继续履行劳动合同的理由能否成立？

基本案情

2011年12月23日，某（上海）贸易有限公司（以下简称"某公司"）与李某签订无固定期限劳动合同，约定：劳动合同起始日期为2012年1月1日；李某在某公司"IC销售部"担任"Sales Director"职务，工作地点为北京，每月税前基本工资为人民币39 000元。

李某提交了一份落款日期"2013年9月22日"的解除劳动合同通知书，其中有俞某某的签名并加盖某公司印章，李某称此系俞某某自己签署并加盖某公司印章。某公司称，该解除劳动合同通知书是俞某某私自制作的，某公司没有承认，同时保持李某的岗位及待遇没有变化。

双方均向法院提交了大量的电子邮件证据,这些电子邮件显示李某分别于2013年10月15日、16日、22日,12月20日向某公司管理层、法务部门、人事部门等发出针对俞某某做出解除李某劳动关系行为以及李某认为俞某某存在行贿等其他违规行为的投诉邮件,李某称这些邮件发出后,某公司采取面谈的方式与李某进行了沟通。2013年10月25日,某公司人力资源总监仇某向李某发出电子邮件,表示会对李某反映的问题进行核查,同时表示为李某提供一个内部转岗机会,让李某负责新业务发展,受陈某领导。对此,李某于2013年10月28日回复电子邮件称需要考虑,后于2013年11月1日回复电子邮件称不同意进行内部转岗。2014年1月2日,某公司人力资源总监仇某向李某发出电子邮件,内容:"……按照我们刚才电话中所沟通,我们打算1月份将你调整到担任A业务华北区大客户的销售总监职位。这个岗位的直接领导是陈某,陈某也在北京工作。转岗后你的职位和薪酬不会改变。"2014年1月3日,某公司人力资源总监仇某向C组和S组发出电子邮件,内容为"各位中国区同事:自2014年1月11日起,销售总监沈某某将作为A业务负责销售的主管领导,直接向李某某汇报。沈某某的职责是监督管理A业务的销售部、市场部和技术服务部的工作。除了他目前带领的团队,以下人员将会直接向沈某某汇报……林某某总监,在销售业务方面工作向李某某汇报,IT、财务和人力资源方面的工作分别向A业务亚太地区相关负责领导汇报。俞某某由于个人原因将离开A业务部门,为了顺利交接工作,他的具体离职时间为2014年1月10日。李某针对2014年1月3日的电子邮件于2014年1月6日回复"俞某某以所谓个人原因离职,有很多问题没有了结,俞某某逃跑了,后续该怎么办?请答复!"并质问了某公司收购H公司后,包括李某在内的原股东之间的债权债务关系如何解决,并称已经向税务机关举报了俞某某的违法犯罪行为。该邮件的收件人除了仇某外,亦包括C组和S组。李某称,之所以不同意

2013年10月25日电子邮件的岗位调整，是因为当时认为事情还没有结束；针对2014年1月2日电子邮件的岗位调整，李某是同意的，但没来得及回复，正好赶上了公司年会；对2014年1月6日的电子邮件，李某并不想发给其他员工，但因是对仇某邮件的回复，回复过程变成了全部回复。

2014年1月7日，某公司向李某发出了解除劳动合同通知书，以李某"违反了本合同的规定和公司制定的全球商业操守及道德守则的有关规定"为由，于2014年1月7日解除了与李某的劳动关系。

某公司认为，李某发出电子邮件的行为违反了某公司对于保密及个人信息的规定，而且在某公司内部产生了不好的影响，并提交了李某签字确认的全球商业操守及道德守则，其中规定："每一个员工都有责任熟读此守则并遵守其规定。任何违反守则的员工将会遭受惩罚，严重者将会被终止雇用。"关于保密规定："某电子从客户和供应商处收到大量的机密资讯……我们内部也会产生一些机密资讯，它们都是某电子的资产……所有的机密资讯，无论是某电子的资产或客户或供应商的资产，都要保持其机密性。"关于隐私和个人资讯："所谓个人资讯乃是指任何资讯，如名字、身份证号码和地址，得辨识一特定人者，无论某电子员工还是客户或供应商的员工。所有的个人资讯都是机密的。"同时，该守则还包括"某电子之开放政策。某电子实施开放政策，如果你需要和一位非你直属经理的高层人员讨论任何事情，你可以在没有被谴责的情况下，联系任何高级经理，包括董事长、首席执行官……及任何其他适合讨论该事情之经理……""禁止报复行为。某电子严禁员工向任何曾举报有关歧视、骚扰或任何违反某电子政策或此守则行为的人员，或向参与相关举报的调查人员进行报复的行为……"。李某认为，向上级投诉，不属于守则中的保密规定及个人隐私的范畴，同时根据开放政策，李某投诉反映问题不违反守则的规定。

某公司称，其架构已经发生变化，李某原有的岗位已经不复存在，故双方无法继续履行劳动合同。李某认为，李某原所管辖的业务和人员全部都在原岗位，原来向李某汇报的销售团队都继续存在，只是因为李某缺失而变为直接汇报给沈某某，所以恢复李某工作岗位，不会打乱或变化汇报程序。

2014年4月4日，李某申请劳动仲裁，要求恢复工作职位、继续履行劳动合同，某公司公开道歉并恢复名誉，某公司补发工资等。2014年9月3日，北京市朝阳区劳动人事争议仲裁委员会做出京朝劳仲字（2014）第06658号裁决书，裁决驳回李某的仲裁请求。

李某不服仲裁裁决诉至法院，请求判令：（1）某公司恢复李某的工作岗位，继续履行劳动合同。（2）某公司支付李某2014年1月至2014年12月工资46.8万元、2013年9月22日至2014年12月奖金25.3万元、2014年1月至2014年12月福利款（交通费、手机费）3.48万元。

 审理结果

法院生效裁判认为：发生劳动争议，当事人应当对自己提出的主张提供充分证据予以证明，未提交或者提交的证据不足以证明其主张的，应当承担相应不利的法律后果。对于属于用人单位掌握的证据，用人单位应当提交，其未能提交的，应当承担举证不利的法律后果。

关于解除劳动合同一节，某公司主张因李某违反了公司全球商业操守及道德守则的相关规定，故某公司有权解除劳动合同。对此，法院认为，某公司主张李某违反全球商业操守及道德守则是基于李某向某公司高级管理人员发送的电子邮件，但李某所发送的电子邮件主要系针对俞某某做出的解除劳动关系行为及其认为俞某某可能存在行贿等其他违规行为的投诉，李某的上述行为符合某公司全球商业操守及道德守则中关于"某电子之开放政策""禁止报复行为"和"问题和举报违规行为"的相关规定，且某公司的现有证据也不足以证明李某的行为违反了上述规则中有关保密及个人信息的规定。故某公司以此为由解除劳动合同缺乏事实和法律依据，法院不予支持。因某公司系违法解除与李某的劳动关系，李某在此期间未能正常提供劳动系某公司所致，故李某有权要求某公司支付其违法解除通知做出之日起至李某申请仲裁之日期间的工资。某公司关于其解除劳动合同合法，不应支付工资的辩解意见不能成立，法院不予采信。

关于劳动合同能够继续履行一节，某公司虽主张公司框架已发生变化，双方劳动合同客观上不可能继续履行，但是其未能就其提出的公司框架调整提交充分证据予以证明，故法院对其不予采信。关于某公司辩称李某在明知邮件内容以及有充足时间进行回复的情况下，对公司第二次提出的调岗邮件未予回复是拒绝调岗的表现的问题，法院认为，本案中某公司曾两次以邮件形式向李某提出岗位调整，对于某公司2013年10月25日第一次提出的岗位调整邮件，李某予以了明确回复；但是某公司2014年1月2日提出的岗位调整邮件，李某并未明确拒绝，且庭审中李某明确表示同意某公司上述岗位调整的安排，在某公司未提交其他充分有效证据的情况下，其现有证据不足以证明双方劳动合同存在不能履行的客观情况，故李某要求继续履行劳动合同的诉讼请求应予支持。某公司上述关于双方劳动合同客观不能继续履行的意见缺乏充分证据佐证，法院不予支持。

综上，一审法院判决：（1）李某与某公司继续履行劳动合同。（2）某公司于判决生效之日起七日内支付李某2014年1月至2014年6月工资234 000元。（3）驳回李某的其他诉讼请求。如果未按判决指定的期间履行给付金钱义务的，应当依照《中华人民共和国民事诉讼法》第二百五十三条之规定，加倍支付迟延履行期间的债务利息。

一审法院做出判决后,某公司不服,提起上诉,二审法院经审理后,维持一审法院判决。

评析意见

本案双方争议的焦点问题:一是某公司做出的解除劳动合同行为是否合法;二是用人单位与劳动者能否继续履行劳动合同的认定标准问题,即用人单位以公司框架已发生变化为由主张双方已不能继续履行劳动合同的理由能否成立。

1. 某公司解除劳动合同的行为是否合法

《最高人民法院关于审理劳动争议案件适用法律若干问题的解释(一)》第十三条规定,因用人单位做出的开除、除名、辞退、解除劳动合同、减少劳动报酬、计算劳动者工作年限等决定而发生的劳动争议,由用人单位负举证责任。这种举证责任包括对解除程序的合法和解除行为实体的合法进行举证。据此,某公司应当对其解除与李某之间劳动合同的合法性进行举证。

本案中,某公司主张李某违反全球商业操守及道德守则是基于李某向某公司高级管理人员发送的投诉其部门负责人的电子邮件,某公司认为李某的上述行为违反了公司全球商业操守及道德守则中关于保密及个人信息的规定,故公司有权解除劳动合同。但李某所发送的电子邮件主要系针对俞某某做出的解除劳动关系行为及其认为俞某某可能存在行贿等其他违规行为的投诉,李某的上述行为符合某公司全球商业操守及道德守则中关于"某电子之开放政策""禁止报复行为"和"问题和举报违规行为"的相关规定,且某公司在本案中未能提交有效证据证明李某的行为违反了上述规则中有关保密及个人信息的规定。故某公司以此为由解除劳动合同缺乏事实和法律依据。

2. 关于用人单位与劳动者能否继续履行劳动合同的认定标准

《中华人民共和国劳动合同法》第四十八条规定，用人单位违反本法规定解除或者终止劳动合同，劳动者要求继续履行劳动合同的，用人单位应当继续履行；劳动者不要求继续履行劳动合同或者劳动合同已经不能继续履行的，用人单位应当依照本法第八十七条规定支付赔偿金。由此，关于劳动合同能否继续履行，劳动者享有更多的决定权，即只有在劳动者不要求继续履行或者劳动合同已经不能继续履行的情况下，法院才会判决用人单位支付违法解除劳动合同的赔偿金；只要劳动者要求继续履行，劳动合同不存在不能继续履行的情况的，法院一般会依劳动者的请求判决双方继续履行劳动合同。司法实践中，法院在认定用人单位构成违法解除劳动合同，且劳动者要求继续履行时，用人单位大多以劳动合同不能继续履行作为抗辩，而如何理解"已经不能继续履行劳动合同"在审判实践中也存在较大争议。

我们认为，一方面，基于劳动合同法强调的对处于弱势的劳动者予以倾向性保护的理念，为防止用人单位任意解除劳动合同，侵害劳动者的合法权益，对于法律规定的"已经不能继续履行的"情况的认定应当较为严格和谨慎；另一方面，在保护劳动者合法权益的同时，也注重对用人单位用工自主权的充分尊重。

因此，审判实践中，对于"已经不能继续履行"的审查较多限制在客观上不能继续履行的情况。关于"客观"二字，合同法上引起情势变更的客观事实是当事人在订立合同时所不可预见并不可避免的，其发生不可归责于当事人尤其是受不利影响的当事人。"如果情势的变更可以由受不利影响的一方当事人控制，则其发生直接表明该当事人具有过错，自应遭受其损失，没有特殊保护的必要。"[①]《关于〈中华人民共和国劳动法〉若干条文的说明》规定，客观情况指

---

① 韩世远. 情势变更原则研究——以大陆法为主的比较考察及对我国理论构成的尝试［J］. 中外法学，2000（4）.

发生不可抗力或出现致使劳动合同全部或部分条款无法履行的其他情况，如企业迁移、被兼并、企业资产转移等①。这一标准可以视为情势变更原则在劳动合同中的体现，对"不能继续履行"的判断可以参考这一标准。实践中，基于劳动者原因不能继续履行的情况包括：劳动合同期限届满；劳动者达到法定退休年龄；劳动者与原单位交接完毕，并已与其他用人单位建立劳动关系。基于用人单位原因不能继续履行的情况包括用人单位被宣告破产、吊销营业执照、责令关闭、撤销、解散，用人单位战略结构调整导致劳动者原岗位不复存在等情况。本案中，某公司虽主张公司框架变化导致双方劳动合同客观上不可能继续履行，但基于某公司两次提出调岗方案表明情势仍在公司控制之下，以及并未就公司框架调整、李某原岗位不能提供等提交充分证据，故某公司的该项主张不能成立。

此外，鉴于劳动合同亦为合同，如果劳动者的岗位极为特殊或敏感，用人单位与劳动者之间的矛盾确实过于激烈，双方已经完全丧失继续履行劳动合同的基本信任，亦可以认定为"已经不能继续履行"。

还需注意的是，在适用"已经不能继续履行"时，不应突破劳动法的特殊保护制度，且还应考虑双方协商的情况，尽量兼顾双方利益平衡，以维持积极有益的劳资关系。在审判实践中，还需要结合个案实际情况、双方解除的原因及证据情况综合判断。

（北京市第三中级人民法院　田　璐　郭欣欣）

---

① 该条规定排除了经济性裁员。因用人单位自身经济情况发生重大变化，主动或者被动适应市场变化采取的调整产业结构、战略调整等经济行为，也不属于客观经济情况的范畴。我们认为，《劳动合同法》第四十八条规定的既然是违法解除的法律后果，客观情况就应当包括第四十一条（经济性裁员），经与劳动者充分协商达成变更协议的，应当继续履行。

47. 公司单方解除高管劳动关系的事实认定

原告：北京某广告有限公司
被告：刘某某

 **争议焦点**

公司单方解除高管劳动关系应如何认定？

基本案情

刘某某于2013年7月19日入职北京某广告有限公司（以下简称"某公司"），担任首席执行官，双方签订了无固定期限劳动合同，约定："公司聘用员工担任首席执行官一职；员工的工资为（税前）人民币80 000/月，公司应于次月10日（或之前）向员工支付。"2014年8月6日，某公司对刘某某做出免职和解除劳动合同通知书，内容为："刘某某，本公司董事会已做出决议，于2014年8月6日免除你首席执行官以及某公司上海分公司负责人的职务，并与你立即解除劳动关系。本公司现在向你发出免职和解除劳动合同通知，解除与你于2013年7月19日签署的劳动合同，故公司与你的劳动合同将于2014年8月6日解除。鉴于你在本公司工作期间存在严重违反公司规章制度的行为以及严重失职、营私舞弊给公司造成重大损害的行为，本公司现根据《中华人民共和国劳动合同法》第三十九条以及本公司员工手册等规定，做出上述免职和解聘决定。"

刘某某申诉至仲裁委。刘某某主张，某公司系违法解除劳动关系。在仲裁过程中，某公司主张与刘某某解除劳动关系的事实理由为：刘某某在任职期间，未能履行首席执行官职责，导致公司财务和经营状况恶化，亏损严重，员工待岗；超越职权范围，不当免除债务人 L 公司的债务，给公司造成了巨大经济损失；利用首席执行官的职权了解到公司唯一可用的资金账户，并查封该账户导致公司资金链断裂及公司停产停业的严重后果。北京市朝阳区仲裁委做出了京朝劳仲字（2014）第 11656 号裁决书，裁决：某公司支付刘某某违法解除劳动关系赔偿金 52 137 元及其他事项。

某公司不服仲裁裁决，认为其与刘某某系合法解除劳动关系，故诉至一审法院。某公司认为其合法解除事由除了某公司于仲裁期间主张的事实之外，还包括刘某某在任职期间给非公司员工刘某（刘某某妻子）等三人缴纳社会保险。

审理结果

一审法院未采信某公司的主张，做出与仲裁裁决一致的判决。某不服一审法院判决，坚持以一审起诉意见上诉至二审法院；同时，关于劳动关系解除事由，于二审期间增加一项：刘某某在任职期间，将公司应当付给珠海 Z 信息技术有限公司的合同款项据为己有，属于营私舞弊，侵害公司利益。

二审法院经审理未采信某公司的主张，认定某公司系违法解除与刘某某的劳动关系。

评析意见

本案涉及劳动者为公司高级管理人员时，公司高管与公司之间的劳动争议案件的审理思路。公司高管劳动争议与一般的劳动争议相比较，具有以下特征：（1）高管与用人单位的从属关系较弱。高管一方面作为劳动者受雇于用人单位，另一方面作为管理者管理其他劳动者，或直接代表用人单位对外处理事务，因此，其人格上的从属性较弱。同时，高管人员的劳动报酬主要体现对其经营管理的激励，而非劳动者工资的对价性和保障性的结合。高级管理人员对用人单位经济上的从属性也较弱。（2）双方矛盾深重。高管因其岗位的重要性及与用人单位股东层级接近等原因，与公司所有者之间易于建立良好的信任关系，一旦发生劳动争议，往往伴随其他矛盾，导致调解困难、审理难度较大。（3）高管举证能力高于一般劳动者。高管比普通劳动者更了解用人单位的情况，也更易于接触公司内部各类文件。（4）法律适用存在交叉。公司高管作为劳动者，受劳动法、劳动合同法的约束，同时，公司法亦规定了公司高管对公司的忠实、勤勉、竞业禁止等义务。在审理公司高管劳动争议案件时，出现了多部法律选择、交叉适用的情形。（5）出现多个请求权及诉讼程序交叉。如在高级管理人员兼任公司监事、董事时，公司可以基于公司法提起损害公司权益纠纷诉讼，亦可以基于劳动法主张合法权益；公司在与高级管理人员建立、延续、解除劳动关系时，既受公司法项下董事会决议做出程序、内容合法的约束，亦受劳动法关于劳动合同订立、续签、解除等相关规定的规制。

本案例中，值得特别讨论的有以下几个方面：

1. 劳动法视野中的高级管理人员

目前，我国劳动法并未对公司高级管理人员进行规定。"高级管理人员"一词出现在《中华人民共和国公司法》（以下简称《公司法》）中。《公司法》第二百一十七条规定："高级管理人员，是指公司的经理、副经理、财务负责人、上市公司董事会秘书和公司章程规定的其他人员。"从法律规定看，公司高级管理人员应当是对外、对内能够行使公司经营管理权限的人员。

在《中华人民共和国劳动合同法》（以下简称《劳动合同法》）制定过程中，对于高级管理人员是否适用《劳动合同法》，一直存有争论。第一种观点认为，随着我国公司法实践和劳动法的发展，公司高级管理人员与一般劳动者的区别越来越明显，因此，有所区别地确定不同于一般劳动者的法律规则具有一定的合理性。第二种观点认为，公司高级管理人员尽管属于公司的管理层，但管理也是一种劳动，公司作为一个独立的法人，与公司高级管理人员应当是劳动关系。通说认为，公司高级管理人员与公司建立劳动法律关系。① 因此，公司高级管理人员与公司之间存在两个法律关系，一是聘任关系，二是劳动关系。在处理高管与公司之间的聘任关系时，应当适用公司法的相关规定；在处理劳动关系时，应当适用劳动合同法。因公司高管与公司存在上述两种关系，正确适用两部法律是正确处理公司高管与公司之间关系的前提。

相比之下，其他国家的劳动立法例鲜有采用"高级管理人员"的称谓。国外立法例在界定公司高管概念时采用的是"雇主""雇员"的概念。如《德国劳动法院法》第五条规定："在法人企业或合伙企业工作并且根据法律、章程或公司合同单独的或作为代表机构的成员被任命为法人或合伙人的代表人，不属雇员范畴。"《日本劳动基准法》第十条规定："本法所称雇主系指企业主、企业经理人或代表企业主处理企业中有关工人事宜的人。"美国有关法律规定，雇主是"直接或间接地为了与雇员相对应的雇佣方的利益而行事的任何人"，确定"雇主身份"时，通常需要考虑以下因素：该主体是否享有雇佣和解雇雇员的权利；该主体是否可对雇员进行工作安排或对雇佣状况进行监督和控制；该主体是否享有确定工资支

---

① 根据原劳动部《关于全面实行劳动合同制的通知》（劳动部发〔1994〕360号）的规定，厂长、经理是由上级部门聘任（委任）的，应与聘任（委任）部门签订劳动合同；实行公司制的企业厂长、经理和有关经营管理人员，应根据公司法中有关经理和经营管理人员的规定与董事会签订劳动合同。

付比率及方式的权利；该主体是否保存雇佣记录，等等。① 因此，国外立法在界定公司高管时，采用的是"雇主"和"雇员"概念的区分，若高管符合雇主的特征则纳入"雇主"的范畴，若高管符合雇员的特征则纳入"雇员"的群体。

笔者建议，在劳动法视角下，从用人单位中具有一定级别的管理人员所掌握的权力、资源与信息均较普通劳动者占有优势的角度出发，劳动争议中的"高管"应适当略宽于《公司法》的规定。②

2. 高级管理人员劳动关系之解除

（1）公司解聘高管的事实理由是否成立不属于司法审查范围

如前所述，高级管理人员与公司之间形成两个法律关系：聘任关系、劳动关系。《公司法》第五十条规定："有限责任公司可以设经理，由董事会决定聘任或者解聘。经理对董事会负责，行使下列职权：（一）主持公司的生产经营管理工作，组织实施董事会决议；（二）组织实施公司年度经营计划和投资方案；（三）拟订公司内部管理机构设置方案；（四）拟订公司的基本管理制度；（五）制定公司的具体规章；（六）提请聘任或者解聘公司副经理、财务负责人；（七）决定聘任或者解聘除应由董事会决定聘任或者解聘以外的负责管理人员；（八）董事会授予的其他职权。"第一百一十四条规定："股份有限公司设经理，由董事会决定聘任或者解聘。"因此，按照《公司法》的规定，经理、副经理的聘任、解聘，由公司董事会做出决定；经理经董事会授权可以决定聘任或解聘其他负责管理人员。公司董事会解聘高级管理人员采取的是"无因解聘"原则，即无须正当理由即可解聘公司高级管理人员。

人民法院在审理公司决议撤销纠纷案件中应当审查会议召集程

---

① 谢增毅. 劳动关系的内涵及雇员和雇主身份之认定［J］. 比较法研究，2009（6）.

② 马永军，等. 高级管理人员劳动争议的防范［J］. 中国劳动，2013（6）.

序、表决方式是否违反法律、行政法规或者公司章程，以及决议内容是否违反公司章程。在未违反上述规定的前提下，解聘公司高级管理人员职务的决议所依据的事实是否属实、理由是否成立，不属于司法审查范围。这是因为：一是强调公司自治原则。高级管理人员的聘任和解聘，关涉到公司日常经营决策的核心和关键，公司董事会基于公司发展的需要而调整公司高级管理人员是行使公司的自治权。二是尊重公司章程的规定。公司章程是公司的自治规章，只要公司章程对高级管理人员的聘任和解聘没有做出特殊规定，就应当按照章程规定办理。至于解聘是出于什么原因、基于何种理由，以及解聘的理由是否真实存在、是否合理，均属于公司自治的范畴。三是符合董事会与经理等高级管理人员之间委托代理关系的法律性质。关于董事会与经理之间的关系，法学界一般认为是委托代理关系。经理之所以能够参与公司的经营管理、能够对外进行交易，是源于董事会的聘任，董事会聘任合同的法律性质即为委托合同。委托合同是以当事人之间的信任关系为基础的，而信任关系属于主观信念范畴，具有主观任意性，没有严格的判断标准。根据委托代理关系的法律性质，董事会可以随时解聘经理。①

（2）公司解聘高管并不意味着劳动关系的解除

公司解聘高级管理人员，采取的原则系"无因解聘"，但解聘并不等同于劳动关系的解除。公司要与高级管理人员合法解除劳动关系，亦应符合劳动合同法的相关规定。《劳动合同法》第三十九条是有关用人单位单方解除劳动合同的规定，第四十条是用人单位无过失性辞退劳动者的规定。用人单位行使劳动合同解除权，应举证证明符合上述法律规定的情形，否则将构成违法解除劳动合同。

本案例中，某公司董事会做出的解聘决定符合法律规定，并无

---

① 《指导案例10号〈李建军诉上海佳动力环保科技有限公司公司决议撤销纠纷案〉的理解与参照》最高人民法院案例指导工作办公室。

争议；但同时援引《劳动合同法》第三十九条第三项之规定，认为刘某某在任职期间存在严重失职，营私舞弊，给用人单位造成重大损害，故与其解除劳动关系。法院在审理用人单位解除劳动关系的决定是否合法时，应当严格审查用人单位主张解除的事实是否真实存在、理由是否正当充分。

（3）高管严重失职、营私舞弊或不能胜任工作的审查标准

如上所述，用人单位主张合法解除与高级管理人员劳动关系的事实主张基本集中于高级管理人员严重失职、营私舞弊，给用人单位造成重大损害，或者高级管理人员不能胜任工作。法院如何审查该类事实主张的真实性、正当合理性？

首先，主张高管严重失职、营私舞弊或不能胜任工作，要以劳动合同的书面约定为合同依据。书面劳动合同是约定用人单位、劳动者权利义务最为明确的依据，要审查高级管理人员是否存在失职的情形，要依照劳动合同的约定考查其职权范围；审查其是否胜任工作，要看劳动合同中关于其工作成绩考核的标准如何约定。总之，劳动合同是判断高管是否存在用人单位所主张的严重失职、营私舞弊或不能胜任工作的合同依据。

其次，高管的工作亦应符合公司法的相关规定。《公司法》第一百四十八条规定："董事、监事、高级管理人员应当遵守法律、行政法规和公司章程，对公司负有忠实义务和勤勉义务。董事、监事、高级管理人员不得利用职权收受贿赂或者其他非法收入，不得侵占公司的财产。"第一百四十九条规定："董事、高级管理人员不得有下列行为：（一）挪用公司资金；（二）将公司资金以其个人名义或者以其他个人名义开立账户存储；（三）违反公司章程的规定，未经股东会、股东大会或者董事会同意，将公司资金借贷给他人或者以公司财产为他人提供担保；（四）违反公司章程的规定或者未经股东会、股东大会同意，与本公司订立合同或者进行交易；（五）未经股东会或者股东大会同意，利用职务便利为自己或者他人谋取属

于公司的商业机会，自营或者为他人经营与所任职公司同类的业务；（六）接受他人与公司交易的佣金归为己有；（七）擅自披露公司秘密；（八）违反对公司忠实义务的其他行为。董事、高级管理人员违反前款规定所得的收入应当归公司所有。"第一百五十条规定："董事、监事、高级管理人员执行公司职务时违反法律、行政法规或者公司章程的规定，给公司造成损失的，应当承担赔偿责任。"上述法律规定系《公司法》关于高级管理人员对公司的忠实、勤勉义务的规定，是高级管理人员对公司的法定义务，无须特别约定于劳动合同中。高级管理人员如出现了上述违反忠实、勤勉义务的行为，可以认为高级管理人员构成了劳动合同法中所规定的严重失职、营私舞弊或不能胜任工作的情形。

（4）公司解聘高级管理人员后是否能调岗调薪

如前所述，公司可以"无因"解聘高管，但必须"有因"解除高管劳动关系。那么，如果公司无合法解除与高管劳动关系之事实理由，是否可以在保留与高管的劳动关系的同时，对其进行调岗调薪？

劳动者岗位、薪酬的调整，系属劳动合同的变更范畴。如用人单位与劳动者之间协议变更或者默示变更，均无异议；但用人单位的单方变更，如何判断其合法合理性，关键在于审查用人单位的单方调岗调薪行为是否构成权利滥用。

关于如何审查用人单位是否构成权利滥用，各地法院进行了有益探索。如广东省高级人民法院、广东省劳动人事争议仲裁委员会发布的《关于审理劳动人事争议案件若干问题的座谈会纪要》第二十二条所确立的用人单位权利滥用判断标准为：①调整劳动者工作岗位是用人单位生产经营的需要；②调整工作岗位后劳动者的工资水平与原岗位基本相当；③不具有侮辱性和惩罚性；④无其他违反法律法规的情形。浙江省高级人民法院《关于审理劳动争议案件若干问题的意见（试行）》第四十二条所确立的用人单位权利滥用判断标准为：确属用人单位生产经营所必需，且对劳动者的报酬及其他劳动条件未做不利变更。有学者将用人单位调职命令权利是否滥用的判断标准进一步概括为三点：第一，必要性，即确实为生产经营所必要；第二，合理性，即调整后的岗位为劳动者能力上所能胜任，工资待遇等劳动条件方面无不利变更；第三，正当性，即岗位调动的目的是正当的，调动的结果也是社会一般观念所能接受的。[1]

普通劳动者的调岗争议中，按照上述判断标准判断用人单位的调岗行为的正当性，可行性较强。然而，针对公司高管的调岗行为，公司提出的协商方案通常不会高于或等同于原先的职位和待遇，这就难以满足"不具有侮辱性"的要求，也难以满足"调整后的工资水平与原岗位基本相当"的要求。因此，在对高管进行调岗时，双方若能就调岗达成一致意见，则完成劳动合同的变更；如未能达成一致意见，则用人单位只能援引《劳动合同法》第四十条第（三）项之规定，与劳动者解除劳动合同。在我国劳动法未区分普通劳动者与高级管理人员的现有状况下，针对高级管理人员的调岗争议，只能按照此种规则处理。

（北京市第三中级人民法院　高　娜）

---

[1] 王林清. 劳动争议裁诉标准与规范[M]. 北京：人民法院出版社，2014：329.

劳动报酬与工时休假

48. 实行计件工资的企业对于计件定额应如何处理

申请人：张某

被申请人：某公司

争议焦点

1. 实行计件工资制的职工，在标准工作时间内超出计件定额的计件工作量是否应按加班支付加班工资？

2. 实行计件工资制的职工，如未完成计件定额，所支付的工资能否低于最低工资标准？

基本案情

某公司系生产型企业，对一线工人实行计件工资，公司通过职工大会决议通过了计件工资定额，约定了完成基础计件定额任务则支付1 560元，并制定了相关薪酬管理制度。张某于2014年年初入职某公司，一开始工作很积极，工作效率很高，在标准工作时间内完成的工作任务每月都超出定额，某公司对于其超出定额的计件量按照正常单价支付了工资。但从2014年下半年开始，由于家庭和个人自身的一些原因，张某工作效率大幅下降，常常不能完成计件定额，导致某公司支付给其工资低于最低工资标准。张某对于所发的工资产生了意见，认为自己上半年超出定额的计件量虽然在标准工作时间内完成，但应当属于加班，要求支付加班工资差额，此后下半年虽然计件量没有完成计件定额，但是某公司支付给自己的工资不应当低于最低工资标准，要求支付最低工资差额。

审理结果

驳回张某的申请请求。

评析意见

本案所涉及的两点问题，一是在标准工作时间内超出计件定额的计件工作量是否应按加班支付加班工资；二是如未完成计件定额，所支付的工资能否低于最低工资标准。

对于第一点，《北京市工资支付规定》第十五条规定，实行计件工资制的，劳动者在完成计件定额任务后，用人单位安排其在标准工作时间以外工作的，应当根据本规定第十四条的原则，分别按照不低于计件单价的150％、200％、300％支付加班工资。因此，即使计件量超出计件定额，只要该计件量是在标准工作时间之内完成的，仍不属于加班。因此，本案中某公司正常支付了张某计件单价，无须再按照加班支付工资。

对于第二点，《最低工资规定》第三条规定："本规定所称最低工资标准，是指劳动者在法定工作时间或依法签订的劳动合同约定的工作时间内提供了正常劳动的前提下，用人单位依法应支付的最低劳动报酬。"但同时，该法第十二条也规定："实行计件工资或提成工资等工资形式的用人单位，在科学合理的劳动定额基础上，其支付劳动者的工资不得低于相应的最低工资标准。劳动者由于本人原因造成在法定工作时间内或依法签订的劳动合同约定的工作时间内未提供正常劳动的，不适用于本条规定。"因此，本案中张某虽然在标准工作时间内工作，但是由于其本人原因造成其并未提供正常劳动，其所提供的劳动量低于计件定额，因此导致某公司向其支付的工资低于最低工资标准，并不违反法律规定。而北京市劳动局关于转发劳动部《关于贯彻执行〈中华人民共和国劳动法〉若干问题的意见》的通知（京劳法发〔1995〕463号）规定："9. 由于个人的责任，未完成企业规定的劳动定额或生产任务的劳动者，企业可以低于最低工资标准支付劳动者工资，但不得低于本市规定的基本生活费标准。"所以，本案中某公司虽然支付给张某的工资按其实际计件定额折算后低于最低工资标准，但是不能够低于基本生活费标准（即最低工资标准的70%）。同时，该文件规定："56. 在劳动合同中，双方当事人约定的劳动者在未完成劳动定额或承包任务的情况下，用人单位可低于最低工资标准支付劳动者工资的条款不具有法律效力。"因此，虽然企业实际向职工支付的工资有可能低于最低工资标准，但双方所签订的劳动合同不能约定此条款。

此外，历年《关于调整北京市当年度最低工资标准的通知》也均对于劳动定额做出要求：实行计件工资形式的企业，要通过平等协商合理确定劳动定额和计件单价，保证劳动者在法定工作时间内提供正常劳动的前提下，应得工资不低于我市最低工资标准。因此，法律仅对正常劳动应得做出了限制。

（北京市顺义区劳动人事争议仲裁院　刘伯阳）

49. 工资标准应由谁承担举证责任

申请人：刘某某
被申请人：北京某科技有限公司

争议焦点

劳动者工资标准的举证责任应该由劳动者承担还是由用人单位承担？

基本案情

申请人刘某某于 2007 年 11 月 19 日入职北京某科技有限公司（以下简称"某公司"）工作，2011 年 8 月 1 日，双方签订无固定期限劳动合同，合同约定刘某某的岗位为部门经理，工资组成为：基本工资 1 000 元＋岗位工资 900 元＋保密费 100 元。

刘某某主张 2012 年 10 月 31 日实发工资标准上升到 13 048.94 元，2014 年 10 月、12 月，2015 年 1 月至 3 月期间的工资低于北京市最低工资标准；同时，刘某某主张自 2012 年 6 月起，某公司经常无故克扣其工资，甚至低于最低工资标准支付工资。

经多次主张无果，刘某某于 2015 年 6 月 2 日以某公司未足额支付劳动报酬为由向某公司邮寄了解除劳动合同通知书。据此要求：(1) 支付 2012 年 6 月 1 日至 2015 年 4 月 30 日期间克扣的工资。(2) 支付解除劳动合同经济补偿金。

某公司无正当理由未出庭。

审理结果

仲裁委驳回了刘某某的仲裁请求。仲裁委认为：当事人对自己提出的主张，有责任提供相应的证据。刘某某提交的工资卡交易记录不能证明是某公司支付的工资，其关于工资标准为13 048.94元的主张依据不足，本委不予采信。

刘某某要求某公司支付2012年6月1日至2015年4月30日期间克扣的工资的仲裁请求，证据不足，本委不予支持。刘某某以某公司未足额支付劳动报酬为由提出解除劳动合同，但未能提交证据证明某公司存在未足额支付工资的情形，本委对刘某某要求某公司支付解除劳动合同经济补偿金的请求，不予支持。

评析意见

个人认为，刘某某提交工资卡交易明细，已就工资标准不同于劳动合同约定的情况承担了自己一方的举证责任，仲裁委在某公司未出庭的情况下，以刘某某不能证明工资卡交易记录是某公司支付的工资为由而对刘某某主张的工资标准直接不予采信，是对举证责任分配的错误认识，理由有三。

第一，《北京市工资支付规定》第十三条规定："用人单位应当按照工资支付周期编制工资支付记录表，并至少保存二年备查。工资支付记录表应当主要包括用人单位名称、劳动者姓名、支付时间以及支付项目和金额、加班工资金额、应发金额、扣除项目和金额、实发金额等事项。劳动者有权查询本人的工资支付记录。"第八条明确规定："用人单位支付劳动者工资应当向其提供一份其本人的工资支付清单。"

本案中，某公司作为用人单位，在仲裁审理中缺席，未提交任何工资支付记录，也没有提供刘某某近两年应发工资金额的证据，同时某公司也从未向刘某某提供过工资支付的清单。

第二，众所周知，当前银行打卡是工资发放的主流形式。但不是所有的银行打卡记录都能显示出工资支付的主体名称。本案中，刘某某工资卡交易记录虽无法直接显示出工资支付的主体，但该工资卡交易记录已是刘某某手中仅有的工资支付凭证，仲裁委单纯以该工资卡交易记录不能证明是某公司支付的工资为由否认刘某某月工资标准的主张是强人所难，违背公平原则，未充分考虑刘某某一方的举证能力。

第三，退一步讲，如果按照仲裁委的逻辑，刘某某完全可以主张某公司工资一分未付，不提交关于工资发放情况的任何证据。此时，根据《北京市劳动人事争议仲裁证据规则》第四条"因用人单位减少劳动报酬而产生劳动争议由用人单位对决定所依据的事实和处理依据附有举证责任"的规定，以及《最高人民法院关于审理劳动争议案件适用法律若干问题的解释（一）》第十三条所规定的，因用人单位做出的减少劳动报酬而发生的劳动争议，用人单位负举证责任，本案中某公司岂不完全处于工资完全未付的尴尬境地？

综上，相关法律法规并未直接明确工资标准的举证责任，但通过《北京市工资支付规定》来看，关于工资标准的举证责任应当首先在于用人单位。

本案中，虽然劳动合同约定了工资标准，但刘某某所主张的工资标准实际高于劳动合同中所约定的工资标准，且刘某某已就所主张的工资标准提供了工资卡交易明细，但仲裁委却以刘某某不能证明工资卡交易记录是某公司支付的工资为由对刘某某主张的工资标准直接不予采信。

对于广大劳动者来说，其自身的举证能力往往是有限的，可能连工资清单都没有,即使单位采用打卡的形式支付工资,所打印出来的银行交易明细可能也无法直接显示出工资支付的主体而出现本案中的情况。此时,如果再根据"谁主张,谁举证"的原则继续要求劳动者举证,显然是不公平的,应当把举证责任重新分配给用人单位,由用人单位对劳动者所主张的工资标准提供相应的反驳证据。

本案中,某公司根本没有出庭,未在举证期限内提交相应的证据材料,应承担不利后果。

(北京市弘嘉律师事务所　王　凡)

50. 审批特殊工时制度是否能避免支付加班费

申请人：小赵
被申请人：北京某川味菜馆

争议焦点

特殊工时制度是否能避免支付加班费？

基本案情

小赵是土生土长的四川人，2012年经同乡介绍，踏上了北漂之路，如今在北京某川味菜馆（以下简称"菜馆"）任厨师。菜馆于2011年年底开业，凭借着地道的四川口味博得广大顾客的青睐，生意越来越红火。原本生意红火对用人单位和劳动者都是好事，可在小赵心里却越来越不是滋味。生意红火前，小赵每天10时到厨房开始工作，工作4个小时后，自14时至17时休息，17时至21时继续工作4小时，每周保证周一一整天的休息；可菜馆生意红火后，自2013年6月1日起工作时间就调整为10时至15时、16时至23时，有时甚至要工作到深夜，仍然是每周只能周一休息1天。就这个问题，小赵找了菜馆老板，要求菜馆老板要么支付加班费、要么多给一整天休假，但未果。小赵为此于2016年2月15日向菜馆提出解除双方的劳动关系，并提起仲裁申请，要求菜馆支付其延时、法定节假日及休息日加班费。菜馆向仲裁委提供有关综合计算工时制度的审批材料为证，其中显示2013年6月1日菜馆的厨师岗位被批准为期三年可实行以年为计算周期的综合计算工时制度。

审理结果

支持小赵的仲裁请求。

评析意见

综合计算工时工作制是针对因工作性质特殊，需连续作业，受季节及自然条件限制，受外界因素影响，生产任务不均衡，职工家庭距工作地点较远，采用集中工作与集中休息、实行轮班作业，可以定期集中安排休息与休假的企业的部分职工，在保障身体健康的基础上采用的，以周、月、季、年等为周期综合计算工作时间的一种工时制度。但要确保职工的休息休假权利和生产、工作任务的完成，其平均日工作时间和平均周工作时间应与法定标准工作时间基本相同。

根据《北京市企业实行综合计算工时工作制和不定时工作制的办法》（以下简称《办法》）的规定，企业应当实行职工每日工作8小时、每周工作40小时的标准工时制度，企业确因生产经营特点和工作的特殊性不能实行每日工作8小时、每周工作40小时的，经申报、批准可以实行综合计算工时工作制或者不定时工作制。由此可见，要实行综合计算工时制，首先要经过申报和批准。本案中，菜馆已经向仲裁委提供有关综合计算工时制度的审批材料，其中也显示2013年6月1日该菜馆的厨师岗位被批准为期三年可实行以年为周期的综合计算工时制度。菜馆在案件审理过程中一再强调因其经过了审批，所以其自 2013 年 6 月 1 日起调整的工作时间符合法律规定，其不应向小赵支付加班费。

《办法》规定，实行综合计算工时工作制的企业，在综合计算周期内，某一具体日（或周）的实际工作时间可以超过 8 小时（或 40 小时），但综合计算周期内的总实际工作时间不应超过总法定标准工作时间，超过部分应视为延长工作时间并按《中华人民共和国劳动法》（以下简称《劳动法》）第四十四条第一款的规定支付劳动报酬，其中法定休假日安排职工工作的，按《劳动法》第四十四条第三款的规定支付职工工资报酬。本案中，自菜馆执行综合计算工时制以来，小赵每日工作 12 小时、每周工作 72 小时，已超出每日工作 8 小时、每周工作 40 小时的标准。虽然菜馆实行了综合计算工时，但并没有集中安排小赵休息，也就是说，小赵长此以往的工作必然会超过总法定标准工作时间。菜馆错误地理解了综合计算工时制度仅仅是对特殊工作性质的岗位进行工作时间的调整，并不是审批了综合计算工时制度可根据生产经营需要随意延长工作时间，实际上，综合计算工时的平均日工作时间和平均周工作时间应与法定标准工作时间基本相同。以小赵实际工作的情况，菜馆除了要负担小赵超出年度总工作时间的延时加班费外，还因其只安排小赵每周一休息 1 天，未安排其法定节假日休息，故应另外支付小赵法定节假日加班工资。

自 2013 年 6 月 1 日至 2015 年 5 月 31 日，两个综合计算工时制度的周期的延时加班费，菜馆可根据实际出勤情况与综合计算周期总工时标准计算出延时加班小时数，但自 2015 年 6 月 1 日至 2016 年 2 月 15 日期间的加班费该如何计算呢？根据《办法》规定，实行综合计算工时工作制的职工，综合计算工作时间的计算周期不得超过本人劳动合同尚未履行的时间。如果企业与职工终止、解除劳动合同时，其综合计算工作时间的计算周期尚未结束的，对职工的实际工作时间超过法定标准工作时间的部分，企业应按《劳动法》

第四十四条第二款的规定支付劳动报酬。由此可见，菜馆审批的综合计算周期以年为单位，小赵于2016年2月15日与菜馆解除劳动关系，那么自2015年6月1日至2016年5月31日的计算周期已超过小赵劳动合同尚未履行的时间，小赵提出解除劳动关系时，其综合计算工作时间的计算周期尚未结束，故菜馆安排小赵在2015年6月1日至2016年2月15日期间超出法定工作时间的加班应按《劳动法》第四十四条第二款的规定支付劳动报酬。

(北京市朝阳区劳动人事争议仲裁院　康　琳)

51. 计算经济补偿金的基数是否应包括双休日、节假日工资

原告：张某
被告：某轧钢厂

争议焦点

1. 计算经济补偿金的基数是否应包括双休日、节假日工资？
2. 个人垫付的应由单位负担缴纳的社保费用是否有权请求单位返还？

基本案情

一审法院查明，张某自 2010 年 11 月 29 日起被某轧钢厂安排在宣钢型棒厂型材车间任电气焊维修工。2011 年 1 月 1 日，某轧钢厂与张某签订了以完成一定工作任务为期限的书面劳动合同，合同约定企业应缴纳的养老、失业保险开到张某的工资中。2013 年 12 月 5 日，某轧钢厂以完成工作任务为由口头通知张某不再工作。后张某申请劳动仲裁，并对仲裁裁决不服提起诉讼。

因张某与某轧钢厂的合同约定企业应缴纳的养老、失业保险开到张某的工资中，故签订合同后，张某未将其社会保险手续转移至新单位。张某自 2011 年 7 月至 2013 年 12 月个人共缴纳医疗保险费 4 659.72 元，自 2011 年 1 月至 2013 年 12 月个人共缴纳企业个

人养老保险费 17 300.8 元,其提交的社会保险收费票据上显示的缴费项目是"企业个人养老保险费",另查,2011 年 7 月至 2013 年 12 月职工基本医疗保险企业应缴纳比例为 6.5%、个人缴纳比例为 2%,企业个人养老保险企业应缴纳比例为 12%、个人缴纳比例为 8%。

张某自 2013 年 1 月至 2013 年 12 月的月平均工资为 2 010.83 元。张某还主张了双休日加班费、法定节假日加班费,并以实际月平均工资及双休日加班费、法定节假日加班费的合计金额为基数主张了经济补偿金。

 审理结果

一审法院认为,因工作任务完成,某轧钢厂解除了与张某的劳动关系,应当按实际月平均工资支付张某经济补偿金 7 035 元。还应当为张某缴纳劳动关系存续期间的养老保险、医疗保险及失业保险。某轧钢厂虽约定将企业应负担的部分开到张某工资中,但该项约定免除了用人单位的法定责任、排除了劳动者的权利,不符合法律规定,应认定无效;因张某按个人保险垫付的医疗保险、养老保险费用及比例低于某轧钢厂按职工保险应实际缴纳的数额,故判决某轧钢厂支付张某垫付的基本医疗保险费 3 563.32 元、养老保险费 10 380.48 元。该案上诉后被发回重审。

一审法院重审认为,张某与某轧钢厂之间的劳动合同因工作任务完成而终止,故某轧钢厂提出与张某解除劳动关系,符合法律、法规的规定。但某轧钢厂应当按张某的工作年限支付 3.5 个月工资的经济补偿,张某终止劳动关系前十二个月的平均工资为 2 010.83 元,据此计算经济补偿为 7 037.92 元。根据《最高人民法院研究室关于王某与某公司劳动争议纠纷申请再审一案适用法律问题的答复》(法研〔2011〕31 号)的意见;根据《中华人民共和国劳动法》《社会保险费征缴暂行条例》的有关规定,征缴社会保险费属于社会保险费征缴部门的法定职责，不属于人民法院受理民事案件的范围。故对张某要求某轧钢厂负担养老保险费 10 380.48 元、医疗保险费 3 563.32 元的诉讼请求，本院依法不予处理。双方不服判决，均提起上诉。

二审法院认为，双方之间的劳动合同因工作任务完成而终止，某轧钢厂解除与张某之间的劳动关系，符合法律法规的规定并无不妥。因原审法院查明张某在 2013 年度的月平均工资为 2 010.83 元，高于该年度前两年的日工资 60 元/天，而张某的诉讼请求是要求某轧钢厂支付节假日加班工资 3 960 元（60 元×33 天×2）、双休日加班工资 18 720 元（60 元×312 天），没有分段计算其主张的三年的节假日、双休日加班费，是其对自己权利的处分，对其该主张本院予以采信。故某轧钢厂还应支付张某在此期间节假日加班费 3 960 元、双休日加班费 18 720 元。

因张某与某轧钢厂之间的劳动合同是因工作任务完成而终止，某轧钢厂依法应向张某支付 3.5 个月的经济补偿。而张某终止劳动关系前十二个月的平均工资为 2 010.83 元，加上月平均节假日、双休日工资 630 元［（60 元×11 天×200％＋60 元×104 天×100％）÷12］，故某轧钢厂应向其支付经济补偿金 9 242.91 元［(2 010.83 元＋630 元)×3.5］。

张某主张由某轧钢厂支付其已垫付的养老保险费、医疗保险费，因张某未将社会保险关系转至某轧钢厂，某轧钢厂也没有为其建立社会保险关系，不存在企业应缴纳负担部分而未缴纳时个人垫付的情形，故张某该项诉讼请求没有法律依据，不予支持。

评析意见

1. 计算经济补偿时是否应将加班工资或双休日加班工资、法定节假日加班工资作为基数

《中华人民共和国劳动合同法》第四十七条规定:"经济补偿按劳动者在本单位工作的年限,每满一年支付一个月工资的标准向劳动者支付……本条所称月工资是指劳动者在劳动合同解除或者终止前十二个月的平均工资。"《中华人民共和国劳动合同法实施条例》第二十七条规定:"劳动合同法第四十七条规定的经济补偿的月工资按照劳动者应得工资计算,包括计时工资或者计件工资以及奖金、津贴和补贴等货币性收入。"从以上规定看,计算经济补偿时并未将加班工资或节假日工资作为基数。

1995年8月4日,原劳动部颁发了关于印发《关于贯彻执行〈中华人民共和国劳动法〉若干问题的意见》的通知,第五十三条规定,劳动法中的"工资"是指用人单位依据国家有关规定或劳动合同的约定,以货币形式直接支付给本单位劳动者的劳动报酬,一般包括计时工资、计件工资、奖金、津贴和补贴、延长工作时间的工资报酬以及特殊情况下支付的工资等。其中提到了"延长工作时间的工资报酬",但"延长工作时间"是否包括双休日加班和法定节假日加班,仍未予以明确。

2. 个人垫付的应由单位负担缴纳的社保费用是否有权请求单位返还

本案一审虽支持了个人此项请求权,但被二审撤销判决、发回重审。本案重审判决和二审判决都驳回了原告的此项诉讼请求,但理由并不相同。

(河北省张家口市宣化区人民法院　苗照亮)

52. 公司是否可以对员工进行罚款

申请人：吴某
被申请人：某设计公司

争议焦点

1. 公司是否可以依据规章制度对员工进行罚款？
2. 公司是否能找到更合理合法的途径来解决员工违纪问题？

基本案情

吴某于 2015 年 12 月 1 日入职某设计公司担任行政助理，月工资 3 500 元，双方订立了为期 3 年的劳动合同。吴某在日常工作中负责每天记录员工考勤、每月将考勤汇总上报财务部等工作，在 2016 年 3 月将考勤汇总时，吴某因工作失误给本没有请病假的王某记了 1 天病假，后被财务部的工作人员发现，对吴某进行了批评教育，吴某虚心接受了批评。2016 年 4 月发放工资时，吴某发现其工资中被扣除了 200 元钱，工资条中写明是"罚款"，吴某找到财务部询问罚款情况，财务部告知是因为其工作失误将 2016 年 3 月的考勤汇总弄错，公司根据规章制度对其进行罚款。吴某对此不服，称将考勤汇总报错是工作失误，但已经接受了批评，且没有给公司造成损失，公司没有处罚权，所以应将 200 元罚款返还。2016 年 5 月，吴某以某设计公司没有为其缴纳社保险和罚款为由提出了仲裁申请，要求该公司返还罚款200元。某设计公司认为根据公司的规章制度第十二条的规定：员工在工作中出现失误给公司造成损失的，公司有权对员工进行警告和处以50元至500元的罚款。

吴某要求某设计公司返还2016年3月罚款200元。

审理结果

裁决某设计公司返还吴某罚款200元。

评析意见

对于企业在管理过程中是否可以对违纪员工进行处罚的问题，分歧很多。有观点认为：根据规定，企业不是行政管理主体，无权对员工予以罚款。另有观点认为：如果员工违反公司制度，且奖罚机制事先通过工会即可执行；对员工处罚是维持企业内部生产秩序和工作纪律，保障企业的正常生产和经营秩序。

很多企业认为可以对员工进行罚款的法律依据是1982年实施的《企业职工奖惩条例》。其中第十一条规定："对于有下列行为之一的职工，经批评教育不改的，应当分别情况给予行政处分或者经济处罚。（一）违反劳动纪律，经常迟到、早退、旷工、消极怠工，没有完成生产任务或者工作任务的；（二）无正当理由不服从工作分配和调动、指挥，或者无理取闹，聚众闹事，打架斗殴，影响生产秩序、工作秩序和社会秩序的……。"第十二条规定："对职工的行政处分分为：警告，记过，记大过，降级，撤职，留用察看，开除。在给予上述行政处分的同时，可以给予一次性罚款。"通过上述规定可以看出，企业可以对员工进行处分，并且有权进行罚款，这是罚款的制度依据，但该条例在2008年1月15日废止，企业制定的规章制度中的经济处罚失去了法律依据。

《企业职工奖惩条例》废止后,取而代之的是1995年1月1日施行的《中华人民共和国劳动法》和2008年1月1日施行的《中华人民共和国劳动合同法》,均没有提及企业对员工经济处罚权的问题,其中只是在《中华人民共和国劳动法》第四条提到:"用人单位应当依法建立和完善规章制度,保障劳动者享有劳动权利和履行劳动义务。"《中华人民共和国劳动合同法》第二十二条、第二十三条、第二十五条规定:除竞业限制和保密协议外,不得由劳动者承担违约金。由此可见,劳动法和劳动合同法并未规定企业罚款权,仅规定了两种情况下劳动者负有赔偿责任。至于对用人单位如何"依法"、依据哪部法律来制定公司内部处罚规章制度没有给出明确规定。在企业的生产经营活动中,对于劳动者严重违反法律、规章制度以及严重失职、营私舞弊造成用人单位重大损害的行为,可以通过规章制度中的其他惩戒措施来约束,或者只能采取解除劳动合同、要求劳动者赔偿损失以及按约定支付违约金等措施,而不能处以罚款。综上所述,用人单位通过规章制度制定的罚款措施,是违反法律规定的。本案中,某设计公司对吴某的200元罚款应当予以返还。

可是,无规矩不成方圆,尤其是中国现阶段职工职业化程度并不高,完全依靠员工的个人素质和自律来维系企业良好的工作秩序是很难办到的,而且,如果在出现坏事苗头时企业不及时进行处罚,以示惩戒,其他人就会群起而效之,企业就更难管理。那么,用人单位是否能找到更合理合法的途径来解决员工违纪问题?

1. 变罚款为赔偿

《工资支付暂行规定》第十六条规定:"因劳动者本人原因给用人单位造成经济损失的,用人单位可按照劳动合同的约定要求其赔偿经济损失。经济损失的赔偿,可从劳动者本人的工资中扣除。但每月扣除的部分不得超过劳动者当月工资的20%。若扣除后的剩余工资部分低于当地月最低工资标准,则按最低工资标准支付。"即员工因个人原因给用人单位造成损失的，用人单位可以按照合同约定要求其赔偿经济损失，这个损失赔偿可以从工资里扣，但是最多不能超过当月工资的20%。除此以外，除了法定的代扣工资情形以外，企业不能以任何理由扣减员工的工资。由此看出，企业要留存员工给企业造成经济损失的直接依据，以便日后让员工进行赔偿。

2. 变罚款为绩效扣分

即员工的工资由基础工资和绩效工资、奖金等构成，绩效考核成绩与绩效工资直接挂钩。用人单位可以在规章制度或员工手册中设立"月考核奖、季考核奖或年考核奖"等类型的综合考核奖项，范围可包括出勤、工作态度、安全、质量、劳动纪律等方面，以此来行使管理权和规范员工行为。如果劳动者达到规章制度规定的考核要求，则全额享受奖励，否则就按比例享受或不能享受奖励。所以，如果员工发生违纪状况，可视情节轻重根据公司的规章制度和员工手册从绩效考核成绩中进行反映，可以进行扣分，由于绩效成绩与绩效工资直接挂钩，所以扣分就等于扣奖金———样起到了罚款的作用。但很多企业都是季度或半年度才考核，对员工因工作失误造成的处罚要在相当长的一段时间后才能体现，因而对员工的行为缺乏及时的指导和惩戒作用。

（北京市顺义区劳动人事争议仲裁院　王　超）

53. 用人单位是否有权强制安排职工休带薪年休假

申请人：张某
被申请人：某家具生产公司

争议焦点

用人单位统一安排员工休假，能否认定为休带薪年休假？

基本案情

张某毕业后，于 2012 年 7 月 1 日入职某家具生产公司工作，主要负责机器的操作工作。该公司大部分的一线员工都来自外地，平时工作比较忙，有时还会加班加点，难得有闲暇。公司每年都会在春节假期后再给员工放一周的假，在张某看来这是公司的一项福利。一次聚会时，张某从朋友处得知劳动者可以享受带薪年休假，具体休假时间由自己决定。张某想到自己公司虽然春节多放了一周假，但是休假时间并不是自己自主决定的，因此认为自己没有享受过带薪年休假，于是张某申请仲裁，要求某家具生产公司支付其 2012 年至 2016 年期间未休带薪年休假工资。

案件审理中，某家具生产公司认为已经安排张某休过年休假，公司在春节期间安排员工多休的一周即为年休假，且该期间公司正常支付张某工资，因此不同意张某的仲裁请求。而张某则认为公司安排在春节期间的一周假为公司给员工的福利，并不是年休假。张某觉得带薪年休假应该是自己能够自主决定休假时间，由自己向公司提出休带薪年休假的申请而启动休假程序，并履行公司相应的请假手续，但春节后一周的休假是公司强制安排的，并未征求过自己的意见，因此，张某认为其入职以来从未休过带薪年休假，公司应向其支付未休带薪年假工资。

审理结果

仲裁委裁决驳回了张某的仲裁请求。

评析意见

本案涉及员工带薪年休假的问题。近年来，带薪年休假落实难的问题越来越得到社会各界的关注，更有机关单位领导带头休年假的新闻见诸报端。但现实情况却不容乐观，一方面是国家大力倡导员工有休年休假的权利，另一方面是很多员工的年休假难以落实，甚至有些员工不敢休假，带薪年休假的规定成了一纸空文。

《职工带薪年休假条例》（以下简称《条例》）第二条中规定："机关、团体、企业、事业单位、民办非企业单位、有雇工的个体工商户等单位的职工连续工作1年以上的，享受带薪年休假。"由此可见，虽然劳动者休带薪年休假的权利受到法律保护，并且有国家政策大力支持，但对于职工休带薪年休假也并非没有任何的限制条件。就本案而言，张某2012年7月1日入职，至2013年6月30日工作满一年，故按照法律规定，其自2013年7月1日开始享有年休假，其要求支付2012年未休带薪年假的请求，仲裁委无法支持。此外，除"连续工作1年以上"外，《条例》第五条也规定了对休带薪年休假的一些限制，主要包括：职工依法享受寒暑假，且休假天数多于年休假的；职工请事假累计 20 天以上且单位按规定不扣工资的；职工累计工作满 1 年不满 10 年，请病假累计 2 个月以上的；职工累计工作满 10 年不满 20 年，请病假累计 3 个月以上的；职工累计工作满 20 年以上，请病假累计 4 个月以上的。有前述情形的职工不享受当年度的年休假。依照法律规定，享有休年休假条件，且不存在前述情形的员工，应当享有当年度的带薪年休假。

那么劳动者休带薪年休假是由用人单位安排，还是由劳动者向用人单位提出申请呢？实践中很多用人单位都在年休假的问题上赋予劳动者一定的自主权，即让员工自己选择本年度的休假时间，然后向用人单位提出休假申请，这也使得很多劳动者想当然地以为休年休假的时间是自己决定的，用人单位无权强行安排。但是，劳动者的想法与现行的法律法规并不完全一致。《条例》第五条规定："单位根据生产、工作的具体情况，并考虑职工本人意愿，统筹安排职工年休假。"由此可知，劳动者虽然享有休年休假的权利，但是休年休假并不是必须由劳动者主动向用人单位提出申请才能启动，而是由用人单位主动安排的。劳动者本人意愿只是单位安排年休假的考量因素之一，并不是决定因素。用人单位有权根据其自身生产经营情况安排职工休带薪年休假，同时这也是用人单位应尽的义务，即便劳动者没有主动提出休年休假的申请，也不能视为其放弃休假。如果用人单位确因工作需要不能安排劳动者休年休假的，并不必然导致劳动者无法享受该年度的年休假，还须经劳动者本人同意，才可以不安排其休年休假。就本案而言，某家具生产公司安排其员工在每年春节后集中休带薪年休假的做法是考虑到公司自身的生产需要，且该做法并不违反现行法律法规的规定。但值得注意的是，年休假的天数并非"一视同仁"，劳动者每年度享受年休假的天数根据其累计工作年限的长短有所不同，根据《条例》第三条的规定："职工累计工作已满 1 年不满 10 年的，年休假 5 天；已满

10年不满20年的，年休假10天；已满20年的，年休假15天。"本案中，张某2012年毕业后开始工作，至其申请仲裁时累计工作四年左右，按照法律规定，其每年能享受五天年休假，某家具生产公司安排其春节后多休一周作为带薪年休假，并不违反前述关于职工享有的年休假天数的规定。某家具生产公司不考虑其员工的累计工作年限，一律安排员工每年休五天年休假，这样的做法值得商榷。

此外，一些用人单位为吸引员工，常常向劳动者承诺有带薪福利假，作为法定带薪年休假的补充，或者承诺本单位的年休假天数多于法律规定的天数，而现行法律法规对于福利假并没有明确的规定，福利假多是用人单位自主管理的，一般通过单位的规章制度进行规定或者通过劳动合同进行约定。对于用人单位的福利假，建议劳动者明确其与法定带薪年休假的关系，以及福利假休假的条件、天数等具体要求，避免日后因此发生争议，使自己处于不利地位。

目前我国劳动者普遍认为假期少、工作时间长、工作压力大，产生这一现象的原因，一方面是诸如带薪年休假这样的制度落实得不彻底，虽然有《职工带薪年休假条例》等规定作为指引和劳动者维权的依据，但是实践中面对用人单位的强势地位，劳动者很多时候敢怒不敢言；另一方面，随着当今社会竞争的加剧，很多行业的工作压力都很大，加班加点是家常便饭，年休假更是可望而不可即的愿望。改变这一现状，仅靠法律规定的保障还远远不够，将法律规定转化为劳动者实实在在的权利，还需要行政部门加强落实，也需要用人单位充分尊重和保障劳动者的年休假权利。带薪年休假能更好地调动劳动者工作的积极性，提高工作效率，同时增强对用人单位的归属感，可以说是益处良多。同时，劳动者也应增强维权意识，对于法律赋予自己的权利要积极行使，劳资双方都遵纪守法，才能更好地保障各自的权益。

（北京市顺义区劳动人事争议仲裁院　柳　赛）

54. 用人单位能否因员工违纪扣发奖金

原告：A 制药有限公司
被告：邵某

争议焦点

公司是否有权扣除违纪员工违纪行为发生当月的奖金？

基本案情

2013 年 6 月 7 日，邵某入职 A 制药有限公司（以下简称"A 公司"），担任医药专员，双方签订有期限为 2013 年 6 月 7 日至 2016 年 6 月 6 日的劳动合同。

邵某在 2014 年 5 月的推广费用报销单中以购买风俗礼品粽子的名义开具了 3 980 元的发票，但实际购买了崇文门新世界百货商场（以下简称"新世界商场"）的购物卡。依照 A 公司规章制度，应扣除其当季度奖金 35 601.91 元，但因违纪行为发现时 2015 年第二季度的奖金已经发放，故 A 公司只能先扣除了邵某 2015 年第一季度的应发奖金 16 318.75 元，差额部分，公司拟在 2015 年后续的几个季度中陆续扣除。2015 年 5 月 30 日，A 公司向邵某发出《书面警告》："公司对相关费用报告审核后，发现其在 2014 年 5 月的推广费用报销单中存在购买崇文门新世界百货商场储值卡的情况，账单总金额 3 980 元。经合规委员会讨论决定，该行为违反了公司

《药品推广行为准则》的相关规定。为此，特给予严重书面警告，扣除2014年度第二季度奖金且不适用2016年度加薪制度。"邵某认可A公司曾向其送达该《书面警告》，但其不认可存在购买购物卡并送给客户的行为，故未签收。邵某称其购买的商品为粽子并已分别送至客户手中。

2015年7月，邵某将A公司诉至劳动争议仲裁委员会，要求A公司支付其2015年第一季度奖金16 318.75元及哺乳期精神损失35 817元。仲裁阶段，邵某否认其购买购物卡的行为。A公司提交了公司在新世界商场进行现场调查证明邵某购买购物卡的公证书和A公司对其进行合规调查时的面谈录音，该录音中邵某承认其购买了购物卡。邵某对该录音的真实性予以否认。

仲裁委认为，A公司提交的公证书无法证明邵某购买了购物卡，故未采信该证据。关于录音证据，由于邵某否认其真实性，故仲裁委也未予采信。A公司提出对录音进行鉴定的申请，被仲裁委拒绝。此外，仲裁委还拒绝了A公司申请仲裁委去新世界商场现场核实公证书内容真实性的申请。据此，仲裁委认定，A公司扣除邵某奖金的决定，缺乏事实依据，属于克扣劳动报酬的性质，裁决A公司支付邵某2015年第一季度奖金16 318.75元。A公司不服，起诉至法院。

审理结果

在一审阶段，最初，邵某仍否认有其承认购买购物卡的A公司与其面谈录音的真实性，A公司遂向法院提出录音鉴定的申请。当法院询问邵某是否申请录音鉴定并告知其需要垫付鉴定费后，邵某承认了录音的真实性，并承认了其确实购买过购物卡，但辩称其用购物卡购买了粽子。

法院经审理后认为，A公司向邵某发出的《书面警告》中称被告存在的违纪事实为购买购物卡,违反的制度为《药品推广行为准则》,处罚方式除书面警告外还包括扣除奖金以及不适用加薪制度。A公司实际扣除了邵某2015年第一季度奖金16 318.75元并给予其书面警告。从处罚方式看,其依据的是《员工手册》中"一般过失:违反公司其他规章制度的行为,未造成损失或不良影响的,将受到书面警告处分并且取消当期全部奖金"的规定。"其他规章制度"应是《书面警告》中提到的《药品推广行为准则》。A公司提交的《药品推广行为准则》规定"禁止向医疗卫生专业人士提供现金或现金替代物(如购物券)",从该规定的本意出发,其禁止的是向医疗卫生专业人士赠送购物卡的行为,而非购买购物卡行为本身。购买购物卡的行为不能等同于赠送购物卡,A公司据以处罚邵某的规定与其据以处罚的行为不符,其扣除邵某奖金不符合法律规定,故其要求不支付邵某2015年度第一季度奖金16 318.75元的诉讼请求,法院不予支持。最终,一审法院判决A公司支付邵某2015年第一季度奖金16 318.75元。A公司未上诉。

评析意见

本案中,A公司无法证实邵某实际上给医生赠送了购物卡,A公司向邵某发出的《书面警告》中是以其违反了公司《药品推广行为准则》中关于禁止向医疗卫生专业人士赠送购物卡的规定而给予的处罚,该准则及A公司《员工手册》等规章制度中均没有明确禁止员工购买购物卡,加上邵某提交的也是真实的发票,并声称其最终购买的是粽子,所以法院支持了邵某要求支付扣发奖金的主张。对于法院的判决,结合司法实践,我们具体分析如下:

第一,A公司的规章制度中只规定了禁止向医务人员提供现金或现金替代物(如购物券),但未规定公司人员禁止购买购物卡。

邵某虽然承认其购买了购物卡,但声称其随后马上用购物卡购买了粽子,并向医务人员赠送了粽子而非购物卡,而A公司也无直接证据证明邵某向医务人员赠送了购物卡。因此,尽管A公司合理怀疑,但仍然无法证明邵某违反了关于禁止向医务人员赠送购物卡的规定。

第二,新世界商场开具的发票是真实的(非虚假发票),且上面记载的消费内容直接写明"粽子"而非"购物卡",具有欺骗性和迷惑性,除非进行深入调查,很容易相信邵某买的就是粽子。

第三,由于A公司发现员工的违纪行为存在滞后性,A公司在新世界商场进行的现场调查时间在员工消费行为发生几个月之后,员工在争议中往往以情势变更、不能反映员工当时消费的真实情况为由而否认其关联性。此外,调查结果往往取决于商家的配合度,本案中涉及的新世界商场的配合度非常低。

第四,在目前的司法实践中,关于虚假报销的争议,仲裁委和法院对公司的举证责任要求非常严苛。除非公司能够证明员工在报销中提交了虚假发票或刷卡单,或有员工签字承认存在虚假报销行为的书面记录,否则公司仅以虚假描述报销项目对员工进行违纪处罚,往往得不到仲裁委和法院的支持。

第五,我们认为,奖金系用人单位激励劳动者的措施,用人单位有权自主决定奖金的发放,因此,奖金的发放和扣除应以用人单位与劳动者的约定或规章制度规定为准。本案中,如果邵某违反了A公司的奖金政策,A公司有权做出扣除奖金的处罚。但是,在目前的司法实践中,北京地区的仲裁员和法官倾向于认为奖金主要是和绩效挂钩,只要员工绩效达标,即使员工有违纪情况,员工也有权获得奖金。

最后,值得注意的是,如果从公司发现员工违纪行为到对该员工做出处罚超过半年时间,在发生劳动争议时,尽管没有明确的法律依据,一些仲裁委和法院仍然倾向于认为公司放弃了依照公司规章制度处罚员工的权利。因此，公司应尽量争取在半年内及时对员工的违纪行为做出处罚，否则有可能会被认为是滥用公司处罚权和解除权，从而较难得到司法部门的支持。

(北京市君合律师事务所　谌　楠)

55. "包干制工资"约定的效力认定

原告：北京某机电安装有限公司
被告：张某

争议焦点

用人单位与劳动者在劳动合同中关于工资的约定是否包含加班工资且该约定是否有效？

基本案情

张某于 2013 年 5 月 26 日入职北京某机电安装有限公司（以下简称"某公司"）任施工员，双方签订有期限自入职当日起至 2016 年 5 月 25 日的劳动合同。张某主张其税后工资每月 9 170 元，其提交的某公司出具的《个人收入证明》载明税后平均月收入为 9 170 元，提交的银行账户明细显示 2014 年 1 月至 2014 年 12 月实发月工资从 7 676.76 元至 8 748.76 元不等。

关于加班问题，张某主张在 2013 年 5 月至 2015 年 2 月期间每周工作 7 天，多数时间工作超过 8 小时，累计存在延时加班 5.5 天，休息日加班 125 天，法定节假日加班 13 天，故某公司应支付上述期间加班工资共计 109 660.55 元。双方均认可真实性的考勤表显示："加班天数"一栏注明存在延时加班共计 5.5 天（其中 2014 年 6 月至 8 月分别为 3 天、1 天和 1.5 天），休息日出勤 123

天，法定节假日出勤 7 天，以探亲假、事假等形式共休息 52 天，张某正常出勤至 2015 年 2 月 6 日。某公司则主张双方约定实行包干制工资，加班费与考勤无关，所付工资已包括加班费，考勤表备注的"加班天数"才是双方均认可的加班，为此，提交《劳动合同书》和《员工入职流程表》原件予以证明。其中《劳动合同书》第三十九条约定"除在公司办公室上班人员外，由于工地为不间断施工，其余人员按施工现场作息制度执行，每周按七天工作制，所付工资每月按 30 天支付"；《员工入职流程表》"其他未尽事项说明"一栏中载明"工地人员每周七天工作，工资已含节假日加班费"。对此，张某以《劳动合同书》第 4 条已经明确约定标准工时制度为由，主张不适用第三十九条约定；认可《员工入职流程表》上其本人签字，但不认可所载内容的真实性，并提交《员工入职流程表》复印件一份，显示"其他未尽事项说明"一栏为空白，据此主张某公司所持《员工入职流程表》中相同位置所载内容系该公司事后自行增加的内容。某公司则以张某持有的《员工入职流程表》系双方未办理完入职手续的复印件，不认可其真实性。

张某以要求某公司支付加班工资等为由，向北京市海淀区劳动人事争议仲裁委员会提出仲裁申请，该委认为某公司认可曾向张某支付加班工资，应就加班事实承担举证责任，但其未提供相应证据，故采信张某所提出存在加班事实的主张，做出京海劳仲字 (2015) 第 4976 号裁决书，裁决某公司支付张某 2013 年 5 月 26 日至 2015 年 2 月 6 日休息日、法定节假日、平时延时加班工资共计 109 660.55 元。

 审理结果

法院经审理认为：双方签订的《劳动合同书》第三十九条明确约定"每周按七天工作制，所付工资每月按 30 天支付"，且某公司提供的《员工入职流程表》原件亦载明"工地人员每周七天工作，工资已含节假日加班费"，显然张某作为现场施工员，与某公司的上述相关工资约定系其真实意思表示，故法院对双方关于每月工资包含休息日和法定节假日加班费的约定予以确认，同时经对张某主张的工资标准及实发工资进行核算，并未低于最低工资标准和加班费计算基准，故某公司无须支付该期间休息日和法定节假日加班工资。再次，因上述约定仅系对休息日、法定节假日加班工资已包含在工资总额中的约定，鉴于双方均认可的考勤表中明确载明张某在职期间尚存在延时加班 5.5 天的情况，故应支付相应的延时加班费。

依据《中华人民共和国劳动法》第四十四条、第五十条，一审判决原告某公司向被告张某支付 2013 年 5 月 26 日至 2015 年 2 月 6 日期间的延时加班工资 1 977.86 元。某公司不服一审判决提出上诉后撤诉，一审裁判生效。

评析意见

本案中，双方争议焦点是关于"包干制工资"约定的效力问题，现做如下分析：

首先，工资标准可以在合法、自愿等原则下协商。《中华人民共和国劳动法》（以下简称《劳动法》）第四十七条"用人单位根据本单位的生产经营特点和经济效益，依法自主确定本单位的工资分配方式和工资水平"，这一规定确立了用人单位在工资分配中的自主地位。同时，《中华人民共和国劳动合同法》第三条规定："订立劳动合同，应当遵循合法、公平、平等自愿、协商一致、诚实信用的原则。依法订立的劳动合同具有约束力，用人单位与劳动者应当履行劳动合同约定的义务。"实践中，尽管劳动者与用人单位客观上存在地位不平等、协商能力有差异的情况，但是这并不妨碍双方在关于劳动报酬谈判过程中进行自愿平等协商。因此，在遵循合法、公平、平等、诚实信用的原则下，双方可以就工资标准、支付方式、支付周期等问题，进行市场化的协商约定。

其次，本案中《劳动合同书》第三十九条之约定的性质问题。该条约定"除在公司办公室上班人员外，由于工地为不间断施工，其余人员按施工现场作息制度执行，每周按七天工作制，所付工资每月按30天支付"，该条的字面意思即是某公司所主张的包干制工资约定，也就是说每月的工资中既包括正常工作时间的工资，也包括加班工资。如前所述，现行法律法规并没有禁止用人单位与劳动者就工资报酬进行协商，因此仅就该《劳动合同书》关于包干工资的书面约定而言，并未违反法律规定。

再次，本案中张某所取得的工资是否符合劳动基准，是判断某公司是否应依法支付加班工资的关键。《劳动法》第四十八条规定，国家实行最低工资保障制度。用人单位支付劳动者的工资不得低于当地最低工资标准。具体到本案中，某公司以包干制形式支付的工资既包括正常工作时间工资，也包括休息日、法定节假日加班工资。若要核实是否符合关于工资支付的劳动基准，一方面，需要根据约定的包干制工资标准折算出正常工作时间工资标准，以判断该工资标准是否低于当地最低工资标准。具体到本案中，因约定每月按30天支付工资，即除21.75天属于正常工作计薪日外，8.25天为休息日加班的计薪日，故正常工作时间工资标准＝约定的包干制工资标准÷[21.75＋(30－21.75)×200％]×21.75，即：9 170÷(21.75＋8.25×200％)×21.75＝5 214.31（元）。显然，该正常工作时间工资标准未低于北京市最低工资标准。另一方面，根据双方认可的考勤表记载的出勤情况和银行明细所显示的工资实发数额，选择休息日/法定节假日加班数最高值的月份，核算加班工资计算基数是否以正常工作时间工资标准为基准。经核算，张某的休息日、法定节假日加班的计算基数和倍率亦符合劳动法的规定。综上，本案中某公司所支付的张某工资均符合劳动基准，故该公司无须再行支付休息日、法定节假日的加班工资。

此外，本案中，因双方约定的仅是在工资中"包干"休息日、法定节假日加班费，且双方认可的考勤表中另记载有工作日延时加班情况，故对该部分加班应支付相应的加班工资，法院裁判支持该项请求是正确的。

（北京市海淀区人民法院　杨炎辉）

56. 工资口头变更是否有效

申请人：李某
被申请人：某公司

争议焦点

1. 工资调整未书面协商，调整是否有效？
2. 多长时间可视为书面协商一致？

基本案情

李某自 2005 年 9 月起入职到某公司从事销售工作，双方签订了书面固定期限劳动合同，约定月工资 5 020 元。2013 年 1 月，双方签订《2013 年目标经营责任协议书》，约定月工资 6 020 元，其中约定李某的具体销售指标及完成指标的绩效奖金为 25 000 元。李某未能完成 2013 年度的销售指标。某公司于 2014 年 3 月以李某未完成销售指标为由，单方将李某月工资调整为 4 220 元。某公司以每月银行转账形式支付李某上月工资，并提供李某工资条。2015 年 9 月 25 日，李某以某公司未能及时足额支付工资为由，提出解除劳动合同，并提出仲裁申请：（1）支付 2014 年 3 月 1 日至 2015 年 9 月 25 期间工资差额 38 420 元。（2）支付解除劳动合同经济补偿金 86 000 元。（3）支付 2013 年度绩效奖金 25 000 元。

审理结果

支持李某支付工资差额及支付解除劳动合同经济补偿金的请求,驳回了绩效奖金的主张。

 **评析意见**

司法实践中,对未采用书面形式调整工资的,经常会出现一种倾向性的意见,那就是对虽未书面形式协商一致,但对调高工资,履行一定时间后,就认定工资调高后已形成常态,视为协商一致。即劳动合同内容口头变更有效。

涉及本案对劳动合同部分内容即工资口头变更的有效性,有两种观点。第一种观点是"完全劳动合同法"观点:本案中李某与某公司签订了《2013年目标经营责任协议书》,在协议书中对李某的工资调整为6 020元,且协议书上有双方签字、盖章确认,应视为双方对劳动合同内容进行变更,并已书面确认。因此,自双方签订《2013年目标经营责任协议书》时起视为双方已就李某工资标准由5 020元变更为6 020元协商一致,劳动合同内容变更合法有效。某公司于2014年3月1日起将李某的工资标准又变更为4 220元,同样应属于对劳动合同主要条款的变更,应当由双方协商一致采取书面形式变更,但此次变更某公司未能与李某就工资标准的变更协商一致。依据《中华人民共和国劳动合同法》(以下简称《劳动合同法》)第三十五条"用人单位与劳动者协商一致,可以变更劳动合同约定的内容,变更劳动合同,应当采用书面形式"的规定,仲裁委认为,变更无效,自2014年3月1日起以每月4 220元的标准支付李某的工资系克扣工资,故某公司应支付李某主张自2014年3月1日至2015年9月25日期间的工资差额;并依据《劳动合同法》第三十八条"未及时足额支付劳动报酬"规定，裁定李某提出解除劳动合同理由成立，由某公司支付李某解除劳动合同经济补偿金。

第二种观点是"劳动合同法补充"观点：同样认为本案中李某与某公司签订了《2013年目标经营责任协议书》，在协议书中对李某的工资调整为6 020元，且协议书上有双方签字、盖章确认，应视为双方对劳动合同内容进行变更，并已书面确认。自双方签订《2013年目标经营责任协议书》时起视为双方已就李某工资标准由5 020元变更为6 020元协商一致，劳动合同内容变更合法有效。同时认为，某公司于2014年3月1日起将李某的工资标准变更为4 220元，李某表示不同意，双方亦未书面协商一致，但某公司自2014年3月起一直以4 220元标准支付李某工资至2015年9月，同时每月以发放工资条的形式告知李某，李某也早已知道其本人工资已调整为4 220元。依据《最高人民法院关于审理劳动争议案件适用法律若干问题的解释（四）》第十一条"变更劳动合同未采用书面形式，但已经实际履行了口头变更的劳动合同超过一个月，且变更后的劳动合同内容不违反法律、行政法规、国家政策以及公序良俗，当事人以未采用书面形式为由主张劳动合同变更无效的，人民法院不予支持"的规定，且变更后履行长达18个月，超过一个月的时间，变更后月工资4 220元，亦不低于当地最低工资标准，故应认定变更后的劳动合同内容不违反法律、行政法规、国家政策以及公序良俗，变更有效。由此可见，李某主张的工资差额没有法律依据，解除劳动合同的理由亦不能成立，经济补偿金的请求不能支持。

两种观点，两种截然不同的结果。笔者倾向于第二种观点，不应支持李某的仲裁请求。2008年1月1日实施的《劳动合同法》第三十五条规定了"用人单位与劳动者协商一致，可以变更劳动合同约定的内容，变更劳动合同，应当采用书面形式"，其立法宗旨应该是劳动合同的内容可以变更，同时阐明观点是应采用协商一致、书面变更的形式。在劳动合同内容可以变更的前提下，除书面变更的形式外，还存在着一种口头变更形式，但口头变更形式并未在《劳动合同法》条款中加以规定，经过长达四年的司法实践，最高人民法院于2012年12月31日颁布，《最高人民法院关于审理劳动争议案件适用法律若干问题的解释（四）》，其中第十一条"变更劳动合同未采用书面形式，但已经实际履行了口头变更的劳动合同超过一个月，且变更后的劳动合同内容不违反法律、行政法规、国家政策以及公序良俗，当事人以未采用书面形式为由主张劳动合同变更无效的，人民法院不予支持"的规定，是对《劳动合同法》相关内容的补充，并未与《劳动合同法》的规定冲突和矛盾，实际上也是对劳动合同内容变更形式的一种细化，同时，也是对司法实践中形成的"对调高工资，履行一定时间后，就认定工资调高后已形成常态，视为协商一致"口头变更有效性的确认。所以，对司法解释中相关规定在司法实践中应准确灵活运用，不应拘泥于法律规定高于司法解释的托词而机械教条地片面理解，也要看到在"达到公平、公正，维护双方当事人的合法权益"上，口头变更的有效性也具有双重性。

另，涉及口头变更劳动合同超过一个月，其中，如何理解"一个月"的周期，因工资发放一般采用下发制形式，即下一个月某日才能发放当月工资，那么当月工资的调整从什么时间计算超过一个月，这个时间值得商榷。笔者认为，应以当月工资支付日为起算点，到下一个月工资支付日为一个月的周期。

再者，对口头调整工资若是下调，超过一定期限也认定有效，是不是与《劳动合同法》第三十八条"未及时足额支付劳动报酬"的规定相违背？笔者认为，这是不同的概念。工资下调是指劳动合同内容的变更；未及时足额支付劳动报酬，劳动合同内容并未发生变化，仅是工资支付过程中的行为。如何界定下调还是未足额支付，一是在下调或未足额支付后一个周期内，如果确认正常，没有异议，表明是下调；如果确认不正常，有异议，那完全有时间提出书面异议。二是对未足额支付，即少发或克扣部分在工资条中应有注明，那就不是工资调整问题。总之，无论是工资下调，还是未足额支付，若有异议应及时提出，不能在明知的情况下长时间保持一种履行状态，导致数年甚至数十年后提出异议，要求支付差额甚至解除补偿金，这是利用法律规定而违背了立法宗旨的行为。

(北京市劳动人事争议仲裁委员会　杜　军)

57. 劳动者造成单位损失应承担赔偿责任（扣发工资）的法律要件

原告：甲公司
被告：吴某

争议焦点

劳动者造成单位损失时，当事人承担赔偿责任（扣发工资）的法律要件是什么？

基本案情

甲公司系某品牌热水器的经销商，其在大中电器销售公司代理销售该品牌热水器，吴某作为甲公司工作人员，在大中电器销售公司某门店担任该品牌热水器的促销员。甲公司主张吴某存在场外交易行为（即在大中电器销售公司门店销售非甲公司代理的同品牌热水器），致使甲公司遭受大中电器销售公司对其罚款10万元的损失，在甲公司对吴某的调查过程中，吴某不辞而别。后甲公司申请劳动仲裁，要求吴某赔偿甲公司因其违反大中电器卖场的规定致使甲公司遭受罚款10万元的经济损失。仲裁委驳回了甲公司的请求，甲公司不服仲裁裁决，诉至法院。

审理结果

法院经过审理认为:证明吴某存在场外交易行为仅有大中电器销售公司出具的内部处罚通报,该通报系大中电器销售公司单方制作,而作为吴某的用人单位,甲公司未与吴某进行调查核实并对员工做出处理,在吴某亦未能到庭核实相关事实的情况下,法院无法确认吴某存在场外交易的行为;甲公司依据其与吴某签订的《承诺书》中关于"员工承担的损失直接从本人未结工资中予以扣除,扣罚完工资、奖金不足部分公司有权运用法律手段向本人追偿"的约定要求吴某赔偿其全部损失,不符合《工资支付暂行规定》第十六条的规定,故法院对甲公司的诉请未予支持。判决后,甲公司、吴某均未上诉,该判决现已生效。

 **评析意见**

劳动者在工作中给单位造成了损失,单位是否可以一概要求劳动者全额赔偿?这是一个现实中颇具争议而没有法律明确界定的问题。在现实生活中,劳动者工作中因各种原因给企业造成损失的情形时有发生。有的单位在职工工作中给单位造成损失时,不问缘由,不管损失大小,一概要求职工全额赔偿,或同时给予解除劳动合同的处罚;而有的劳动者故意损害公司利益赚取价差,被单位发现后又自行离职一走了之,公司对发生的损失无法维权。

劳动法律关系具有特殊性,劳动者与用人单位之间的地位并非平等,劳动相关法律的初衷亦是以保护劳动者权益为重心,故对于劳动者造成用人单位损失应当承担责任的规定极少。原劳动部于1994年发布的至今仍然有效的《工资支付暂行规定》第十六条的规定,因劳动者本人原因给用人单位造成经济损失的,用人单位可按照劳动合同的约定要求其赔偿经济损失。经济损失的赔偿，可从劳动者本人的工资中扣除。但每月扣除的部分不得超过劳动者当月工资的20%。若扣除后的剩余工资部分低于当地月最低工资标准，则按最低工资标准支付。2002年2月实施的《北京市劳动合同规定》第三十四条规定，劳动者给用人单位造成经济损失尚未处理完毕或者未按照劳动合同约定承担违约责任的，不得提前30日或者按照劳动合同约定的提前通知期，以书面形式通知用人单位解除劳动合同。

而2008年施行的《中华人民共和国劳动合同法》（以下简称《劳动合同法》）仅在第九十条规定，劳动者违反"劳动合同中约定的保密义务或者竞业限制"，给用人单位造成损失的，应当承担赔偿责任。该法第三十九条规定，劳动者"严重失职、营私舞弊，对用人单位造成重大损害的"，用人单位可以解除劳动合同。也就是说，劳动者达到了严重失职，并且确实造成了重大经济损失，用人单位可以通过解除劳动合同的方式对劳动者进行处理，对是否能再要求其赔偿经济损失，法律未予明确。

因此，在司法实践中，对劳动者在工作中给单位造成损失，职工应当承担赔偿责任的具体情形及法律要件应当予以明确。笔者认为，对此应当考量以下几个方面：

第一，劳动者与用人单位对损害赔偿条款有明确约定，这是用人单位要求劳动者承担损害赔偿责任的前提条件。根据《工资支付暂行规定》第十六条的规定，因劳动者本人原因给用人单位造成经济损失的，用人单位可按照劳动合同的约定要求其赔偿经济损失。因此，用人单位应当举证证明双方订立的劳动合同或者相关文件中对此有明确的约定，或者用人单位有相应的规章制度，且该制度经过职工大会或者职代会通过，并已经向劳动者本人告知或者公示。

第二，赔偿损失的限额参照劳动者工资的20%。用人单位一概要求劳动者承担经济责任，对劳动者来说显然是不公平的。这是考虑到,劳动者与用人单位的法律地位不同,用人单位既是企业财产的所有人、管理人,又是企业内部的管理者和监督者,一旦发生劳动者造成用人单位经济损失的情况,用人单位就同时具有受害人和加害人的管理者这种双重身份,如果让劳动者承担所有的赔偿责任,那么企业作为管理者的责任就无从追究;而用人单位支付给劳动者的对价即劳动报酬往往低于劳动者所创造的利润,根据权利与义务相一致的公平原则,用人单位应承担的风险也应大于劳动者;同时,这种损害亦是用人单位的经营风险,用人单位可以通过保险或者将赔偿费用纳入成本来转嫁风险,如严格要求劳动者根据其过错承担赔偿责任,实际是将企业的经营风险转嫁至处于弱势地位的劳动者身上,有违公平原则。《劳动合同法》第三十九条赋予用人单位在劳动者严重失职、营私舞弊,对用人单位造成重大损害的情形下单方解除劳动关系的权利,基于劳动报酬对于劳动者来说是用来维持基本生存的,这种单方解除权的行使对于劳动者本身已是一种严厉的处罚,此时再让劳动者对损失全额承担,有失公平。因此,在认定劳动者应承担的赔偿责任时,应当是与其收入、承担风险的能力相适应的有限责任,具体可以参照《工资支付暂行规定》第十六条"劳动者工资的20%"作为赔偿的限额,且同时受到扣除后的工资不得低于当地最低工资标准的限制。

第三,赔偿的损失应当以"直接损失"为准,且该损失达到了"重大损害和严重结果"的标准。一般而言,直接损失系由于劳动者的行为对用人单位的生产经营造成的损失的第一后果,这个损失是不需要推理的,是最直接、最表象的,而间接损失是由直接因素间接造成的,中间有个推理的过程。对于"重大损害和严重结果"的标准,用人单位的相关规章制度应当对此做出规定,比如,给单位造成直接经济损失超过一定金额,给单位声誉造成不良影响,造成单位丢失客户或者市场等。

第四,劳动者主观上存在故意或者重大过失,客观上其行为达到了严重失职的标准。一般而言,严重失职是指员工非因自身能力原因,因故意或者重大过失而不履行岗位职责的行为。根据报偿责任理论,劳动者的职务行为是为了用人单位的利益,劳动者职务行为的风险也应当归于利益的享有者,对由此产生的责任应当由利益的享有者即用人单位来承担。由于用人单位的经营活动都是由劳动者的具体行为实施的,劳动者的行为也就等同于用人单位的行为,如果劳动者在履行职务过程中的任何失职行为给用人单位造成了损失,用人单位都可以要求劳动者赔偿,无疑加重了劳动者的责任,转移了用人单位的经营风险,显然有失公允。因此,除非劳动者存在故意或重大过失的情况,客观上达到了严重失职的标准,否则用人单位不能要求劳动者赔偿。

综合考虑本案的案情,在吴某已经离职的情况下,对于吴某是否存在场外交易的事实,甲公司无法举证予以证实,即使吴某存在场外交易的行为,甲公司与吴某关于赔偿的约定也违反了《工资支付暂行规定》中所规定的赔偿限额;吴某对甲公司造成的直接损失系因场外交易行为造成的甲公司销售利润的损失,而甲公司遭受的罚款损失系间接损失,亦不应当作为赔偿损失的计算依据,因此,法院的判决是正确的。

(北京市通州区人民法院　龚莉婷)

58. 出差期间"加班"的认定以及约定执行特殊工时制是否有效

原告：郭某
被告：甲科技公司

争议焦点

1. 员工出差在途期间是否认定为工作时间？
2. 出差期间跨越休息日、法定节假日的，是否计算为加班时间？
3. 未进行特殊工时审批的岗位，约定执行特殊工时是否有效？
4. 郭某以公司未支付加班费为由，提出解除劳动合同并主张经济补偿金是否能得到支持？

基本案情

郭某 2008 年 2 月 13 日入职甲科技公司（以下简称"甲公司"），并于当日签订了 3 年期限的劳动合同，2011 年 2 月 13 日，双方续订了无固定期限劳动合同。劳动合同约定郭某执行弹性工时制度，甲公司未对郭某所在的工作岗位进行特殊工时审批。

甲公司的注册地和实际经营地在北京，主营业务为加工和销售数字化医用 X 射线摄影设备（以下简称"设备"）。郭某入职甲公司后，被公司派到湖北武汉工作，担任驻外技术工程师，工作内容为已销售的设备的安装、培训以及设备的维修。

甲公司在武汉为郭某租赁了一套民宅,郭某带着家人在租赁房屋内生活,同时该租赁房屋也是郭某开展工作的办公场所,出租房的房租、水、电、气、物业、取暖、电话费及上网费均由甲公司支付。

由于郭某驻外工程师的工作特点,其工作内容仅限于安装、安装后培训客户和设备维修三项,其工作内容使得郭某实际执行的工作时间制度为:有安装和维修任务时就工作,没有工作时自行支配时间。但是,甲公司为了掌握外派工程师的工作内容和已销售设备的安装情况,要求工程师为客户安装或者维修后必须向公司提交加盖客户公章的安装、维修记录表。

2014年3月12日,甲公司收到了郭某邮寄给公司的解除劳动合同通知书,郭某以"公司未依法支付加班费"为由,向公司提出了解除劳动合同。

2014年3月20日,甲公司收到郭某的仲裁申请书,提出两项仲裁请求:(1)要求甲公司向其支付延时、休息日、法定节假日期间的加班费。(2)要求甲公司向其支付解除劳动合同经济补偿金。

为了支持自己的仲裁申请,郭某提供了火车票、汽车票、安装维修记录表、解除劳动合同通知等证据。

 审理结果

本案仲裁裁决认为郭某提供的证据不足以证明其存在加班的事实,因此驳回了郭某的全部仲裁请求。

郭某不服仲裁裁决,起诉到一审法院,案件在一审法官的组织下调解结案。

 **评析意见**

1. 员工出差在途期间是否认定为工作时间

本案庭审时,郭某提交了大量的火车票、汽车票等票据,其中有些票据票面时间在早9点至晚6点(公司上班时间)之外,也有些票据的票面时间发生在休息日和法定节假日,郭某据此认为自己存在延时加班、双休日加班和法定节假日加班的情况,也即郭某认为出差在途时间应当计算为工作时间,如果出差在途时间为用人单位上班时间之外的应当认定为员工加班。

笔者认为,郭某出差在途的时间不能被认定为加班时间。郭某出差在途期间只是乘车,并无具体的工作内容,不能产生生产经营的效益,且郭某在乘坐火车、汽车等工具时可以照常休息。因此,郭某主张的出差在途时间均不成立加班,甲公司无义务向郭某支付加班费。

2. 郭某出差期间跨越休息日、法定节假日的是否计算为郭某加班时间

本案庭审时,郭某提交了大量的火车票、汽车票等票据,有些票面显示出差的往返期间跨越双休日和法定节假日,郭某据此认为自己存在双休日加班和法定节假日加班的情况。

笔者认为,出差期间跨越休息日和法定节假日并不能证明郭某在双休日和法定节假日进行了工作,"出差期间"与"出差期间的每一天均在工作"是不同的概念,只要郭某不能证明其在出差期间的双休日和法定节假日实际进行了工作,就不能认定郭某在双休日或者法定节假日进行加班。

3. 甲公司未进行特殊工时审批的岗位,约定执行特殊工时是否有效

本案的另一个焦点问题是如何认定郭某执行的工时制度种类。

如果认定郭某执行标准工时制度，则应当按照标准工时制度下认定的加班的标准去判断郭某有无加班；如果认定郭某执行综合计算工时制度，则应当按照综合计算工时制度下加班费的认定标准去判断郭某有无加班。

郭某认为自己所在的工作岗位未经过特殊工时审批，自己执行标准工时制度，存在延时加班、休息日加班且公司未安排补休以及法定节假日加班，甲公司应当支付加班费。

笔者认为，本案中郭某的工作地点不在甲公司本部，而是被外派的工程师，郭某的工作职责仅为自己负责区域内的公司已售设备的安装、培训和维修，也即只要郭某不出差时，其就居住在公司为其租住的住宅内，没有任何工作内容，郭某可以自由支配时间。本案仲裁和一审时，为了证明郭某的工作量，甲公司根据郭某解除劳动合同前两年的差旅费报销单据和设备安装维修记录单，统计了郭某这两年的工作情况，结果显示，郭某有一半的工作日没有工作任务，但是公司一直按照约定向郭某支付全月工资。上述事实表明郭某实际执行的不是标准工时制度，公司也未按照标准工时制度对郭某进行管理，且郭某的劳动合同约定了郭某实际执行弹性工时制度。因此，应当参照综合计算工时认定加班的方法去判断郭某是否存在加班。

4. 郭某以公司未支付加班费为由，提出解除劳动合同并主张经济补偿金是否能得到支持

笔者认为，郭某以公司未依法向其支付加班费为由提出解除合同并主张解除劳动合同经济补偿金没有法律依据，理由如下：

(1) "劳动报酬"和"加班费"是两个不同的概念

根据《中华人民共和国劳动合同法》（以下简称《劳动合同法》）第三十八条第一款第（二）项规定，用人单位未及时足额支付劳动报酬的，劳动者可以解除劳动合同，并有权向用人单位主张解除劳动合同的经济补偿金。此处的"劳动报酬"应当做狭义的理

解,不应当包含"加班费"。理由如下:《劳动合同法》第八十五条规定:"用人单位有下列情形之一的,由劳动行政部门责令限期支付劳动报酬、加班费或者经济补偿……:(一)未按照劳动合同的约定或者国家规定及时足额支付劳动者劳动报酬的;……(三)安排加班不支付加班费的;……。"可见,依据《劳动合同法》第八十五条的规定,"劳动报酬"与"加班费"是两个不同的概念。笔者认为,在同一部法律规定中,对同一概念的理解应当是一致的,因此,第三十八条第一款第(二)项规定的"劳动报酬"不应当包含"加班费",也即劳动者以用人单位未依法支付加班费为由,提出解除劳动合同并主张解除劳动合同经济补偿金的,不应得到支持。

(2)用人单位"拒不支付加班费"与用人单位"不支付加班费"是两个不同的概念

《北京市高级人民法院、北京市劳动争议仲裁委员会关于劳动争议案件法律适用问题研讨会会议纪要(二)》第32条规定,劳动者以用人单位在《劳动合同法》实施前未及时足额支付劳动报酬为由,请求解除劳动合同并要求用人单位支付经济补偿金的,除符合最高人民法院《关于审理劳动争议适用法律若干问题的解释》第十五条规定的情形外,不予支持。

《关于审理劳动争议适用法律若干问题的解释(一)》第十五条规定:"用人单位有下列情形之一,迫使劳动者提出解除劳动合同的,用人单位应当支付劳动者的劳动报酬和经济补偿,并可支付赔偿金……(四)拒不支付劳动者延长工作时间工资报酬的。"

综合上述两条规定可以得出,在《劳动合同法》实施后,劳动者以用人单位不支付加班费为由提出解除劳动合同并主张经济补偿金,没有法律依据。在《劳动合同法》实施前,只有当用人单位存在"拒不支付"加班费的情形时,劳动者提出解除劳动合同并主张加班费的请求才能被支持。判定"拒不支付"成立,必须以劳动者就加班费的支付问题向用人单位主张过权利为前提,否则不应当认定用人单位"拒不支付"加班费成立。

本案中，郭某认定甲公司存在不支付加班费的时间段是在《劳动合同法》生效后，且郭某从未就加班费问题向单位提出过任何主张，因此不符合公司支付解除劳动合同经济补偿金的条件。

综上所述，笔者认为郭某以公司未依法支付加班费为由向甲公司提出解除劳动合同并主张解除合同的经济补偿金没有事实和法律依据。

（北京市时代九和律师事务所　潘丽丽）

59. 企业执行综合计算工时，劳动者在一个计算周期内离职是否需要支付加班工资

申请人：小王
被申请人：某互联网公司

争议焦点

1. 用人单位实行综合计算工时工作制，员工在未满一个周期内离职，用人单位是否需要支付加班工资？

2. 企业未经劳动行政审批擅自与员工约定实行综合计算工时工作制期间劳动者存在加班时，按标准工时支付加班工资还是依据劳动合同的约定支付？

基本案情

小王于2014年9月1日入职某互联网公司，担任网络工程师一职。双方签订了劳动合同，劳动合同期限为2014年9月1日至2015年12月31日，并约定工资由基本工资5 000元和岗位工资5 800元构成，实行综合计算工时工作制。2015年11月30日，某互联网公司因企业战略调整，与小王协商一致解除了劳动合同。小王对解除劳动合同没有异议，但表示在职期间，某互联网公司长期

安排其加班没有支付加班工资,故向劳动争议仲裁委员会提交了申请书,要求某互联网公司支付其在职期间的法定节假日、休息日及延时加班工资。庭审过程中,小王提交了其自行记录的工作日志证明其主张的加班情况。工作日志显示小王2014年"十一",2015年元旦、春节、"五一"均全天加班;2014年12月15日至2014年12月31日调休未出勤;2014年11月1日至12月14日,及2015年6月1日至2015年8月31日每天工作11小时。某互联网公司对小王提交的工作日志及其主张的加班情况予以认可,但主张该公司执行综合计算工时工作制,总工作时间并未超过法定的2 000小时,并提交了公司的考勤表,考勤表显示的工作时间与小王提交的工作日志情况相符。另外,某互联网公司提交了一份《企业实行不定时工作制和综合计算工时工作制审批表》,该份《企业实行不定时工作制和综合计算工时工作制审批表》显示执行岗位或工种:网络工程师;实行有效时间为2015年1月至2015年12月止。某互联网公司主张其公司实行综合计算工时工作制,2014年9月至2014年12月虽安排小王加班,但在2014年12月已经安排小王调休了半个月,且双方签订的劳动合同已经约定小王的岗位执行综合计算工时工作制,应该冲抵"十一"期间及11月1日至12月14日期间的加班。另外,因公司2015年战略调整,不再需要网络工程师的岗位,故与小王协商一致解除了劳动合同,其公司并非主观恶意不安排小王2015年调休,故不同意支付加班工资。小王对某互联网公司的主张不予认可,表示某互联网公司2015年1月才开始执行综合计算工时工作制,此前应按标准工时计算加班工资,其2014年"十一"存在加班情况,应支付法定节假日加班工资,不能与调休冲抵;且系某互联网公司主动提出解除劳动合同,导致其无法继续享受之后的调休,故应支付各项加班工资。

审理结果

裁决：(1) 某互联网公司支付小王 2014 年"十一"期间法定节假日加班工资及 2014 年 11 月 1 日至 2014 年 12 月 14 日期间的延时加班工资。(2) 某互联网公司支付小王 2015 年法定节假日加班工资及 2015 年 6 月 1 日至 2015 年 8 月 31 日延时加班工资。

仲裁委员会认为，首先依据《中华人民共和国劳动法》第三十九条"企业因生产特点不能实行本法第三十六条、第三十八条规定的，经劳动行政部门批准，可以实行其他工作和休息办法"的规定，某互联网公司实行综合计算工时工作制应该经过劳动行政部门审批，而不能仅在劳动合同中自主约定实行不定时工作制。某互联网公司提交的综合工时审批手续显示于 2015 年 1 月开始生效，表示此前该公司应按照标准工时制度安排员工工作，不能比照综合计算工时工作制的集中工作集中休息的方式安排员工工作。如果存在加班情况，应按照标准工时的方式计算加班工资，因此，某互联网公司虽在 2014 年 12 月安排小王调休半个月，亦不能冲抵小王 2014 年 11 月 1 日至 2014 年 12 月 14 日期间延时加班工资，应按照标准工时的情况计算小王 2014 年的加班工资。其次，标准工时的要素为：(1) 职工每天工作不超过 8 小时；(2) 职工每周工作时间不超过 40 小时；(3) 职工每周至少休息一天。另外，用人单位在休息日要求员工加班的应该在一个工资支付周期内安排调休；法定节假日安排工作应支付加班工资，不能调休。2014 年"十一"期间，某互联网公司安排小王加班，此后虽在 2014 年 12 月 15 日至 12 月 31 日期间安排小王休假，但此时某互联网公司不能视为可以执行综合计算工时工作制，不存在综合工时集中工作集中休假的特性，因此应支付小王 2014 年"十一"期间的加班工资。2015 年 1 月之后，某互联网公司经过行政部门审批开始执行综合计算工时工作制，小王存在延时加班、法定节假日和休息日加班的情况，法定节假日是国家规定的带薪休假，用人单位无法安排倒休，小王 2015 年虽然执行综合计算工时，但其存在法定节假日加班的情况，某互联网公司也应支付法定节假日加班工资。某互联网公司在 2015 年 9 月与小王解除了劳动合同，导致小王集中工作后无法享受休息时间，因此应按标准工时计算并支付小王 2015 年各项加班工资。

 **评析意见**

综合计算工作时间，是指因用人单位生产或工作的特点，劳动者的工作时间不宜以日计算，需要分别以周、月、季、年等为周期综合计算工作时间长度的一种工作形式。1995 年 5 月 1 日开始实施的《国务院关于修改〈国务院关于职工工作时间的规定〉的决定》规定标准工时的职工每日工作 8 小时、每周工作 40 小时。同时，《劳动部关于印发〈关于企业实行不定时工作制和综合计算工时工作制的审批办法〉的通知》第五条规定：企业对符合条件的职工，可以执行综合计算工时工作制，分别以周、月、季、年等为周期，综合计算工作时间，但其平均日工作时间和平均周工作时间应与法定标准工作时间基本相同。也就是说，即使企业执行综合计算工时制，以年为周期的，劳动者的年总工时也不能超过 2 000 小时〔(365 天－104 天休息日－11 天法定节假日)×8 小时〕，超过 2 000 小时，应当支付延时加班工资。同时，依据《中华人民共和国劳动法》(以下简称《劳动法》)第四十四条第二款、第三款"休息日安排劳动者工作又不能安排补休的，支付不低于工资的 200% 的工资报酬；法定休假日安排劳动者工作的，支付不低于工资的百分之三百的工资报酬"，由此可以看出，法定节假日加班的，不能用安排倒休来冲抵，必须支付 3 倍工资，即使是综合计算工时制，也应如此。实行综合计算工时工作制的岗位员工，在综合计算工时

一个周期内,只要总的实际工作时间没有超过法定总的工作时间,其在公休日工作,单位不需支付200%的加班工资。按照《关于企业实行不定时工作制和综合计算工时工作制的审批办法》和《关于职工工作时间有关问题的复函》规定,经批准实行综合计算工时工作制的企业,在综合计算周期内的总实际工作时间不应超过总法定标准工作时间,超过部分应视为延长工作时间并按《劳动法》第四十四第一款的规定支付工资报酬,其中法定休假日安排劳动者工作的,按《劳动法》第四十四第三款的规定支付工资300%的加班费。

关于本案,普遍有两种观点。第一种观点认为,小王并非因个人原因在一个综合计算工时周期内离职,其在职期间存在延时和休息日加班,某互联网公司并未安排其倒休,故在解除劳动关系时,应按标准工时支付加班工资。但另一种观点认为,因小王亦同意解除劳动合同,表明小王自己也放弃了此后调休的机会,故不应支付加班工资。笔者认为,计算综合计算工时的加班工资需要注意以下几点:(1)在一个计算周期内,员工平均每日工作时间和平均每周工作时间应与法定标准基本相同,如果超过 2 000 小时的标准,也应支付延时加班工资。(2)综合计算工时应从行政部门审批生效之日开始,双方不能自行约定执行综合计算工时。(3)因用人单位的原因导致在一个综合计算工时周期内终止劳动合同的,存在加班的情况,应按标准工时支付加班工资;因劳动者个人原因造成无法继续履行劳动合同产生的加班情况,用人单位不需要支付加班工资。

(北京市顺义区劳动人事争议仲裁院　马　雯)

社会保险与福利待遇

60. "三期"的产假与带薪年休假不应冲突

申请人：池某
被申请人：某文化公司

 **争议焦点**

1. 休产假后能否再享受带薪年休假？
2. 产假期间生育津贴低于本人工资，用人单位是否应补差额？

基本案情

池某于2012年1月1日入职某文化公司担任文员工作，月工资标准6 000元，2014年5月9日至2014年9月13日休产假，公司在其产假期间向其支付生育津贴13 606.27元。池某主张其2014年未休年休假，某文化公司应支付其未休年休假工资；且公司应以每月6 000元标准向其支付产假工资，故与生育津贴存在差额，应补足差额。2014年11月25日，池某就上述请求事项向劳动人事争议仲裁委员会提请仲裁。

 审理结果

庭审中，某文化公司对池某的主张不予认可，并认为池某2014

年已休产假,不应享有年休假,其公司已按照国家规定为池某缴纳了生育保险,为池某申领并向其支付了生育津贴,无须另行支付工资。经查,某文化公司以其公司平均工资数额为基数为池某缴纳了生育保险,该工资数额低于池某的月工资标准6 000元。裁决:(1)某文化公司支付池某200%未休带薪年休假工资差额。(2)支付池某产假期间的工资差额。

评析意见

我国劳动法及相关行政法规和部门规章对女职工的特殊保护都做了比较明确的规定,根据《职工带薪年休假条例》第五条第一款及第三款的规定,单位根据生产、工作的具体情况,并考虑职工本人意愿,统筹安排职工年休假。单位确因工作需要不能安排职工休年休假的,经职工本人同意,可以不安排职工休年休假。对职工应休未休的年休假天数,单位应当按照该职工日工资收入的300%支付年休假工资报酬。上述条例第四条规定,有下列情形,职工不享受当年年休假:(1)职工依法享受寒暑假,其休假天数多于年休假天数的;(2)职工请事假累计20天以上且单位按照规定不扣工资的;(3)累计工作满1年不满10年的职工,请病假累计2个月以上的;(4)累计工作满10年不满20年的职工,请病假累计3个月以上的;(5)累计工作满20年以上的职工,请病假累计4个月以上的。本案中,池某于2014年5月至9月期间所休的是产假,并不属于上述规定中不享受年休假的情形,某文化公司未安排其休年休假,应依法向其支付300%的未休年休假工资,因该公司已按池某的出勤情况支付其一倍的工资,故对池某应休未休年休假的天数,还应支付另外200%的未休年假工资差额。

根据《北京市企业职工生育保险规定》第十五条的规定,生育津贴为女职工产假期间的工资,生育津贴低于本人工资标准的,差额部分由企业补足。女职工产假期间应享有正常的工资待遇,对已参加生育保险的用人单位,女职工产假期间的工资应由生育保险基金支付其生育津贴,生育津贴低于本人工资的,应由用人单位补足其差额。生育保险的缴费基数,应以本人上一年度月平均工资为标准。本案中,某文化公司未以每月6 000元的标准作为缴费基数为池某足额缴纳生育保险,且池某生育津贴数额低于其本人工资标准,经核算,某文化公司应向池某支付产假工资差额,即以6 000元为标准计算其产假期间应得工资,减去某文化公司已向池某支付的生育津贴费用。

(北京市劳动人事争议仲裁委员会 杜 军)

61. 劳动者在非法转包情况下因工伤亡的，用工单位为承担该劳动者工伤保险责任的单位

原告（上诉人）：抚宁区某公司
被告（被上诉人）：张某某

争议焦点

矿山企业将业务发包给自然人，该自然人聘用的劳动者从事承包业务时因工伤亡，矿山企业虽与该劳动者之间不存在劳动关系，但其是否应为承担该劳动者工伤保险责任的单位？

基本案情

原告抚宁区某公司的经营范围为制灰用石灰岩露天开采、销售。2013年正月，张某某的父亲与原告抚宁区某公司的法定代表人董某某达成口头承包协议，约定由张某某的父亲承包凿岩打眼工作，双方按照0.35元/吨的标准进行结算，钻机等机械设备由公司提供，矿山安全管理由原告公司负责。达成协议后，张某某的父亲陆续找了包括被告张某某在内的6名工人从事凿岩工工作，工资由张某某的父亲统一领取和分发。2014年4月8日，被告张某某在打眼时从山上摔下受伤。后劳动仲裁部门根据张某某的申请，裁决确

认张某某与抚宁区某公司之间存在劳动关系。抚宁区某公司不服该裁决,向法院提起诉讼,请求确认其与张某某之间不存在劳动关系。张某某则辩称劳动仲裁裁决结果正确,法院应驳回抚宁区某公司的诉讼请求。

 审理结果

秦皇岛市抚宁区人民法院认为:抚宁区某公司属于适格的用人单位,张某某在该公司处从事凿岩打眼工作,受单位的劳动管理,并获取相应的工资报酬,双方已经形成事实劳动关系。综上,张某某与抚宁区某公司事实劳动关系依法成立。抚宁区某公司主张凿岩工工作承包给张某某的父亲,因张某某的父亲不具备合法的用工主体资格,同时其所谓的承包只是企业内部的一种管理经营方式,故对其主张不予采纳。一审法院遂判决张某某与抚宁区某公司之间存在劳动关系,判后,该公司不服,提起上诉。河北省秦皇岛市中级人民法院经审理,并经审判委员会讨论认为:(1)抚宁区某公司将凿岩打眼工作承包给不具备用工主体资格的自然人,该自然人招用张某某从事凿岩打眼工作,并为其开工资。因抚宁区某公司并没有招用张某某,也未对其进行管理,其与张某某之间不存在构成劳动关系的实质要件,故张某某与抚宁区某公司之间不存在劳动关系。(2)依据《最高人民法院关于审理工伤保险行政案件若干问题的规定》(以下简称《规定》)第三条第一款第(四)项之规定,抚宁区某公司为承担张某某工伤保险责任的单位,张某某仍可在本判决生效后到相关行政部门申请工伤认定。遂判决撤销河北省抚宁区人民法院做出的民事判决,改判:张某某与抚宁区某公司之间不存在劳动关系,并增判:抚宁区某公司为承担张某某工伤保险责任的单位。

 ## 评析意见

笔者认为，在非法转包情况下，劳动者的招用、报酬发放、具体工作的管理、解雇均不由发包单位决定，由于此类案件不存在构成劳动关系的实质要件，劳动者与发包单位之间并不存在真实的劳动关系。同时，2011年最高人民法院《全国民事审判工作会议纪要》第五十九条规定："建设单位将工程发包给承包人，承包人又非法转包或者违法分包给实际施工人，实际施工人招用的劳动者请求确认与具有用工主体资格的发包人之间存在劳动关系的，不予支持。"因此，民事审判实践中对于此类案件不予确认劳动关系已形成共识。

自2014年9月1日起施行的《规定》第三条第一款第（四）项规定："用工单位违反法律、法规规定将承包业务转包给不具备用工主体资格的组织或者自然人，该组织或者自然人聘用的职工从事承包业务时因工伤亡的，用工单位为承担工伤保险责任的单位。"《规定》施行后，在非法转包情况下，劳动者要求与发包方确认劳动关系并获取工伤保险待遇的案件数量明显增多，但《工伤保险条例》第十八条规定，劳动者申请工伤认定的前置条件是其与工作单位之间存在劳动关系，否则，社会保险行政部门不予受理，所以，因劳动者与工作单位之间不存在劳动关系，劳动者不能进行工伤认定，其合法诉求无法获得保障。本案的二审法院增判"抚宁区某公司为承担张某某工伤保险责任的单位"，引导劳动者到社会保险行政部门申请工伤认定，如社会保险行政部门不予受理，劳动者应依法提起行政诉讼。人民法院可依照《规定》第三条第一款第（四）项之规定，裁决社会保险行政部门撤销不予受理通知书，并依法做出工伤认定。如此判决，既符合原劳动和社会保障部《关于确定劳动关系有关事项的通知》第四条及《规定》第三条第一款第（四）

项之规定的精神，又给劳动者及其家人指明了维权途径，并减少了当事人的诉累，也更有利于劳动者维护其合法权益。本案判决生效后，抚宁区某公司表示服从法院判决，张某某亦向社会保险行政部门提交了工伤认定申请书，而后又进入了行政诉讼阶段。本案中，二审法院针对该类案件的特点及在程序方面所面临的实际问题，进行了积极的探索和有益的实践，维护了劳动者的合法权益，取得了较好的法律效果和社会效果。

（河北省秦皇岛市中级人民法院　桑华民）

62. 企业因未能办理社保转移手续所缴纳社保费用由谁负担

申请人：朱某
被申请人：某物业公司

争议焦点

用人单位与未进行劳动能力等级鉴定的工伤职工协商一致解除劳动关系，无法办理社会保险减员手续所导致的持续缴纳社会保险费用由谁负担？

基本案情

朱某系某物业公司员工，2011年12月在疏通管道过程中摔伤，经医院诊断为肋骨骨折、双肺挫伤，后于2012年3月认定为工伤，双方于2014年12月29日经协商一致解除劳动合同并签订解除协议，但双方均未申请过劳动能力等级鉴定。之后朱某要求某物业公司为其办理社会保险关系转移手续，某物业公司在办理社会保险减员手续时被告知因朱某系工伤职工未进行劳动能力等级鉴定故无法办理减员。该公司遂于2015年10月下旬就朱某所受工伤向劳动能力鉴定委员会提出劳动能力鉴定申请，鉴定委员会分别于2015年11月、12月期间三次通知朱某进行鉴定，朱某皆因晚到或在旅途中未能参加鉴定。某物业公司自2015年1月至2016年1月期间为朱某缴纳了社会保险,并垫付了朱某个人缴费部分。现某物业公司申请仲裁要求朱某返还上述期间全部社会保险费用。

审理结果

依据《中华人民共和国劳动合同法》第五十条规定,用人单位应当在解除或者终止劳动合同时出具解除或者终止劳动合同的证明,并在十五日内为劳动者办理档案和社会保险关系转移手续。现双方虽主张劳动合同已经于 2014 年 12 月 29 日解除,但鉴于朱某属于工伤职工,存在用人单位在办理工伤职工社会保险减员手续前需要先申请对工伤职工进行劳动能力等级鉴定的特殊情形,某物业公司于 2015 年 10 月方才申请劳动能力鉴定,现尚未有劳动能力等级鉴定结论做出,导致该公司未能办理社会保险关系转移并持续为朱某缴纳社会保险,但社保缴费责任不应由劳动者承担,故某物业公司要求朱某返还 2015 年 1 月至 2016 年 1 月期间已缴纳的全部社会保险费用的请求依据不足,本委对此不予支持。但依据《中华人民共和国社会保险法》的规定,用人单位和个人均应当依法缴纳社会保险费用,现某物业公司已为朱某垫付上述期间社会保险个人缴费部分,故朱某应当返还某物业公司 2015 年 1 月至 2016 年 1 月期间社会保险个人缴费部分。

评析意见

关于本案的争议焦点,存在三种观点:

观点一认为,劳动者与用人单位劳动关系存续期间,用人单位代扣代缴劳动者的社会保险系其法定义务,但本案中双方劳动关系已经协商一致于 2014 年 12 月底解除,故劳动关系解除后,用人单位无义务为劳动者继续缴纳社会保险费,即使用人单位未能及时为劳动者办理社会保险减员手续,但由此导致的持续缴纳社会保险的受益方为劳动者,故劳动者应为此埋单。因此,朱某应当返还某物业公司合同解除后由公司垫付的全部社会保险费用。

观点二认为,依据《中华人民共和国劳动合同法》第五十条的规定,用人单位应当在解除或者终止劳动合同时出具解除或者终止劳动合同的证明,并在十五日内为劳动者办理档案和社会保险关系转移手续。按照此规定,即使解除前某物业公司未能了解工伤职工在办理社会保险减员手续时的特殊规定,亦应当在其与朱某解除劳动关系时到社会保险部门办理减员手续并及时进行劳动能力鉴定,但某物业公司直至2015年10月下旬才履行其相关义务,且未有劳动能力鉴定结论做出,故由此导致的无法减员、多缴纳的社会保险费均应由其自行承担。

观点三认为,基于上述观点二,2015年11月前,由于某物业公司存在过错,社会保险费应由其负担,但在此之后劳动能力鉴定部门多次通知朱某进行鉴定,均因其晚到或在旅途中未能进行鉴定,劳动者存在一定过错,因此产生的社会保险费不应再由某物业公司负担,故朱某应当返还某物业公司2015年11月之后的社会保险费。

笔者观点:在实际用工过程中,用人单位具有管理权,掌握为劳动者办理社会保险缴纳及减员手续的主动权,其亦应当知悉不同类型员工在办理社会保险关系转移手续所对应的不同的操作流程。对于工伤职工,依据《北京市工伤职工停工留薪期管理办法》第十条的规定,工伤职工停工留薪期满,应当进行劳动能力鉴定。现朱某于2011年年底受伤,2012年3月已经认定为工伤,此后在长达两年的时间内,某物业公司均未向劳动能力鉴定委员会提出鉴定申请,其怠于行使相关权利义务导致劳动者离职时其伤残等级及工伤待遇未能确定,用人单位也未能办理社会保险减员手续,用人单位应当承担相应不利后果。此外,根据该办法第十二条的规定,工伤职工在停工留薪期内或者尚未做出劳动能力鉴定结论的，用人单位不得与之解除或者终止劳动合同。据此，用人单位亦应当为劳动者缴纳社会保险直至劳动能力鉴定结论做出，某物业公司要求朱某返还 2015 年 1 月至 2016 年 1 月期间全部社会保险费依据不足。但是，我国社会保险法规定用人单位和个人均应当依法缴纳社会保险费，且基于公平原则，裁决朱某返还某物业公司为其垫付的社会保险个人缴费部分更为合理。

（北京市海淀区劳动人事争议仲裁院　吕　爽）

63. 使用他人身份证入职发生工伤后引发的争议

申请人：李某
被申请人：某科技公司

争议焦点

李某提供虚假信息入职受伤后致使工伤保险待遇不能完全享受，责任应由谁来承担？

基本案情

李某于2015年2月27日使用其妹妹的身份证入职某科技公司，公司亦用其提供的身份证及信息为其办理了社会保险登记，3月25日李某在工作中受伤，造成多处骨折，后经医院诊断其骨龄与其年龄信息不符，在公司多次追问下，李某才告知公司其真实身份信息。2015年4月，公司为其重新办理了社会保险登记手续，并补签了《劳动合同书》，为其办理了工伤认定，在此期间治疗费用均由该公司为其支付，工伤保险基金无法为其支付。直至2015年10月27日，经劳动能力鉴定委员会鉴定，李某已达到职工工伤与职业病致残等级八级。某科技公司为其申报工伤保险待遇，但因其受伤时未提供其真实身份信息，工伤保险基金不予支付其一次性伤残补助金。2015年11月13日，李某以个人原因为由与某科技公司解除了劳动合同。李某于 2016 年 3 月 17 日到仲裁委申请仲裁。
李某要求某科技公司支付一次性伤残补助金 42 655.80 元。

审理结果

驳回李某的仲裁申请。

评析意见

针对以上焦点问题，有三种不同的观点：

第一种观点认为，员工在办理入职登记时，用人单位未尽到核查的义务，造成工伤人员未得到应有的待遇，该公司对疏忽大意负有一定的责任，应予以承担。

第二种观点认为，李某在入职时基于某种目的未提供其真实信息，且使用其妹妹的身份证办理入职手续，用人单位的普通工作人员是无法通过肉眼辨别的，只是在其受伤后，经过医学手段才查出其骨密度和其提供的年龄信息不符，且在治疗期间公司已经为其支付了相应的治疗费用，并在此之后积极为其办理了工伤认定及社会保险补办手续，用人单位已经尽到应尽的义务，李某对其发生工伤后不能享受相应待遇负有主要责任，其再要求公司支付一次性伤残补助金的请求不妥。

第三种观点认为，在本案中，用人单位并非未为李某缴纳工伤保险，而是缴纳后医院及社会保险中心发现身份信息不符，无法予以报销，故李某向仲裁委要求支付一次性伤残补助金的请求，不在仲裁受案范围，不应由仲裁裁决。

针对以上三种观点，仲裁委更倾向于第三种意见。首先，李某在入职时提供的身份证为真实的身份证，且一般的身份证有效期为十至二十年，在此期间个人外表都会有不同程度的变化，用人单位工作人员无法通过普通辨认手段来区分，李某的这种行为属于向用人单位提供虚假信息。其次，用人单位已经在李某入职当月为其办理了社保登记手续，已经履行了法定义务，在知道其提供虚假信息后仍然积极为其治疗、为其办理了工伤认定，并在第一时间为其重新办理了社会保险登记手续，已保障其享受之后的相应待遇。再次，根据《工伤保险条例》第六十二条第二款的规定，未参加工伤保险的用人单位职工发生工伤的，由该用人单位按照条例规定支付工伤保险待遇项目及标准支付费用。本案中，某科技公司已为李某缴纳了工伤保险，根据该条例第三十七条第一款的规定，一次性伤残补助金应由工伤保险基金支付，是否能支付应由社会保险经办机构进行审查，鉴于上述原因，仲裁委认为李某的请求不在仲裁受案范围，仲裁委对此不做处理。

在实际用工过程中，劳动者提供与其实际身份不符信息的情况很普遍。比如，名字与其身份证不对应，入职时使用的是真实姓名，在管理过程中使用的是另一个名字，或者像本案中情况，使用其他人员身份证办理入职。此种行为在平时也许没有什么问题，一旦发生工伤或者劳动争议，不管是个人利益，还是公司利益都不能得到保障。笔者认为，随着企业用工的成本逐年增加，为了避免不必要的损失，使企业良好运营，可以从以下几方面入手：

1. 规范入职门槛

《中华人民共和国劳动合同法》第三条规定：订立劳动合同，应当遵循合法、公平、平等自愿、协商一致、诚实信用的原则。劳动关系必须建立在合法、诚实信用的基础上。《中华人民共和国劳动合同法》第七条规定："用人单位自用工之日起即与劳动者建立劳动关系。"可以理解为"用工之日＝建立劳动关系之日"。企业在招收员工的时候应尽量严格守住招收人员的门槛，身份证复印件、学历证明、离职证明、体检证明等基本证明都可以要求劳动者提供。入职手续完备是前提，为以后管理上避免纰漏，以免带来不必要的损失。

2. 严把管理关

《中华人民共和国劳动合同法》第四条明确规定:用人单位应当依法建立和完善劳动规章制度,保障劳动者享有劳动权利、履行劳动义务。企业在依法建立完善的规章制度履行用工管理权的同时,应严格按照建立的规章制度执行,规范劳动合同内容,定期考核员工出勤及工作情况,使之成为一套行之有效的管理方法。完善的制度只有通过落实才能实现它的价值。

综上,企业的用工成本在逐年增加,除了要支付劳动者工资外,还要负担劳动者的社会保险、住房公积金等相关费用,所以在招工时也要秉承"先小人后君子"的准则,凡事麻烦在先,才能避免以后不必要的麻烦。

(北京市通州区劳动人事争议仲裁院　王艳峥)

64. 工伤私了协议的效力

原告：甲公司
被告：杨某某

争议焦点

工伤前用人单位与劳动者签订的工伤私了协议是否有效？

基本案情

原告甲公司诉称：我公司与杨某某签订《协议书》，约定我公司向杨某某支付包括医疗补助费、经济补偿金、交通费、务工补贴等非因工受伤的全部费用 15 000 元后，杨某某不得再以任何方式、任何理由直接或间接地向我公司提出因劳动关系而产生的任何赔偿、补偿等要求。现我公司不服仲裁裁决，起诉请求判令确认我公司无须支付杨某某：（1）一次性伤残补助金 28 275 元。（2）一次性工伤医疗补助金 56 064 元。（3）一次性伤残就业补助金 56 064 元。

被告杨某某辩称：我同意仲裁裁决，不同意甲公司的诉讼请求。甲公司未为我缴纳工伤保险，应支付一次性伤残补助金、一次性工伤医疗补助金和一次性伤残就业补助金的工伤保险待遇。

法院经审理查明：杨某某于 2012 年 2 月 10 日入职甲公司，日工资 100 元。甲公司未为杨某某缴纳工伤保险。2012 年 10 月 25 日杨某某在工作中受伤。2012 年 12 月 31 日，杨某某（甲方）与甲公司（乙方）签订《协议书》，约定："1. 双方确认，自本协议签署之日，甲方与乙方的劳动关系解除。2. 双方确认，乙方一次性向甲方支付 15 000 元整。上述条款中，包括医疗补助费、经济补偿金、交通费、务工补贴等非因工受伤的全部费用。3. 双方确认，本协议第 2 条项下的费用支付后，甲方不得再以任何方式、任何理由直接或间接地向乙方提出因劳动关系而产生的任何赔偿、补偿等要求。4. 双方确认，在签订本协议时各方明确知晓现行《劳动法》《劳动合同法》等法律规定，不存在任何欺诈、胁迫或者乘人之危的情形，系双方真实意思表示……"当天，甲公司向杨某某支付了上述款项 15 000 元。

2013 年 9 月 23 日，北京市海淀区人力资源和社会保障局受理杨某某的工伤认定申请。2013 年 11 月 22 日，该局做出《认定工伤决定书》，认定 2012 年 10 月 25 日杨某某受到的事故伤害为工伤。2013 年 12 月 27 日，杨某某向北京市海淀区劳动能力鉴定委员会申请劳动能力鉴定。2014 年 1 月 21 日，该委做出《劳动能力鉴定、确认结论通知书》，情况是：右眼眼内炎、右眼球内异物、右眼角膜穿通伤、右眼前房积血、右眼外伤性白内障、右眼继发青光眼，行白内障手术，异物取出术，现右眼矫正后视力为 0.1，左眼矫正后视力为 1.0，右眼无晶体眼；结论是：目前已达到职工工伤与职业病致残等级标准柒级。甲公司不服上述认定工伤决定，向法院提起行政诉讼，2014 年 5 月 9 日（2014）海行初字第 128 号行政判决书，判决驳回甲公司的诉讼请求。甲公司不服该判决提起上诉，2014 年 9 月 9 日（2014）一中行终字第 7205 号行政判决书，判决驳回上诉，维持一审判决。

 审理结果

判决：甲公司向杨某某支付一次性伤残补助金 28 275 元、一次性工伤医疗补助金 56 064 元、一次性伤残就业补助金 56 064 元。

 **评析意见**

本案中，双方争议的焦点在于：尚未进行工伤认定和劳动能力鉴定前签订的《协议书》是否有效。首先，该《协议书》签订时杨某某尚未进行工伤认定和劳动能力鉴定，双方对杨某某的伤残等级无法确定，杨某某依法享有的工伤保险待遇无法核算。其次，相较于杨某某七级伤残等级依法所应享有的工伤保险待遇，该《协议书》中约定的 15 000 元的补偿金额显失公平。再者，该《协议书》中约定的 15 000 元补偿款项对应的是医疗补助费、经济补偿金、交通费、务工补贴等，并不包括一次性伤残补助金、一次性工伤医疗补偿金和一次性伤残就业补偿金此三项工伤保险待遇。

实践中，对工伤私了协议的效力存在不同认识。第一种观点认为，工伤私了协议为无效协议。工伤私了协议的赔偿数额大多数较低，远低于法定的工伤保险待遇，严重损害了劳动者的合法权益，这与工伤保险制度的立法目的相背离。第二种观点认为，工伤私了协议有效。劳动者与用人单位发生争议时，双方可以自行协商解决。双方以协商方式就工伤赔偿纠纷达成一致，系双方真实意思表示，自行和解，效力应予确认。第三种观点认为，工伤私了协议的效力应区分不同情况。一是工伤私了协议签订时是否已向劳动保障部门申请认定工伤，并进行劳动能力鉴定。如果未启动工伤认定程序，这种情况下达成的工伤私了协议无效；如果已完成工伤认定和劳动能力鉴定程序，这种情况下达成的工伤私了协议有效。二是工伤私了协议是否存在重大误解或显失公平。如果存在重大误解或显失公平，劳动者可以申请变更或撤销工伤私了协议，但在变更或撤销前，工伤私了协议应当有效。

如果认定工伤私了协议一律无效，则有悖于合同双方当事人的意思自治，不利于社会关系的稳定。相反，如果认定工伤私了协议一概有效，则很多时候损害了劳动者的合法权益，也不利于社会关系的稳定。因此，我们认为，应当结合案件的具体情况对工伤私了协议的法律效力进行认定，而不是一刀切。

第一，《工伤保险条例》第十七条第一款规定："职工发生事故伤害或者按照职业病防治法规定被诊断、鉴定为职业病，所在单位应当自事故伤害发生之日或者被诊断、鉴定为职业病之日起 30 日内，向统筹地区社会保险行政部门提出工伤认定申请。遇有特殊情况，经报社会保险行政部门同意，申请时限可以适当延长。"因此，工伤发生后，向劳动行政部门申请工伤认定是用人单位的法定义务，以强制启动工伤认定及劳动能力鉴定程序。可见，在未经工伤认定或劳动能力鉴定前，双方达成工伤私了协议，甚至要求劳动者放弃申请认定工伤，明显排除了劳动者的合法权利，显然违反了法律法规的强制性规定，应属无效。

第二，《中华人民共和国劳动法》第七十七条规定："用人单位与劳动者发生劳动争议，当事人可以依法申请调解、仲裁、提起诉讼，也可以协商解决。"《工伤保险条例》第五十四条规定："职工与用人单位发生工伤待遇方面的争议，按照处理劳动争议的有关规定处理。"因此，在完成工伤认定和劳动能力鉴定后，双方可就工伤保险待遇的赔偿问题自行协商解决纠纷，双方当事人意思表示真实、一致，达成工伤私了协议的，应属有效。

第三，《工伤保险条例》对劳动者享有的工伤保险待遇的项目及标准均进行了规定。用人单位与劳动者达成工伤私了协议，一般情况都是用人单位未为劳动者依法缴纳工伤保险，各项工伤保险待遇均由用人单位承担。用人单位利用劳动者无法享受工伤医疗费、急于获得工伤赔偿等需求，提出并达成工伤私了协议，但赔偿项目经常遗漏法定工伤保险待遇项目，赔偿数额往往低于法定工伤保险待遇标准，存在显失公平的情况。因此，劳动者可以申请变更或撤销工伤私了协议，要求用人单位按法定工伤保险待遇支付差额。因此，值得注意的是，劳动者申请变更或撤销工伤私了协议应当在一年的仲裁时效内提出。

（北京市海淀区人民法院　徐良君）

65. 违法转包、分包情形下用工单位的工伤保险责任

申请人：杨某

被申请人一：甲路桥公司

被申请人二：史某

争议焦点

1. 依据《最高人民法院关于审理工伤保险行政案件若干问题的规定》第三条第一款第四项之规定，能否认定具有用工主体资格的用工单位与因工伤亡的职工存在劳动关系？

2. 用工单位违反法律、法规规定将承包业务转包给不具备用工主体资格的组织或者自然人，该组织或者自然人聘用的职工从事承包业务时因工伤亡的，劳动保障行政部门能否依据《工伤保险条例》第十八条第一款第二项之规定不予受理工伤认定申请或者做出不认定为工伤的决定？

3. 不具备用工主体资格的组织或者自然人聘用的职工从事承包业务时因工伤亡后未经过工伤认定程序、伤残等级鉴定程序，法院能否依据《最高人民法院关于审理工伤保险行政案件若干问题的规定》第三条第一款第四项之规定直接判令具有用工主体资格的用工单位承担工伤保险责任？

4. 用工单位与不具备用工主体资格的组织或者自然人是否连带承担未缴纳工伤保险待遇的赔偿责任？

 **基本案情**

甲路桥公司承建某项路桥工程后,将该路桥工程的部分项目转包给不具备用工主体资格的自然人史某,史某雇佣杨某从事具体劳动。甲路桥公司未为史某缴纳工伤保险。2013年5月,杨某在甲路桥公司承建的路桥工程项目工作中因工死亡。杨某的近亲属在法定期限内向某区人力资源和社会保障局申请认定工伤,但该局以杨某未提交《工伤保险条例》第十八条第一款第二项规定的劳动关系证明材料为由做出《工伤认定申请不予受理决定书》。随后,杨某的近亲属提起劳动仲裁,要求甲路桥公司和史某连带赔偿未缴纳工伤保险的待遇损失。

诉讼中,甲路桥公司认为杨某生前系受史某雇佣,在其公司承建的路桥项目上工作,但其公司与杨某不存在劳动关系;此外,某区人力资源和社会保障局做出的《工伤认定申请不予受理决定书》,未认定其公司为承担工伤保险责任的单位,故不同意赔偿杨某近亲属主张的未缴纳工伤保险的待遇损失。

 审理结果

一审法院依据《最高人民法院关于审理工伤保险行政案件若干问题的规定》第三条第一款第四项之规定判令甲路桥公司支付杨某近亲属一次性工亡补助金、丧葬补助金等工伤保险待遇,史某对此承担连带赔偿责任。二审法院维持一审法院的上述判决内容。

 **评析意见**

1. 用工单位违反法律、法规规定将承包业务转包给不具备用

工主体资格的组织或者自然人,该组织或者自然人聘用的职工与用人单位之间不存在真实的劳动关系。

近年来,用工单位违反法律、法规规定将承包业务转包给不具备用工主体资格的组织或者自然人,由此引发的因工伤亡问题日益严重和突出。根据《工伤保险条例》《工伤认定办法》等规定,提供与用工单位存在劳动关系的证明资料是被社会保险行政部门认定为工伤和鉴定工伤等级的必要条件。因而,不具备用工主体资格的组织或者自然人聘用的职工因工伤亡后,该职工或者其近亲属向社会保险行政部门提出的工伤认定申请往往因缺乏劳动关系证明资料不被受理。此种情况下,该职工或者其近亲属申请劳动仲裁,要求确认该职工与具备用工主体资格的用工单位存在劳动关系,目的在于为工伤认定和伤残等级鉴定奠定基础,然而,劳动仲裁和司法实践中就此问题长期存在裁量标准不一致的现象。

一种观点认为,具备用工主体资格的用工单位违反法律、法规规定将承包业务转包给不具备用工主体资格的组织或者自然人,该用工单位理应认识到不具备用工主体资格的组织或者自然人必然需要招聘职工具体从事相关劳动;用工单位通过违法转包行为规避用工风险,应依据原劳动部《关于确立劳动关系有关事项的通知》第四条"由具备用工主体资格的发包方承担用工主体责任"之规定,确认具备用工主体资格的发包方与不具备用工主体资格的组织或者自然人聘用的职工存在劳动关系,否则将致使大量劳动者游离于劳动法律法规保护体系之外,难以享受应有的劳动权益,不利于劳动法律法规作为社会法对劳资关系所应发挥的调节功能。此种观点,能够解决不具备用工主体资格的组织或者自然人聘用职工的工伤保险待遇问题,保障伤亡职工或其近亲属能够得到及时救济,但此种观点也延伸出未签订劳动合同双倍工资差额、解除劳动关系经济补偿金等问题,造成劳资利益保护在新层面上的失衡现象。另一种观点认为,用工单位违反法律、法规规定将承包业务转包给不具备用工主体资格的组织或者自然人，一般情况下，该组织或者自然人聘用的职工知晓其本人未经用工单位招聘，不接受用工单位的日常劳动管理和工作安排，用工单位对此类职工也不直接发放工资等，用人单位与此类职工之间不存在直接的提供劳动和支付报酬的对价关系，也不存在建立劳动关系的商议过程和最终达成建立劳动关系合意的意思表示，甚至双方互不知道基本信息。此种情况，如果认定具备用工主体资格的用工单位与此类职工存在劳动关系，不仅与劳动关系的法理体系格格不入，也与原劳动部《关于确立劳动关系有关事项的通知》第一条的规定内容不符。该种观点认为，具备用工主体资格的用工单位不能因违法转包、分包行为而承担非真实劳动关系下的用工风险。

《人力资源社会保障部关于执行〈工伤保险条例〉若干问题的意见》（人社部发〔2013〕34号）第七条规定"具备用工主体资格的承包单位承担用人单位依法应承担的工伤保险责任"，据此可以解决违法转包、分包情形下伤亡职工或者其近亲属的工伤保险待遇，无须再通过认定"具备用工主体资格的用工单位与不具备用工主体资格的组织或者自然人招聘的职工存在劳动关系"的方式协助伤亡职工或者其近亲属解决工伤认定和伤残等级鉴定问题。上述第七条规定应理解为系对原劳动部《关于确立劳动关系有关事项的通知》第四条有关"用工主体责任"内容的进一步明确和限定，不应据此推导出具备用工主体资格的用工单位与不具备用工主体资格的组织或者自然人招聘的职工存在劳动关系的结论。《最高人民法院关于审理工伤保险行政案件若干问题的规定》第三条第一款第四项规定，用工单位在违法转包的情况下仅为"承担工伤保险责任的单位"，并无劳动关系的相关表述，承担工伤保险责任并不以存在真实劳动关系为前提，此系《工伤保险条例》将劳动关系作为工伤认定前提的例外情形。

2. 社会保险行政部门不应依据《工伤保险条例》第十八条第

一款第二项之规定对违法转包、分包情形下的因工伤亡做出不予受理工伤认定申请或者不认定为工伤的决定。

《人力资源社会保障部关于执行〈工伤保险条例〉若干问题的意见》（人社部发〔2013〕34号）第七条、《最高人民法院关于审理工伤保险行政案件若干问题的规定》第三条第一款第四项系对《工伤保险条例》以劳动关系为工伤认定前提的突破和发展，社会保险行政部门针对此种情况不应再依据《工伤保险条例》的相关规定，将真实劳动关系的存在与否作为能否进行工伤认定的标准。但实践中，社会保险行政部门仍然援引《工伤保险条例》第十八条第一款第二项之规定对违法转包、分包情形下的因工伤亡做出不予受理工伤认定申请或者不认定为工伤的决定，因工伤亡职工或者其近亲属需通过行政诉讼主张权利。

3. 工伤认定和伤残等级鉴定结论是因工伤亡职工或者其近亲属依据《最高人民法院关于审理工伤保险行政案件若干问题的规定》第三条第一款第四项之规定向具有用工主体资格的用工单位主张工伤保险待遇的前提

工伤认定和伤残等级鉴定结论属于社会保险行政部门的行政职权范畴。违法转包、分包情形下，具备用工主体资格的用工单位承担工伤保险责任，需以被社会保险行政部门认定为承担工伤保险责任单位为前提条件；因工伤亡职工或者其近亲属未经工伤认定和伤残等级鉴定，直接依据《最高人民法院关于审理工伤保险行政案件若干问题的规定》第三条第一款第四项之规定直接向具有用工主体资格的用工单位主张工伤保险待遇的，无法律依据。上述案例中，法院直接判令甲路桥公司支付杨某近亲属一次性工亡补助金、丧葬补助金等工伤保险待遇，适用法律有误。

4. 用工单位与不具备用工主体资格的组织或者自然人是否连带承担工伤保险待遇的赔偿责任

用工单位与不具备用工主体资格的组织或者自然人聘用的职工

之间不存在真实的劳动关系，对职工造成伤害的实际侵权人是不具有用工主体资格的组织、自然人，因而《最高人民法院关于审理工伤保险行政案件若干问题的规定》第三条规定："承担工伤保险责任的单位承担赔偿责任或者社会保险经办机构从工伤保险基金支付工伤保险待遇后，有权向相关组织、单位和个人追偿。"该条款虽规定用工单位承担工伤保险赔偿责任后，对不具备用工主体资格的组织或者自然人具有追偿权，解决了用工单位与不具备用工主体资格的组织或者自然人之间的事后追偿问题，但该条款并未明确用工单位与不具备用工主体资格的组织或者自然人对工伤保险待遇赔偿是否需承担连带责任。

有观点认为，最高人民法院《关于审理人身损害赔偿案件适用法律若干问题的解释》第十一条第三款已将"属于《工伤保险条例》调整的劳动关系和工伤保险范围的"，排除在适用该条第二款的情形之外，用工单位与不具备用工主体资格的组织或者自然人对工伤保险待遇不应承担连带赔偿责任。

笔者认为，用工单位对不具备用工主体资格的组织或者自然人聘用的职工承担工伤保险责任范围，并非因双方存在《工伤保险条例》调整的劳动关系以及基于此种劳动关系产生的工伤保险范围，尽管该种工伤保险责任范围的种类、标准仍适用《工伤保险条例》的相关条款，但其所产生的法律基础不同于以劳动关系为前提的《工伤保险条例》，属于特殊情形下的工伤保险责任范围。从有效保护职工权益、保障执行的角度考虑，应依据《最高人民法院关于审理人身损害赔偿案件适用法律若干问题的解释》第十一条第二款规定，由用工单位与不具备用工主体资格的组织或者自然人对工伤保险待遇承担连带赔偿责任。

（北京市第二中级人民法院　朱　涛）

66. 劳动者未休企业福利年休假应否给予补偿

原告一（上诉人）：某企业顾问有限公司
原告二（上诉人）：某时装公司
被告（上诉人）：王某

争议焦点

1. 企业福利年休假的性质是什么？
2. 企业能否通过规章制度对职工未休福利年休假补偿做出排除规定？

基本案情

王某原在某时装公司工作，自 2008 年 1 月 1 日起，王某与某企业顾问有限公司建立劳动关系，将王某通过劳务派遣形式派至某时装公司工作，双方于 2013 年 1 月签订劳动合同约定，合同期限为 2013 年 1 月 1 日至 2015 年 12 月 31 日，王某的岗位为记账员，工作区域为北京；工资标准为不低于本市最低工资标准；用工单位某时装公司安排王某执行综合计算工时工作制，并已报批；某时装公司的员工手册、年休假制度、请假制度、年终奖金发放制度为本合同的附件。王某于 2011 年 3 月 19 日生育，产假期间单位按病假工资 928 元标准支付了 4 个月工资。某时装公司提交的工资支付记录显示，王某工资由基本工资、销售奖、表现奖、岗位津贴、其他公司补助等构成，销售奖依工作业绩发放。2014年4月1日，王某因岗位调动辞职。王某在仲裁时认可已休年假情况为：2011年休10天、2012年休10天、2013年休12天、2014年没休，其他年份年休假情况记不清，但休年休假期间工资被扣，王某主张年假期间被扣工资等同于未休年假，故申请仲裁要求单位支付2008年1月至2014年4月1日年休假工资69 511元。仲裁裁决某时装公司一次性支付王某2012年1月至2014年4月1日期间法定年休假工资合计5 226.28元，企业内部带薪年假工资合计3 541.45元。双方不服裁决，均提起诉讼。单位辩称，王某2013年8月29日前未休年假的工资补偿已过仲裁时效，且王某在仲裁时认可其在职期间的年假均已休完。另外，企业内部年假非法定假期，而且某时装公司已支付其工资，额外补偿没有依据。再有，王某于2014年4月1日因个人原因辞职，即使其2014年的年休假未休，亦是与其主动辞职有关，非公司之责，故不同意支付王某未休年休假工资。

 审理结果

一审法院经审理认为：关于王某主张的2008年1月至2014年4月1日未休年休假工资。《北京市工资支付规定》第十三条规定："用人单位应当按照工资支付周期编制工资支付记录表，并至少保存二年备查。"根据《职工带薪年休假条例》的规定，王某属于在上述期间每年享受法定5天年休假的情形。因2012年王某年休假已按自然年度计算，所以劳务派遣双方应自王某提起仲裁之日起2014年4月1日王某的年休假情况承担举证责任。对于王某提出的休年假被扣工资一节，该院认为未休年休假和休年假扣工资是不同的法律关系。王某主张的高于法定年休假的假期是某时装公司内部年休假，属于企业福利。某时装公司年休假制度规定，年休假应于当年度使用,并未规定对于未休企业内部年假给予工资补偿。故某企业顾问有限公司、某时装公司不同意支付王某企业内部带薪年假工资,法院予以支持。王某2012年至2013年已休完法定年休假,因此对王某主张的2012年和2013年未休年休假工资,法院不予支持。某企业顾问有限公司、某时装公司不能证明王某2014年已休年休假,因此,某企业顾问有限公司和某时装公司应按《职工带薪年休假条例》《企业职工带薪年休假实施办法》的规定,支付王某2014年法定未休年休假工资。最终判决:(1)某企业顾问有限公司、某时装公司支付王某2014年未休年休假工资584.70元。(2)某企业顾问有限公司、某时装公司无须支付王某2012年法定年休假工资1 829.37元、2013年法定年休假工资2 812.17元、2012年企业内部带薪年假工资1 280.56元、2013年企业内部带薪年假工资1 968.52元。

  判决后,王某不服,仍持原诉理由及请求上诉至法院,请求撤销原判决,改判支持其未休年休假补偿的请求。某企业顾问有限公司、某时装公司亦不服,持原诉理由共同上诉至法院,请求二审法院查清事实,依法改判无须支付王某2014年未休年休假工资。

  二审经审理认为:关于年休假工资,王某主张某企业顾问有限公司、某时装公司应支付其未休年休假工资。用人单位应当就两年内已安排劳动者休年假或者已向劳动者支付了未休年休假工资承担举证责任。本案中,王某自2014年8月29日提出仲裁申请,因其2012年度的年休假是按自然年度计算,故某企业顾问有限公司及某时装公司应对王某自2012年1月1日至2014年8月29日期间的年休假情况承担举证责任。现用人单位不能举证证明此期间内已安排王某2014年年休假或已向其支付相应的年假工资,故某企业顾问有限公司、某时装公司应支付王某2014年的法定未休年休假工资。对于2012年之前的未休年休假工资,应由王某承担举证责任,因王某对此未能举证,故王某关于该期间内的年休假工资,本院不予支持。王某主张的企业内部带薪年休假工资系企业的福利，双方的劳动合同及公司的休假制度均未规定未休内部年休假应予工资补偿，故王某主张的多于法定年休假天数标准的年休假工资，依据不足，法院不予支持。二审驳回上诉，维持了原判。

评析意见

企业为了提高员工福利，鼓励劳动者劳逸结合，达到劳动力的再生产，往往在国家法定的带薪年休假之外，根据职工的工作年限，额外给予职工一定期间的福利带薪年假，体现企业的人文关怀。但是对于福利带薪年假的性质，劳资双方争议较大，易引发纠纷。职工认为应比照法定年休假给予工资补偿，用人单位认为福利带薪年假是一种企业福利，劳动者自己未实际休完即作废，不同意给予补偿。

审判实务中，如何认识福利带薪年假的性质，争议也较大。主要有两种不同的观点：一种观点认为，用人单位规定的福利带薪年假是在法定年休假外给予职工的一项福利待遇，属于企业自主经营权范围，企业有权在规章制度中对福利年假的天数、休息方式、是否补偿做出规定。案例中，某时装公司的年休假制度规定年休假应于当年使用，并未规定对于未休企业内部年假给予工资补偿，因此可以推定，对于未休的内部年假如果当年未休完即作废。有的法官认为，既然用人单位赋予了劳动者福利带薪年假，在双方未明确约定未休完福利假是否给予补偿时，应根据有利于劳动者的解释原则，比照法定年休假的规定，在劳动者未休完年假时由用人单位给予未休年假工资补偿。笔者认为，单位内部的带薪年休假是一种企业福利，不是职工的一项法定待遇，可以由双方约定具体的休假标准和支付条件。但是，对于双方未明确约定内部年休假的补偿条件时，应结合用人单位是否声明保留、以前是否发放过休假补偿、双

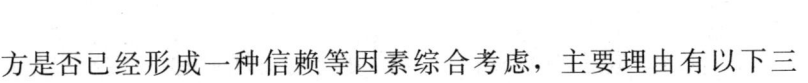

方是否已经形成一种信赖等因素综合考虑,主要理由有以下三方面:

1. 福利带薪年假不同于法定年休假,是一种企业福利

《企业职工带薪年休假条例》对于职工享有的法定年休假的条件、天数、未休年休假的补偿标准做出了明确规定,该条例明确规定带薪年休假是职工的一项法定权利,用人单位有义务保障职工享受带薪年休假,带薪年休假也作为正常工作日计算薪酬,如果用人单位未安排职工休带薪年休假,应按300%的标准给予工资补偿。上述条例并未对福利带薪年假给予规定,可以说明企业内部的带薪年假是法定年休假之外的一种休假制度,是国家倡导的一种职工福利待遇,不具有法律强制性。因此,带薪年假是一种企业福利,用人单位可以根据企业经营情况做出自主安排,也可以由劳资双方自行约定。

2. 用人单位可以通过规章制度对福利带薪年休假制度做出规定

基于福利带薪年假的性质,用人单位可以在规章制度或员工手册中对于福利带薪年假的休息条件、休假天数、未休完时的后果做出规定,只要这种规章制度经过了民主程序,告知了劳动者,就是合法有效的。当然,劳资双方也可在劳动合同中对于福利带薪年假做出约定。实践中,用人单位与劳动者对于未休年假的天数认可,但是对于已休假天数中法定年假与福利假的优先顺位产生争议,职工一般主张已休的假期中先休了福利带薪假,后休法定年休假,剩余未休假天数属于法定年休假天数,所以要求用人单位给予补偿。那么在双方未对休假顺序做出明确约定时,笔者认为,从法定年休假的性质看,法定年休假作为一种最低保障,应优先于福利年假,这正如最低工资标准一样。因此,职工的休假天数中,应将法定休假先行折抵,可以推定剩余休假天数才是福利带薪假,至于福利带薪假应否给予补偿,就是我们讨论的第三个问题。

3. 用人单位未对带薪休假补偿做出明确规定时，应比照法定年休假标准给予职工补偿

企业内部带薪假作为一种企业福利，用人单位有自主支配权，但是企业行使权利是否在任何情况下都不受限制？笔者认为，如果企业只是规定福利年休假的条款，却没有对未休完年假不给予补偿声明保留，并且以前也实施过，那么职工对于获得这种承诺便有了某种信赖和期待利益，应当保证职工在未来获得这项待遇。那么，承认企业有权声明保留条款，企业可以阻却职工的权利主张，是否这种声明也没有限制条件呢？笔者认为，从平衡企业和职工的权益角度，对于用人单位做出的一经离职未休年假全部无效的这种规定，应给予适当的限制。用人单位无权根据这种声明限制职工的权益，因为年休假的休假方式是由用人单位根据经营状况安排职工休假，实践中也是劳动者提交申请表，由用人单位审批，说明休假的管理权在用人单位，如果只依结果就认定未休完的年假无效，将使用人单位已承诺的这种福利处于一种无法实现的状态。对于劳动者已经申请休企业内部假，但是用人单位未予批准造成职工未休时，企业不能单方认定休假作废，应给予职工工资补偿。如果是单位鼓励职工休假，但是劳动者未提出休假申请，则视为职工放弃，职工无权获得工资补偿。还有一种情况是职工自己主动辞职时，对于未安排休假的责任，应由劳动者自己承担，对其主张福利假的请求不予支持。因此，我们鼓励企业对于福利年假制度做出详细的规定，明确劳资双方的权利义务，避免通过简单的判决给企业一种不利的价值指引，打击企业提高职工福利的积极性。

（北京市东城区人民法院 李彦宏）

67. 工伤保险范围外的医疗费由谁负担

上诉人（原审原告）：北京某汽车销售有限公司
被上诉人（原审被告）：张某

争议焦点

1. 标准劳动关系中，用人单位是否应当负担工伤保险范围外的医疗费？
2. 劳务派遣用工中，用工单位是否应当负担工伤保险范围外的医疗费？

基本案情

2010年3月10日，张某开始在北京某汽车销售有限公司（以下简称"某公司"）工作。2011年11月1日，张某与吉林省某人力资源开发有限公司（以下简称"吉林某公司"）签订劳动合同，改由吉林某公司派遣张某至某公司工作。吉林某公司在吉林省长春市为张某缴纳了工伤、医疗保险。2012年9月5日，张某在维修车间给客户车辆进行二氧保护焊接车身后底板时，火花掉在地上，点着了地上的汽油，导致张某烧伤。当月，吉林某公司作为申请人为张某向吉林省长春市人力资源和社会保障局提出了工伤认定申请，吉林省长春市人力资源和社会保障局经审查认定张某所受伤害为工伤，后经吉林省长春市劳动能力鉴定委员会鉴定为七级伤残。某公司支付了张某在中国人民解放军总医院第一附属医院和北京积水潭医院治疗的医疗费 274 395.41 元。吉林某公司向吉林省长春市社会医疗保险管理局申请报销医疗费，共报销 55 002.35 元。2013 年 11 月 21 日，某公司向北京市大兴区劳动人事争议仲裁委员会（以下简称"大兴仲裁委"）申诉，请求裁决张某退还某公司为其垫付的应由张某自行承担的医疗费用 19 万元。2015 年 6 月 1 日，大兴仲裁委做出京兴劳人仲字（2014）第 252 号裁决书，裁决驳回某公司的仲裁请求。张某同意仲裁裁决，某公司不同意仲裁裁决，诉至原审法院。原审审理中，原审法院向北京市大兴区医保中心核实，如在北京缴纳社会保险，张某可报销医疗费应为 149 025.9 元。

审理结果

原审法院经审理于 2015 年 12 月 29 日做出（2015）大民初字第 08754 号民事判决，认为《工伤保险条例》未对工伤职工医疗费自费部分如何负担进行明确规定，本案中产生高额医疗费自费部分的原因之一是由于张某的工伤保险所在地与其工作地和就医地不一致，导致其虽在北京的医院就医但无法享受到北京地区的工伤保险待遇，某公司应负担两地报销差额部分的医疗费。鉴于某公司为张某垫付全部医疗费以及双方对如何承担医疗费并无约定的事实，法院酌定由某公司和张某对剩余医疗费的自费部分各自负担一半。据此判决：（1）张某于判决生效之日起十日内返还某公司垫付的医疗费 62 684.76 元。（2）驳回某公司的其他诉讼请求。

宣判后，某公司、张某均向北京市第二中级人民法院提起上诉。北京市第二中级人民法院经审理于 2016 年 6 月 20 日做出（2016）京 02 民终 2145 号民事判决，认为依据工伤保险立法精神、相关法律、司法解释以及法理进行综合、体系考量，用人单位应就工伤保险范围外的医疗费承担无过错赔偿责任。某公司作为劳务派遣用工单位，既是工伤风险的直接制造者和开启者，也是最有能力预防、规避危险发生的控制者，其作为职工安全保障的主要义务人和生产经营活动的受益者，应承担相应风险，故用工单位就工伤保险保险范围外的医疗费亦不应免除赔偿责任。据此判决：（1）撤销（2015）大民初字第08754号民事判决。（2）驳回某公司的诉讼请求。

评析意见

该案例主要涉及以下两方面具体问题：一是用人单位是否应当承担工伤保险范围外的医疗费；如应承担，是按工伤事故发生的过错比例承担，还是按无过错原则或其他归责原则承担。二是劳务派遣用工中，用工单位是否应承担该部分费用。

关于问题一，《工伤保险条例》第三十条第三款规定，治疗工伤所需费用符合工伤保险诊疗项目目录、工伤保险药品目录、工伤保险住院服务标准的，从工伤保险基金支付。第六十二条第二款规定，依照本条例规定应当参加工伤保险而未参加工伤保险的用人单位职工发生工伤的，由该用人单位按照本条例规定的工伤保险待遇项目和标准支付费用。可见，无论用人单位是否依法缴纳工伤保险，工伤保险责任的范围都不包括超出前述目录和标准、工伤保险基金不予报销的医疗费。据此，该部分医疗费负担的问题可进一步拓展和提炼为以下问题，即工伤劳动者能否向用人单位主张工伤保险范围外的损害赔偿。

关于问题二，《中华人民共和国劳动合同法》第九十二条规定，用工单位给被派遣劳动者造成损害的，劳务派遣单位与用工单位承担连带赔偿责任。主流观点认为该条文对原法关于劳务派遣连带责任的规定进行了修改，将用工单位承担赔偿责任的范围限定为用工单位存在过错的情况，用工单位无须就劳务派遣单位过错造成的损害向劳动者承担赔偿责任。由此产生的争议是，即便是认定为标准劳动关系中，用人单位也应当就工伤保险不予报销的医疗费承担无过错赔偿责任，劳务派遣中，认定用工单位是否应当承担责任亦应考量用工单位对发生工伤事故或者产生不予报销费用的过错程度，那么，应当由劳动者就用工单位存在过错进行举证，还是采用过错推定原则，由用工单位就其不存在过错进行举证？

司法实践中，就上述问题存在较大争议。本案中，某公司实际支付了张某的工伤医疗费，其公司要求返还工伤保险基金不予报销医疗费的理由为用人单位缴纳了工伤保险即应免除额外赔偿。该案二审法院从目的、体系解释出发，并结合雇主责任进行类推，认定用人单位应当按无过错原则承担部分工伤保险责任范围外的赔偿责任，劳务派遣用工单位亦应当承担赔偿责任，充分保护了工伤劳动者的权益，有利于和谐劳动关系、和谐社会的构建。

1. 工伤保险与人身损害赔偿——工伤救济模式的选择

工伤保险赔付是基于劳动关系和社会保险缴纳义务而产生的责任给付，是一种社会法上的救济手段。劳动者所受伤害被认定为工伤后，如用人单位依法缴纳了工伤保险，则由社会保险经办机构根据核定的工伤保险待遇从工伤保险基金中给付，用人单位仅需负担部分工伤保险待遇（停工留薪期的工资福利待遇、护理费）；如用人单位未为工伤劳动者缴纳工伤保险，则用人单位需负担全部工伤保险待遇。此外，作为工伤保险责任构成的基础事实，工伤事故在传统民法领域又被评价为侵害劳动者生命权、健康权、身体权的民事侵权行为，由此又产生了被侵权人的人身损害赔偿请求权。据此，具有双重法律属性的工伤事故的发生，产生了两类不同性质的债务。这两类债务在适用程序、请求权基础、构成要件、赔偿标准、举证责任诸方面均有不同。对于两者之间的关系以及无第三人侵权情形下的工伤救济模式，当前学界和司法实务主要有替代说、补充说两种观点。

(1) 替代说

这种观点认为，在工伤赔偿中，工伤保险责任替代了侵权责任，用人单位或社保经办机构仅需向工伤职工支付工伤保险待遇，用人单位无须再承担侵权损害赔偿责任。工伤劳动者亦不能从中择一行使请求权，只能主张工伤保险待遇。

主要理由如下：

第一，工伤事故的救济经历了从民事侵权责任到劳工补偿再到社会保障的过程，工伤事故责任制度也经历了从民法到社会保障法的发展历程。而工伤保险赔偿制度从侵权损害赔偿制度中分离出来的最主要原因是为了弥补传统侵权责任在工伤事故损害救济方面的缺陷和不足，工伤保险制度创立的初衷就是为了在工伤事故救济领域替代侵权责任的救济，其创立之后，实践证明其在对工伤事故损害的救济方面比侵权责任的救济更迅速有效。

第二，工伤保险最核心的功能在于对受害人的补偿功能和对企业的免责功能。侵权法的填补损害功能的实现受到诸多制约，在工伤保险给付水平足够高的条件下，工伤保险的补偿功能是完全能够取代工伤赔偿领域侵权法的填补损害功能的。

第三，国家在雇主责任之外另行设置工伤社会保险制度，不同于私法侧重消极自由之保障，其理念基于生存权、劳动权、社会权等思想，其目的在于保障人的尊严和价值，维护社会正义，因而工伤保险请求权就其价值位阶而言具有优于私法权利的优先性。

第四，工伤保险赔偿具有替代给付的性质，工伤保险机构不得向用人单位代位求偿。如果缴纳保费依然不能免责，用人单位可能承受双重负担，有失公平。

第五，从实证法角度，《最高人民法院关于审理人身损害赔偿案件适用法律若干问题的解释》第十一条第三款、第十二条第一款明确排除了劳动关系下的工伤赔偿适用雇主责任以及工伤劳动者在工伤保险外主张民事赔偿。

（2）补充说

"补充说"认为，在工伤保险范围外，用人单位还应当承担人身损害补充赔偿责任。具体而言，就承担补充赔偿责任的条件、范围、归责原则的意见不同。"补充说"还可细分为多种观点。关于承担条件，有观点认为，如用人单位对于工伤事故的发生有故意或重大过失，劳动者在享受工伤保险待遇后，还有权请求工伤保险待遇之外的赔偿，对于用人单位一般过失造成的伤害，则不宜要求用人单位承担赔偿责任；另有观点则认为，无须考虑工伤事故发生的过错因素，用人单位均应承担补充赔偿责任。关于赔偿范围，有观点认为，用人单位应就人身损害赔偿高于工伤保险待遇的总额差额或分项目差额部分承担赔偿责任；还有观点认为，用人单位仅就工伤治疗、康复费用赔偿的差额部分，亦即工伤保险责任范围外的合理治疗、康复费用，承担补充赔偿责任。关于归责原则，则有过错责任、无过错责任、公平责任等观点。

笔者认可"补充说"的基本观点，并认为用人单位应就工伤保险责任范围外的合理治疗、康复费用承担无过错赔偿责任。具体理由如下：

第一，《中华人民共和国职业病防治法》第五十八条规定，职业病病人除依法享有工伤保险外，依照有关民事法律，尚有获得赔偿的权利的，有权向用人单位提出赔偿要求。《中华人民共和国安全生产法》第五十三条规定，因生产安全事故受到损害的从业人员，除依法享有工伤保险外，依照有关民事法律尚有获得赔偿的权利的，有权向本单位提出赔偿要求。据此可知，立法对劳动者享有在工伤保险外主张民事赔偿的权利持肯定态度。

第二，《最高人民法院关于审理人身损害赔偿案件适用法律若干问题的解释》第十一条第三款的规定，应理解为工伤保险范围内不适用雇主责任，对工伤保险范围外的损失如何赔偿并未明确规

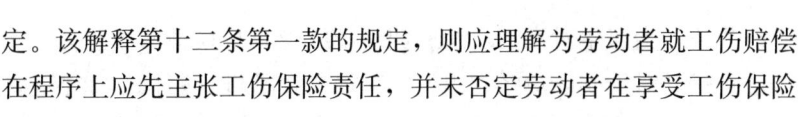

定。该解释第十二条第一款的规定，则应理解为劳动者就工伤赔偿在程序上应先主张工伤保险责任，并未否定劳动者在享受工伤保险待遇后还享有就其他损失向用人单位主张赔偿的实体权利。

第三，随着侵权责任法自身的不断发展，雇主责任已经由适用过错归责原则逐步过渡到无过错原则，与工伤保险责任基本一致，因此，就归责原则而言，工伤保险制度优势不再。此外，司法实践中，大量的工伤赔偿案件系用人单位未缴纳工伤保险，所有工伤保险待遇依法均应由用人单位负担，这说明，实然状态下，工伤保险的社会化风险负担和部分免责功能大打折扣，及时赔付的优势亦难以体现。据此，绝对的替代主义不符合实践中保护工伤劳动者权益的需要。

第四，"替代说"关于工伤救济的法律发展历程的分析及工伤保险制度的优势的分析仍具有一定合理性。虽然在现行制度框架下，工伤保险存在部分赔付项目数额低于人身损害赔偿项目数额的情况，但对于其中因工伤产生的，实际支出外且采用法定标准的定额化赔偿方式的项目，因本身两类赔偿中实际针对的赔偿内容相同，具体损失数额难以客观量化，另考虑到劳资双方利益平衡，以及审判实践中进行差额比对存在较大操作障碍，故对该部分赔偿项目，宜采"替代说"，不应允许劳动者在工伤保险范围外主张人身损害赔偿。

第五，《工伤保险条例》虽未就工伤保险范围外实际支出的合理治疗、康复费用如何负担做出明确规定，但结合该条例立法宗旨，从保护处于弱势地位的劳动者以及工伤救治客观需要考虑，该部分费用由用人单位负担更为合理。虽然通过社会化负担方式分散用人单位的工伤风险亦为工伤保险制度的重要目的，但分散风险并不代表免除用人单位的全部损害赔偿责任。

第六，将补充无过错赔偿责任范围限定为工伤治疗、康复费用不会增加用人单位负担，亦符合基本公平理念。在人身损害赔偿中，单位作为雇主对雇员从事雇佣活动所受人身损害系承担无过错赔偿责任，对于实际治疗支出按实际损失数额进行赔偿，如不允许劳动者主张工伤保险范围外的工伤救治费用，则同样的情形，雇员就从事雇佣活动所受伤害进行治疗支出的费用可以获得全部赔偿，而劳动者只能就工伤治疗支出得到部分赔偿，而且，在工伤保险医疗费报销标准和项目更新滞后的情况下，部分类型工伤可能要由劳动者负担大部分治疗费用，这不符合基本的公平理念，与社会大众的主流价值观念亦相左。而认可应由用人单位按无过错原则负担工伤保险范围外的治疗费用，仅等于承认在治疗工伤上，劳动者与雇员应有平等待遇，不存在重复赔偿问题。

综上，该种观点正视了工伤救济手段从私法到社会法转变的客观历程，充分尊重工伤保险制度的价值优位和制度优势，同时保障了工伤劳动者得到合理救治、获得平等待遇的权利，且不会架空工伤保险制度，有效发挥其及时救治、补偿工伤劳动者，部分免除用人单位赔偿责任的功能。

2. 劳务派遣用工单位的赔偿责任

（1）劳务派遣工伤赔偿及法律责任的特殊性

第一，劳务派遣用工单位虽然是实际用工主体和管理主体，但并非工伤保险责任主体。根据《劳务派遣暂行规定》第十条及《最高人民法院关于审理工伤保险行政案件若干问题的规定》第三条第一款第（二）项的规定，劳务派遣单位系承担工伤保险责任的单位。劳动派遣单位作为劳动法意义上的用人单位，负有缴纳工伤保险的法定义务并承担法定工伤保险责任，如认定用工单位应就工伤赔偿承担责任，需在用人单位的概念之外寻求合法性与合理性支撑。

第二，与标准劳动关系不同，被派遣劳动者因工伤亡的，从侵权责任法的角度考量，用工单位与劳务派遣单位均构成侵权人。虽然现代工业社会中的工伤风险不能单独归责于某一用人单位或用工单位，但不可否认的是，广义上而言，劳务派遣单位经营劳动派遣业务与用工单位实际用工均可认定为发生工伤的原因行为。部分案例中，用工单位忽视安全保障的不作为，甚至是主动的违法行为，是导致工伤事故发生的直接原因。

第三，由用工单位对工伤保险范围外的赔偿承担无过错责任缺乏法律依据。《中华人民共和国劳动合同法》第九十二条对原法相关条文的修改被认为是从"双向连带责任"到"单向连带责任"，即用工单位造成损害的，应当承担赔偿责任，派遣单位承担连带责任；派遣单位造成损害的，派遣单位承担赔偿责任，用工单位无须承担赔偿责任。可见，如用工单位对造成损害无过错，则无须承担赔偿责任，更无须就派遣单位造成的损害承担连带赔偿责任。据此，用工单位仅就其过错致害承担赔偿责任。

（2）用工单位承担赔偿责任的理据

第一，《中华人民共和国劳动合同法》第六十六条第一款规定，劳动合同用工是我国的企业基本用工形式。劳务派遣用工是补充形式，只能在临时性、辅助性或者替代性的工作岗位上实施。该法第六十二条第一款规定，用工单位应当履行下列义务：（1）执行国家劳动标准，提供相应的劳动条件和劳动保护；（2）告知被派遣劳动者的工作要求和劳动报酬；（3）支付加班费、绩效奖金，提供与工作岗位相关的福利待遇；（4）对在岗被派遣劳动者进行工作岗位所必需的培训；（5）连续用工的，实行正常的工资调整机制。从前述规定可知，劳务派遣中的用工单位虽然不是法律明确的被派遣劳动者的用人单位，但其为被派遣劳动者的用工管理单位，两者之间的关系具有一定的人身从属性和经济从属性特征，用工单位对被派遣劳动者承担劳动法上的义务，包括安全注意义务。

第二，劳务派遣中，用工单位作为生产经营者，是工伤风险的直接制造者和开启者，其组织、指挥生产经营活动，是职工安全保障的主要义务人，也是最有能力预防、规避危险发生的控制者。此外,用工单位还是生产经营活动的受益者,受益者应承担相应风险。故在用工单位缴纳工伤保险费,由工伤保险基金支出部分费用后,用工单位就劳动者人身损害产生的其他医疗、康复费用,亦不应免除赔偿责任。

第三,至于归责原则,应适用举证责任倒置的过错推定原则。过错推定是过错责任的特殊情况,其系伴随工业革命兴起,工业事故和意外伤害频繁发生,过错责任失效,而法院出于保护受害人、加重加害人责任所创制的。考虑到用工单位负有安全注意义务,且举证能力明显比劳动者强,将其运用于工伤事故情形,有利于保护劳动者利益。

具体到本案中,仅从张某工伤发生过程难以判断双方过错程度,而用工单位某公司未举证证明其公司已经履行安全注意义务,对张某发生工伤不存在过错,故应当就工伤保险范围外的合理治疗费用承担赔偿责任。此外,某公司原系与张某直接建立劳动关系,张某从事的汽车维修工作系某公司主要业务的组成部分,后在张某的工作岗位和工作地点未发生变化的情况下,某公司将其改为劳务派遣用工,由张某与异地劳务派遣单位签订劳动合同,并在异地缴纳工伤保险,可见,某公司存在"逆向劳务派遣"以及违反劳务派遣岗位"三性"等情形。综上,二审法院对其要求返还工伤保险报销范围外的医疗费的诉讼请求不予支持,是正确的。

(北京市第二中级人民法院　宋　鹏)

商业秘密保护与竞业限制

68. 竞业限制补偿金的诉讼时效应从竞业限制期满之日起算

原告：某医学技术有限公司
被告：潘某

争议焦点

竞业限制补偿金的诉讼时效应从何时起算？

基本案情

2011年5月10日，潘某与某医学技术有限公司签订书面劳动合同书、保密协议及竞业禁止协议。其中，竞业禁止协议第2条经济补偿约定：某医学技术有限公司不论在任何情况下终止或者解除与潘某的劳动关系，潘某在劳动关系终止或者解除后的一年内，只要严格遵守本协议有关竞业禁止的规定，某医学技术有限公司应该按照不低于工资关系所在地政府规定之最低工资标准按月向其支付竞业禁止补偿费；但某医学技术有限公司可以随时以书面形式通知潘某，提前豁免其竞业禁止的义务。潘某在某医学技术有限公司工作至2012年9月29日，此后未再出勤。2012年9月30日至2013年9月30日期间，潘某履行相应竞业限制义务，某医学技术有限公司未支付其竞业限制补偿。另查，潘某与某医学技术有限公司劳动关系解除时间于2014年6月17日经（2014）三中民终字第

08276号民事判决书予以确认。2014年9月26日,潘某向北京市通州区劳动人事争议仲裁委员会(以下简称"仲裁委")申请仲裁,要求某医学技术有限公司支付2012年9月30日至2013年9月30日期间竞业禁止补偿金16 800元。仲裁委经审理于2015年4月23日出具京通劳仲字(2014)第4086号裁决书,裁决某医学技术有限公司支付潘某2012年9月30日至2013年9月29日期间竞业限制补偿金16 267.36元,驳回潘某的其他仲裁请求。某医学技术有限公司不服仲裁裁决起诉至法院,请求判令其无须支付潘某竞业限制补偿金16 267.36元。

某医学技术有限公司认为,首先,潘某不存在履行竞业限制义务的真实意思,且没有遵守竞业限制义务的行为;其次,潘某的诉讼请求已超过诉讼时效。潘建对某医学技术有限公司的主张不予认可。

 审理结果

北京市通州区人民法院经审理认为:首先,潘某与某医学技术有限公司签订的竞业限制协议,系双方真实意思表示,内容不违反法律、行政法规的强制性规定,应为合法有效,双方均应恪守。其次,潘某诉讼请求并未超过诉讼时效。最后,双方劳动关系解除后,某医学技术有限公司未书面通知豁免潘某的竞业限制义务,亦未能提供任何证据证明潘某未履行竞业限制义务。某医学技术有限公司应支付潘某相应竞业限制补偿金。

北京市通州区人民法院依据《中华人民共和国劳动争议调解仲裁法》第二十七条、《最高人民法院关于审理劳动争议案件适用法律若干问题的解释(四)》第七条、《中华人民共和国民事诉讼法》第六十四条第一款之规定,判决如下:(1)原告某医学技术有限公司支付被告潘某2012年9月30日至2013年9月29日期间竞业限制补偿金 16 267.36 元，于本判决生效之日起七日内执行清。（2）驳回原告某医学技术有限公司的诉讼请求。

判决做出后，某医学技术有限公司上诉至北京市第三中级人民法院，2015 年 9 月 17 日，二审法院判决：驳回上诉，维持原判。现该判决已经发生法律效力。

评析意见

本案处理的重点在以下两方面：

第一，潘某的诉讼请求没有超过诉讼时效。用人单位与劳动者约定竞业限制协议，自双方劳动关系解除、终止之日起，劳动者开始履行竞业限制义务，用人单位应按月支付竞业限制补偿金。只要用人单位没有豁免劳动者的竞业限制义务，劳动者也履行了相应竞业限制义务直至竞业限制期满的，用人单位应支付劳动者竞业限制补偿金。劳动者履行竞业限制义务处于持续状态，劳动者履行竞业限制义务的期间构成一个整体。从另一个角度讲，现某医学技术有限公司未履行支付补偿金的义务也处于持续、连续状态，且该补偿金系基于潘某遵守竞业限制义务应获得的报酬性补偿，故潘某应自竞业限制终止之日起一年内即 2014 年 9 月 28 日前主张，现潘某于 2014 年 9 月 26 日提起仲裁申请，并未超过诉讼时效。此外，双方对于劳动关系的解除时间曾存在争议，并长期处于仲裁、诉讼阶段，潘某主张的竞业限制补偿金与解除时间密切关联，对潘某严苛诉讼时效亦有失公允。

第二，某医学技术有限公司应该向潘某支付竞业限制补偿。首先，劳动者在因用人单位原因三个月未获得经济补偿的情况下，可以请求解除竞业限制协议；用人单位认为无须要求劳动者继续履行竞业限制义务，则有权按照相关规定解除竞业限制协议。本案中，某医学技术有限公司与潘某在竞业限制期内均未提出解除竞业限制协议，某医学技术有限公司不支付竞业限制补偿金的行为不构成对竞业限制协议解除的默认，故该竞业限制协议并未解除。其次，用人单位主张劳动者违反竞业限制协议，未履行竞业限制义务的，应对劳动者违反竞业限制协议承担举证责任。本案中，某医学技术有限公司主张潘某未履行竞业限制义务，但其未能提交任何证据予以证明，应承担举证不能的法律后果。

由此可见，竞业限制补偿金作为整体之债，其诉讼时效应从竞业限制期满之日起算。未超过诉讼时效的情况下，劳动者履行了竞业限制义务的，用人单位应向其支付竞业限制补偿金。

(北京市通州区人民法院　王宝荣)

69. 竞业限制协议约定违约金数额需谨慎

申请人：李某
被申请人：某软件技术公司

争议焦点

1. 双方约定了违约金数额，如果劳动者违反竞业限制协议，是否一定要按照约定数额给付违约金？
2. 如何判定违约金数额的高低？

基本案情

李某是某软件技术公司的软件开发人员，从事软件设计开发工作，月薪为6 000元，双方签订了期限为2014年3月10日至2015年3月9日的劳动合同。其中劳动合同附件中约定："在双方劳动合同到期或解除后，出于保守商业秘密的目的，两年内不得从事与本单位相关软件产品工作，也不得参与经营、开设同类业务的公司。如违反约定，乙方（李某）应支付甲方（某软件技术公司）违约金500 000元。"此外，双方还约定在李某离职后两年内，每月向其支付1 900元补偿金。2015年3月9日劳动合同到期后，双方达成一致不再续签劳动合同。此后，某软件技术公司按月向李某支付竞业限制补偿金。2015年5月，某软件技术公司发现李某到与其公司有竞争关系的公司从事技术工作,为此,向仲裁委员会提出申请,要求李某支付某软件技术公司违约金500 000元。

审理结果

裁决李某支付某软件技术公司违约金11 400元。

评析意见

本案中,竞业限制协议的形成是否符合法律规定,主要围绕以下要素进行判定:

一是适用的对象须限于用人单位的高级管理人员、高级技术人员和其他负有保密义务的人员。也就是说,竞业限制没有必要将用人单位的全部劳动者纳入到竞业限制范畴,只有接触高、精、尖端,掌握企业核心资源和技术的人员才是竞业限制的主要对象。

二是竞业限制期限应不超过两年。两年对于一个企业的所谓核心资源和技术而言,已经更新换代完毕,法律做出这样的规定有其各方面的考量。此外,用人单位可以在竞业限制期内提前解除竞业限制协议。根据《最高人民法院关于审理劳动争议案件适用法律若干问题的解释(四)》第九条规定:在竞业限制期限内,用人单位请求解除竞业限制协议时,人民法院应予支持。根据权利义务对等原则,《最高人民法院关于审理劳动争议案件适用法律若干问题的解释(四)》第八条规定:当事人在劳动合同或者保密协议中约定了竞业限制和经济补偿,劳动合同解除或者终止后,因用人单位的原因导致三个月未支付经济补偿,劳动者请求解除竞业限制约定的,人民法院应予支持。企业在不支付劳动者补偿金时,竞业限制协议也随之失去法律效力。

三是解除劳动合同后,用人单位应支付劳动者一定数额的竞业限制补偿金。依据《中华人民共和国劳动合同法》第二十三条规定：用人单位与劳动者可以在劳动合同中约定保守用人单位的商业秘密和与知识产权相关的保密事项。对负有保密义务的劳动者，用人单位可以在劳动合同或者保密协议中与劳动者约定竞业限制条款，并约定在解除或者终止劳动合同后，在竞业限制期限内按月给予劳动者经济补偿。劳动者违反竞业限制约定的，应当按照约定向用人单位支付违约金。

对于竞业限制的补偿金数额，法律法规并没有强制性规定。实际操作中，主要依据双方竞业限制协议中的约定。实际操作过程中也存在双方没有对竞业限制补偿金进行约定，而劳动者又履行了竞业限制义务的情形，此种情况下劳动者申请仲裁，要求支付竞业限制补偿金是否应当支持，如何计算？根据《最高人民法院关于审理劳动争议案件适用法律若干问题的解释（四）》第七条规定：当事人在劳动合同或者保密协议中约定了竞业限制和经济补偿，当事人解除劳动合同时，除另有约定外，用人单位要求劳动者履行竞业限制义务，或者劳动者履行了竞业限制义务后要求用人单位支付经济补偿的，人民法院应予支持。第六条规定：当事人在劳动合同或者保密协议中约定了竞业限制，但未约定解除或者终止劳动合同后给予劳动者经济补偿，劳动者履行了竞业限制义务，要求用人单位按照劳动者在劳动合同解除或者终止前十二个月平均工资的30％按月支付经济补偿的，人民法院应予支持。

四是劳动者违反竞业限制约定从事相关行业工作，需支付用人单位违约金。此点正是本案着重探讨的问题。就案例而言，双方竞业限制协议已经形成，因李某属于企业的主要技术人员，双方约定了两年的竞业限制期，且在李某离职后，某软件技术公司按月支付李某补偿金，但是李某违反竞业限制条款，到与某软件技术公司存在竞争关系的企业任职，违反了竞业限制的规定和初衷，因此劳动者需向用人单位支付一定数额的违约金。在违约金支付的标准上，双方产生了较大的分歧。李某认为，约定的数额过高，其个人难以承受，签订协议时作为劳动者要想入职该公司，只能接受公司提供的劳动合同文本，并非其真实意思表示。某软件技术公司认为，双方已经签订了竞业限制协议，系双方真实意思表示，不存在重大误解或显失公平的情形，李某应当按照协议中约定的500 000元支付违约金。

我国法律法规并未对竞业限制违约金的具体数额进行明确的规定，在确定劳动者违反竞业限制协议的前提下，在支付违约金数额方面，应当考虑哪些因素呢？

1. 是否显失公平

劳动者违反竞业限制约定的，应当按照约定向用人单位支付违约金。从案例中可以看到，李某到新公司任职3个月被某软件技术公司发现并申请仲裁，李某违反竞业限制协议持续3个月，是否就应当支付500 000元，且违约金远远超出其所获补偿金。根据《中华人民共和国合同法》第一百一十四条规定：约定的违约金过分高于造成的损失的，当事人可以请求人民法院或者仲裁机构予以适当减少。

2. 竞业限制应当考虑双方利益的平衡

竞业限制协议目的是保护企业的核心资源和技术，使得企业在同行业中具备竞争优势和竞争力。企业制定高额违约金的初衷大多数是对劳动者起到震慑作用，使得劳动者在预备违反约定时，在高额的违约金成本前望而却步。但是，殊不知这一竞业限制协议剥夺了劳动者自由择业的权利，同时也阻碍了劳动者在自身熟悉的领域施展才华，在一定程度上影响了社会的进步。本案中，双方约定竞业限制期限为两年，两年对于一个企业而言，伴随着技术的不断创新和发展，核心资源早已升级换代，而对于劳动者而言，影响可能是长远的，一定时期内不能接触自己熟悉的领域，很可能被这一领域所淘汰。因而，在违约金数额的给付上，需考虑双方利益的平衡。

3. 劳动者在职时的岗位与工资

竞业限制的对象是高级管理人员、高级技术人员和其他负有保密义务的人员。企业的高管掌握着主要核心资源和技术，但是对于一般负有保密义务的人员是否能接触到企业真正的核心资源和技术，还应当在庭审活动中认真审查。本案中，李某系一名软件开发人员，领导让开发什么就去执行，接触核心资源和技术较少，因而在支付违约金方面应当酌情调整。

综上所述，就违约金数额较高需调整违约金的数额，笔者认为，在结合上述因素的基础上，可参考在《中华人民共和国劳动合同法草案》中曾明确过的违约金上限，即劳动者违反竞业限制约定的，应当向用人单位支付违约金，其数额不得超过用人单位向劳动者支付的竞业限制经济补偿的 3 倍。虽然该条款最终未写入《中华人民共和国劳动合同法》中，但是也为我们处理案件提供了一个借鉴。

(北京市顺义区劳动人事争议仲裁院　赵秀娟)

70. 杜某与商务咨询公司竞业限制补偿

申请人：顺义某商务有限公司
被申请人：杜某

争议焦点

办理离职时未按竞业限制协议支付补偿金，是否导致协议失效？

基本案情

2012年9月，杜某经某求职网站推荐，进入顺义某商务有限公司（以下简称"商务公司"）工作，公司方提供了拟定的为期5年的劳动合同，约定杜某岗位为区域销售经理，负责公司华北区域整体销售工作，月工资15 000元及提成奖金等。同时，因杜某所在岗位工作接触到公司经营策略、产品定价及相应渠道，属于负有保密义务的岗位，故公司与杜某又签署了《销售人员竞业限制协议》，约定乙方（杜某）在职期间应当严守公司秘密，并在离职两年内不得自行成立或在与甲方同行业的其他企业内就职，甲方将在每个月按5 000元的标准，向乙方支付竞业限制补偿金。如乙方违约，应当向甲方支付50 000元的违约金，并双倍返还甲方已发放的竞业限制补偿金。劳动合同及竞业限制协议签订后，双方依约履行了劳动合同。2015年11月3日，杜某以照顾生病家人为由，向商务公司提出辞职,商务公司挽留未果,遂同意杜某的辞职申请。2015年11月17日,杜某家人病愈出院,杜某重新谋职,经朋友介绍,杜某得到了与商务公司存在竞争关系的另一家商务服务公司的青睐,2015年11月21日双方签订劳动合同,约定杜某在该公司也从事销售工作。但仅过了三天,由于原客户的原因,商务公司获知杜某重新就业的情况,便以快递形式向杜某寄送了通知书,要求杜某回公司领取竞业限制补偿金,并要求杜某履行双方签订的竞业限制协议,立即解除与现公司的劳动关系。杜某对此不予理睬,没有回原公司领取补偿,更没有离开现公司。2015年11月26日,在得不到杜某回复的情况下,商务公司将竞业限制补偿款5 000元打入杜某在公司登记的工资账户。

2015年12月10日,商务公司以杜某违反竞业限制协议为由,向仲裁委提出仲裁申请,要求:(1)杜某承担竞业限制违约金并继续履行竞业限制义务。(2)杜某与新公司解除劳动关系。

杜某认为,其虽因个人原因离职,但商务公司并未在自己办理交接时要求履行竞业限制,也未在双方办理离职手续时支付竞业限制补偿金,应属于放弃要求其履行竞业限制协议的行为,在获知自己入职新公司后单方打入补偿款是恶意的,因此不同意商务公司的全部申请请求。

 审理结果

仲裁委经审理后认为,竞业限制协议系劳动者与用人单位经平等协商、自愿签署的,双方应当依约履行。鉴于杜某入职同行业新公司的行为,违反了其与原公司竞业限制协议的约定,对原公司的业务造成损害,故仲裁委支持了原公司要求杜某继续履行竞业限制协议及支付违约金的请求,但原公司要求杜某解除与新公司劳动关系的请求,仲裁委没有支持。

 **评析意见**

竞业限制的概念应当是用人单位为防止其商业秘密在同行业内泄露,与掌握或熟知秘密的员工通过协议约定,在员工离职后一定时期内,不能自行生产与原单位有竞争关系的同类产品或开展同类业务,也不能到与原单位存在竞争关系的其他单位任职,作为代价,原单位应给予履行竞业限制协议的员工一定补偿。目前,随着我国经济快速发展,人才流动现象较为普遍,而员工重新就业的首选方向往往是自己比较熟知或经验丰富的行业,从而提高自身就业的竞争力,这势必导致一些单位中掌握企业商业秘密的员工在离职后"投奔"竞争对手门下,造成原单位的极大损失,因此,竞业限制对于维护企业的良性发展,创造健康的经营和竞争环境也是必要的。

回到本案,首先,杜某进入原公司,从事的区域经理岗位涉及了公司经营策略、产品定位、价格及客户群,明显属于掌握公司商业秘密、应当签订竞业限制协议的人员,双方在竞业限制协议的签订主体上是适格的。其次,从协议内容上看,杜某应当在离职两年内不能自行成立或在与原公司同行业的公司就职;原公司将按月支付竞业限制补偿金的约定,也是符合劳动合同法中关于竞业限制条款规定的,应属于有效协议。从实际履行看,本案争议引发原因就是原单位在杜某办理离职手续时并未支付竞业限制补偿金,而是在离职首月即将届满之际支付,这是否属于能够导致竞业限制协议失效情形,就此问题,主要形成两个观点:

第一种观点认为,杜某提出辞职申请,原公司已经收到并同意,表明其公司明确知悉杜某离职意愿,也明确了双方劳动关系将不再履行。则公司理应知晓杜某的离职行为可能产生的后果,应当在解除劳动关系时即时履行双方的竞业限制协议,表现为在办理离职手续的同时向杜某支付竞业限制补偿金,由此强调公司要求杜某履行竞业限制义务。但是,该公司没有在杜某离职时支付竞业限制补偿,仅是在获知杜某重新在同行业就业后单方向杜某打款,应视为恶意促成竞业限制协议成立的做法,不应具有法律约束力。

第二种观点认为,杜某提出离职后,原公司虽未在办理手续的同时支付竞业限制补偿,但无论是通知杜某履行竞业限制协议,还是支付竞业限制协议补偿款,均是在双方竞业限制协议约定的补偿金支付周期内,加之双方在竞业限制条款内并未约定首笔补偿款项具体支付时间,故原公司的做法实际上也并未违反竞业限制协议的约定。反观杜某,其明知自己与原公司签有竞业限制协议,而在离职不足一个月的期限内,在与原公司同行业的新公司就业,且使用了原公司的客户资源,明显违反了竞业限制协议内容,因此,杜某应对其违反协议的做法承担违约责任。

那么竞业限制补偿金多长时间支付不违反法律规定呢?

针对此问题,为避免用人单位因财务或其他情况导致非恶意欠付竞业限制费用,致使竞业限制协议失效,或劳动者遵守竞业限制条款而长期得不到补偿的情况发生,《最高人民法院关于审理劳动争议案件适用法律若干问题的解释(四)》中做出规定,确定三个月为合理期限。也就是用人单位在劳动者离职之日起三个月的期限内开始向劳动者支付竞业限制补偿金,则不影响竞业限制协议的法律效力,否则,该协议应视为无效,且应对劳动者履行协议造成的损失承担赔偿责任。

综合本案查实情况及上述分析,仲裁委最终采用了第二种观点做出裁决,支持了商务公司要求杜某支付违约金并继续履行竞业限制协议的请求。

但是,针对商务公司要求裁决杜某与现公司解除劳动关系的请求,实际上是商务公司要求杜某进行违约救济的方式之一,但该救济方式能否实际履行,即仲裁委裁决后,劳动者不与新用人单位解除劳动合同能否进行人身强制，成为案件处理必须要考虑的因素。

基于劳动合同的人身属性以及宪法赋予公民的劳动权，劳动合同毕竟不同于一般的民事合同。实际裁决劳动者与第三方解除劳动合同的救济方式，在本案中不能适用。原因为：第一，《中华人民共和国劳动合同法》第二十三条和第九十条仅是对违约金和损害赔偿的规定，并没有明确其他违约救济方式。第二，杜某与新公司订立的劳动合同也是双方平等自愿协商确立，属于真实意思表示，具有相对性。而原公司作为第三方没有权利要求解除双方的劳动合同。第三，即便劳动者违反了与原公司的竞业限制约定，由仲裁机构裁决强行解除其与第三方公司之间的劳动合同，存在着干扰劳动者的就业权之嫌，并且因人身归属等问题，此类裁决也无法强制执行，最终导致裁决书化为一纸空文。第四，不裁决解除劳动者与第三方公司解除劳动合同，并不等于对原公司的合法权益不予保护。原公司完全可以将此转化为损害赔偿的诉求，即如果劳动者不主动解除与新公司的劳动关系，履行竞业限制约定，那么在竞业限制期限内，劳动者的违约行为一直处于持续状态，则原公司有权要求劳动者对其违约行为对公司造成的损失予以赔偿。

考虑到上述情况，仲裁委驳回了商务公司要求裁决杜某与新公司解除劳动关系的请求事项。

(北京市顺义区劳动人事争议仲裁院　杨　靖)

71. 劳务派遣关系中用工单位是否可以和劳动者签订竞业限制协议

申请人：某劳务派遣公司
被申请人：吴某

争议焦点

1. 劳务派遣关系中，用工单位是否可以和被派遣员工约定竞业限制条款？

2. 双方如签订了竞业限制协议，被派遣员工也确实违反了竞业限制协议，用工单位要求被派遣员工支付违反竞业限制义务的违约金，能否得到支持？

基本案情

吴某与某劳务派遣公司签订了期限为2013年3月至2015年2月的《劳动合同书》，约定吴某的用工单位为某培训学校。吴某于入职之日被派遣至某培训学校担任教师，双方于该日签订《知识产权保护和竞业禁止协议》，某培训学校为甲方，吴某为乙方，协议中第九条载有："在乙方的聘用期限内及其与甲方雇佣关系解除或终止后的两年内，乙方不得从事下列竞争性活动：（1）直接或间接到与甲方经营同类产品、从事同类业务的有竞争关系的其他用人单位。（2）自己开业经营同类产品、从事同类业务。乙方承担竞业禁止的区域为：全国范围内（港澳台除外）。"第十一条载有："……如果乙方违反竞业禁止约定的，应当向甲方支付违约金十万元。"协议未约定竞业限制补偿金。协议乙方落款处载有吴某姓名字样签字。吴某对《知识产权保护和竞业禁止协议》上其姓名字样签字的真实性予以认可。

某培训学校主张吴某在职期间成立与其公司存在同业竞争关系的某教育科技有限公司。为证明其主张，某培训学校提交了下列证据：（1）某教育科技公司工商档案及企业内档。显示某教育科技公司于2013年10月17日申请设立登记，股东及投资人包含吴某，2014年2月20日，吴某将某教育科技公司股权转让他人。（2）某教育科技公司2014年宣传页、课程安排、招生简章及中学学习指导手册。某培训学校主张上述材料显示有吴某等人信息。（3）通话录音。某培训学校主张对话双方为某教育科技公司及学生家长，谈话中客服人员称某教育科技公司是从某培训学校出来自己开办的新机构。吴某对某培训学校提交的证据材料的质证意见为：某教育科技公司工商档案及企业内档的真实性认可，关联性不认可；某教育科技公司2014年宣传页、课程安排、招生简章及中学学习指导手册真实性不认可；通话录音的真实性及合法性不认可。某教育科技公司工商登记经营项目为"技术开发、技术服务、技术咨询、技术转让；教育咨询；承办展览展示活动；组织文化艺术交流活动（不含演出）；销售文化用品、玩具、工艺品"。某培训学校民办非企业单位等级证书显示业务范围为"英语、会计、成人高考、口才训练、家庭教育"。

某培训学校主张吴某开办与其公司存在同业竞争关系的某教育科技公司，违反双方签订的《知识产权保护和竞业禁止协议》中的竞业限制条款，要求吴某支付违反竞业限制义务的违约金10万元。吴某认为其仅是一般教师，不属于竞业限制约束的人员，其与某培训学校并非劳动关系，且某培训学校未按月向其支付竞业限制补偿金，其无须尽竞业限制义务。

审理结果

驳回某培训学校的仲裁请求。

 **评析意见**

本案的最主要争议焦点是，劳务派遣关系中，用工单位是否可以和被派遣员工约定竞业限制条款。双方如签订了竞业限制协议，被派遣员工也确实违反了竞业限制协议，用工单位要求被派遣员工支付违反竞业限制义务的违约金，能否得到支持。

对此有不同的观点。

一种观点认为，竞业限制的立法初衷是为了保护用人单位的商业秘密，不应受到用工方式的限制。只要不违反双方真实的意思表示，对于负有保密义务的人，单位都可以与其签订竞业限制协议。此外，劳动关系兼有人身关系和财产关系的属性，在劳务派遣法律关系中，劳动者与用人单位之间主要体现劳动报酬、社会保险、经济补偿等财产关系内容，而劳动者与用工单位之间更多体现的是人身关系。竞业限制显然是具有人身属性的义务，其应当由用工单位承担，而不是与其有劳动关系的劳务派遣单位。

另一种观点认为，用工单位与派遣员工不存在劳动关系，无权要求劳动者与其订立竞业限制协议。《中华人民共和国劳动合同法》（以下简称《劳动合同法》）第六十六条规定："劳动合同用工是我国的企业基本用工形式。劳务派遣用工是补充形式，只能在临时性、辅助性或者替代性的工作岗位上实施。前款规定的临时性工作岗位是指存续时间不超过六个月的岗位；辅助性工作岗位是指为主营业务岗位提供服务的非主营业务岗位；替代性工作岗位是指用工单位的劳动者因脱产学习、休假等原因无法工作的一定期间内，可以由其他劳动者替代工作的岗位。用工单位应当严格控制劳务派遣用工数量，不得超过其用工总量的一定比例，具体比例由国务院劳动行政部门规定。"从法条的规定可以看出，劳务派遣用工只能是临时性、辅助性及替代性的工作岗位，且对这三类工作岗位进行了明确规定。这样规定的立法目的就是一方面允许用工单位为了开展业务需要，在一定范围内采用劳务派遣用工形式，但另一方面，为了防止滥用劳务派遣用工形式侵害劳动者权益现象，需要对劳务派遣用工形式进行严格限制。故从理论上讲，劳务派遣用工形式无须，也不宜签订竞业限制协议。

笔者倾向于第二种观点，理由如下：

第一，劳务派遣是指由劳务派遣单位与劳动者订立劳动合同，被派遣劳动者到用工单位进行劳动，由劳务派遣单位向被派遣劳动者支付劳动报酬。劳务派遣用工形式存在三种法律关系：劳务派遣单位与劳动者之间的劳动合同关系、劳务派遣单位与用工单位之间基于劳务派遣协议形成的劳务派遣关系、劳动者与用工单位基于实际用工形成的用工关系。《劳动合同法》第二十三条规定："用人单位与劳动者可以在劳动合同中约定保守用人单位的商业秘密和与知识产权相关的保密事项。对负有保密义务的劳动者，用人单位可以在劳动合同或者保密协议中与劳动者约定竞业限制条款，并约定在解除或者终止劳动合同后，在竞业限制期限内按月给予劳动者经济补偿。劳动者违反竞业限制约定的，应当按照约定向用人单位支付违约金。"第五十八条第一款规定："劳务派遣单位是本法所称用人单位，应当履行用人单位对劳动者的义务。"从上述规定可以看出，法律明确规定签订保密协议和竞业限制协议的单位一方主体应当是劳务派遣单位，即用人单位，而非用工单位。用工单位与劳动者之间并非劳动关系。

第二，法律对劳务派遣用工形式的范围进行了界定，类似吴某这种关键性、核心性员工，用工单位不宜采用劳务派遣用工形式。

《劳动合同法》第六十六条规定："劳务派遣一般在临时性、辅助性或者替代性的工作岗位上实施。"所谓临时性岗位，一般是指存续时间不超过1年的工作岗位，如导购、派驻卖场的产品代表、促销人员、特殊活动的工作人员等；替代性岗位是指用工单位的普通用工形式劳动者因休病假、产假或脱产培训、服兵役、工伤治疗等情况不能提供劳动而暂时由被派遣劳动者代替的工作岗位；辅助性岗位则是指为用工单位主营业务提供服务的工作岗位，如保安、保洁等。《劳动合同法》第二十四条第一款规定："竞业限制的人员限于用人单位的高级管理人员、高级技术人员和其他负有保密义务的人员。"由此可见，劳务派遣用工形式与竞业限制人员，从法律规定上来讲不应存在交集。适合采用劳务派遣的岗位不应当具有长期、核心、稳定的特质，而要求具备竞业限制义务的员工则恰恰符合这样的特点。因此，本案中既然吴某掌握某培训学校的商业秘密，从劳务派遣的性质与要求来看，这个职位本身就是不适合采用劳务派遣用工形式的。

第三，我国公司法、反不正当竞争法对涉密人员不得披露、使用或者允许他人使用商业秘密均有其明确的规定与罚则。因此，本案中即使吴某并非某培训学校员工，只要涉及侵犯商业秘密，也可以通过民事诉讼来进行约束。用工单位可以在签订的《劳务派遣协议》中以及通过与被派遣劳动者签订劳务协议等方式将此义务明确并固定下来，并非只能通过劳动仲裁这条路来保护用工单位的合法权益。竞业限制不仅基于劳动关系，还可能基于其他民事关系，因而即使双方不存在劳动关系，仍然可以适用其他法律对竞业限制进行约束。

第四，随着劳务派遣成为某些行业越来越重要的用工形式，比如银行、电信、教育行业等，很多劳务派遣员工事实上由刚开始的普通员工走上主管、经理等重要岗位，可以接触并掌握用工单位的客户资料、重要经营数据等商业秘密。对于同类型岗位的非派遣员工可以通过签订竞业限制协议来进行约束，对于被派遣员工如何处理？笔者认为，对于用工初期采用符合"三性"的劳务派遣用工形式，后由于种种原因，劳动者担任领导职务或者从事单位关键性部门、关键性岗位工作的，双方应由劳务派遣用工形式变更为普通用工形式，这样既符合法律规范，又能更好地保护双方利益。如用工单位坚持采用派遣用工形式，规避作为用人单位的一些风险，则其应预见性地承担随之带来的包括保密、竞业限制等风险及损失，而不应以竞业限制协议等不平等条款来约束劳务派遣员工的再就业。

综上所述，笔者认为，为了贯彻劳务派遣用工的立法宗旨，防止劳务派遣用工形式被滥用，对于劳务派遣用工形式中用工单位要求被派遣劳动者签订竞业限制协议、履行竞业限制义务、支付竞业限制补偿金等与竞业限制相关的申请请求，不应支持。

（北京市海淀区劳动人事争议仲裁院　何家芳）

72. 关于虚假证据否定的探讨

原告：某建材公司
被告：吉某

争议焦点

某建材公司是否应当向吉某支付竞业限制补偿金？

基本案情

吉某曾系某建材公司员工，在 2012 年 8 月 31 日正式离职前，已于 2012 年 6 月被某政法大学录取为普通全日制硕士研究生。从离职后至今，吉某四次提起劳动仲裁，且数次仲裁均经一裁二审。在 2012 年 11 月 13 日第一次劳动仲裁中，吉某提出多达九项仲裁主张，诉求涉及劳动关系建立、履行、解除各个方面，涉及金额 18 万元。2014 年 5 月 8 日，吉某依据《协议书》等虚假文件，向某基层劳动人事争议仲裁委员会申请仲裁，要求某建材公司向其支付竞业限制补偿金 325 939.20 元。该仲裁委以某建材公司证据不充分为由，支持了吉某的主张。某建材公司不服仲裁裁决，诉至某基层人民法院，请求判决无须向吉某支付竞业限制补偿金。

本案经历一审、二审和再审三个阶段。在法院审判过程中，某建材公司始终主张吉某提供的主要证据均为虚假证据，属于恶意诉讼。吉某曾提供的其他证据显示：吉某离职后，先后与某装饰设计公司和某工贸公司签订劳动合同。企业工商登记信息显示：某装饰设计公司、某工贸公司均与某建筑公司的经营范围部分一致。

审理结果

一审法院认为，吉某在 2012 年 8 月 31 日正式离职前，已于 2012 年 6 月被某政法大学录取为普通全日制硕士研究生。在攻读硕士研究生学位期间，吉某不能与任何用人单位签订劳动合同。吉某自某建材公司离职后不能就业的损失是由其自愿选择攻读硕士研究生学位造成，而非由双方签订的竞业限制协议所致。故某建材公司无须向吉某支付竞业限制补偿金。

二审法院认为，吉某从某建材公司离职后，在双方《协议书》约定的竞业限制期内曾入职某装饰设计公司及某工贸公司。这两家公司与某建材公司的经营范围存在同类经营。同时，根据某建材公司与某工贸公司签订的《模具维修承揽合同书》及付款申请显示，两公司之间存在业务往来。吉某在与某建材公司解除劳动关系后，在双方《协议书》中约定的竞业限制期内任职于与某建材公司同类经营性质的企业，构成对竞业限制协议的违反，故某建材公司无须向吉某支付竞业限制补偿金。

再审法院与二审法院的观点一致，驳回了吉某的再审申请。

评析意见

对于一审法院的认定以及判决应当给予认可。但是本案引申出三个方面的问题。第一，判决认定的事实是否准确；第二，竞业限制争议中的举证责任；第三，法官的自由心证。事实上，这三方面问题最终均层层递进地指向一个命题：虚假证据的否定，更进一步讲，即法官可否直接对虚假证据予以否定以及法官否定虚假证据、运用自由心证的意义。

1. 学生于攻读定向就业研究生学位期间不能与用人单位建立劳动关系

一审法院将吉某自某建材公司离职后不能就业的损失认定为因其报考定向就业的全日制硕士研究生所致。按照《普通高等学校定向招生、定向就业暂行规定》第十七条的规定："定向生毕业后，依招生时确定的地区或部门范围内实行'双向选择'就业。即主管毕业生分配的部门负责向本地区、本部门有关单位推荐，毕业生选报志愿，用人单位考核录用。如定向地区或部门因情况变化不再需要，定向生可按国家任务招收的学生的方式就业。经教育拒不去定向地区或单位工作的毕业生，须退还所得全部奖学金，补交学杂费，并向学校缴纳部分培养费。"本案中，吉某自由择业权受限的原因是其自愿选择攻读定向就业硕士研究生，而不是双方签订了竞业限制协议。笔者认可一审法院的认定以及判决。

与一审法院不同，二审法院、再审法院从另一方面考量，即以吉某违反竞业限制协议为由做出了裁判。法院最终均判决某建材公司无须向吉某支付竞业限制补偿金，但对某建材公司主张吉某提交的证据为虚假证据的问题，均未做出明确认定。

2. 吉某违反了竞业限制义务

鉴于吉某曾提供的其他证据显示其与某装饰设计公司和某工贸公司签订过劳动合同，法院根据某建材公司提交的两公司的营业执照，认定吉某违反了竞业限制义务。这里涉及三个问题。

（1）工商登记信息应作为认定两家公司是否构成竞争关系的重要依据

公平原则、公平观念是自然法的主旨和精髓，也是竞业限制的法理依据。公平原则要求当事人在民事活动中应以社会正义、公平的观念指导自己的行为、平衡各方的利益、处理当事人之间的纠纷。从竞业限制制度的实质来看，对知晓商业秘密的员工在离职后一段时期内进行限制，是为了保护原雇主的商业秘密，压制"恶意跳槽"之风，引导当事人维护公平交易，稳定社会经济秩序。

竞业限制以具有同业竞争关系作为适用的前提。原雇主对员工违反竞业限制的认知，来源于对后雇主经营信息的掌握。在市场经济中，经营信息被要求以公平、公开的方式呈现给经济主体。工商登记信息是经营信息具备权威性的载体，它以公示的形式来满足经济主体对公平获得信息、实现知情权的需求。工商登记信息的公开性、民主性等，呼应着竞业限制制度以公平为依据的法理基础，是认定两家公司是否具有竞争关系的重要依据。某建材公司的营业执照副本、某装饰设计公司和某工贸公司的工商登记注册信息，显示出某建材公司与某装饰设计公司、某工贸公司在经营范围上有交叉，存在同类经营。与此同时，某建材公司与某工贸公司签订的《模具维修承揽合同书》及付款申请，对双方形成竞争关系予以了佐证。

(2) 某建材公司提供工商登记信息足以完成举证责任

在庭审中，对方要求某建材公司就后雇主是否与其从事同类业务进行举证。如前所述，同类业务的认定依据是工商登记信息，工商部门对企业的营业范围可做出最为透明、准确、权威的披露。是否为同类业务，可以依据某建材公司章程或营业执照记载的经营范围是否与吉某任职公司的营业范围相一致来认定。这里应当注意，法律法规并没有限定经营范围必须是主营范围，亦没有区分工商登记经营范围和实际经营范围。另外，工商登记机关对经营范围项目做出明确的划分，其分类是唯一的、确定的，不因任何机构或个人的解释而变化。建筑材料系经营范围类别中的一个项目，其项下没有更为细化的子项目，因而，某建材公司提供工商登记信息足以完成举证责任。通过提供营业执照、工商登记信息记载的经营范围中所罗列的经营项目，即可判断是否为同类业务，不必做扩张性的解释。

(3) 竞争系指同业竞争而非同岗竞争

目前，法律实务界存在一种观点，即同业竞争应理解为同岗竞争。结合竞业限制的立法原意来看，将同业竞争理解为同岗位竞争是不适合的。竞业限制是对商业秘密的事前保护制度，其是对商业秘密保护制度的有效补充。商业秘密保护的法律制度总体来说是对商业秘密的事后保护制度。这种制度的事后性，表现为商业秘密权利人只有在自己的商业秘密已经被无法挽回地泄露或者公开后，才可以启动权利救济，但此时，往往商业秘密带来的行业竞争优势也一去不复返。商业秘密的复杂性和无形性，使得在用人单位与劳动者之间细化商业秘密的具体内容和范围十分困难，从而给侵权人留下许多抗辩的理由，为其逃脱法律责任预留了空间，导致权利人通过司法程序获得赔偿的机会渺茫。由于劳动关系从属性、商业秘密人格化以及商业秘密"一旦丧失就永远丧失"的特性等外在动因①，促使法律允许企业与劳动者事前签订竞业限制协议，限制雇员在一定期限、地域和特定行业内从事与前雇主相竞争的职业，避免前雇主的商业秘密被非法利用。这种事前性保护很好地弥补了商业秘密保护制度的不足。只要对方违反了竞业限制协议，就可以获得法律上的救济，有利于减轻商业秘密权利人的举证责任。

如果将同业竞争理解为同岗竞争，商业秘密权利人势必要证明雇员离职后受雇的岗位与离职前所在岗位是相同或相似的，而商业秘密权利人要掌握雇员离职前后所在工作岗位具有相同或相似性的证据，同样具有相当难度。相反，雇员由于所在受雇单位的天然优势，极易利用各种手段出具自己不在与原单位相同或相似岗位任职的证明，从而规避了法律，同样给侵权人留下许多抗辩借口，使竞业限制制度无法起到补充商业秘密保护制度不足、减轻商业秘密权

---

① 徐阳. 劳动权保障视野下的竞业禁止法律制度研究 [D]. 长春：吉林大学，2010.

利人举证责任的作用。

竞业限制正当性的法理基础为诚实信用原则。诚实信用原则要求人们在市场活动中讲究信用、恪守诺言、善意地行使权利、履行义务。雇员一旦违反竞业限制协议，无论其工作于与原单位从事相同或相似业务的单位，还是与原单位岗位相同或相似的岗位，甚至是与原单位业务相同或类似但与原单位岗位不同的岗位，都构成了对诚实信用原则的违反。而一个不具备诚实信用品质的雇员，基于与现雇主之间的从属关系和为现雇主争取利益最大化的心理，无论是否工作于与原雇主相同或相似的岗位，都使原雇主的商业秘密处于巨大的风险之中。因而，将同业竞争理解为同岗竞争，并非竞业限制制度的应有之义。

另外，将竞业限制中的竞争关系理解为同业竞争关系，符合法律的确定性要求。商业秘密权利人可以通过公开的、在公众心中达成共识的、权威的标准来判断何为同业。若将竞争关系理解为同岗竞争关系，则导致了判断标准的不确定、证明难度的增加，更加诱导了雇员出具虚假证据的可能。

3. 本案法官可以认定吉某提供的竞业限制协议虚假

法院对本案做出了适用不同的法律但结果相同的判决。某建材公司自始至终主张吉某提交的证据为虚假证据，不能作为定案的依据。一审法院回避了某建材公司主张的虚假证据问题；二审法院和再审法院以竞业限制的法律规定作为本案的法律依据，虽然表面上避开了证据虚假问题，但因其适用了竞业限制规定，在事实上却采纳了《协议书》等证据。

判断案件中原、被告双方所提供证据是否真实、是否能被采纳的过程，是法官的自由心证过程。根据《最高人民法院关于民事诉讼证据的若干规定》（以下简称《规定》）第六十四条、第六十五条的规定，法律赋予了法官自由心证的权利。自由心证证据制度允许法官根据"良心"和"理性"自由判断证据的真实性、合法性和关联性,形成内心确信,从而对案件事实做出认定。笔者虽然认可审判结果公正,但略感法官比较谨慎,窃以为如果综合分析全部证据,法官可以做出吉某提供证据为虚假证据的认定。若如此,则更能体现法律及法院对虚假证据秉持的态度,不仅有利于对失信之人的否定与约束,还有利于诚实信用精神的发扬与司法对社会良好的引导作用。

本案中,吉某虽然提交了某建材公司与其签署的《协议书》,但是对公司提出的吉某在二审先后两次开庭中提交的两份工资明细表内容不一致,吉某对《协议书》的签署及送达的时间无法做出合理说明,以及吉某关于送达方式、送达人的陈述前后矛盾等八个疑点,吉某均含糊其辞,无法就任何一个疑点做出合理解释。因此,所有疑点可推定出的唯一、仅有的解答,即《协议书》存在虚假。根据《规定》第六十五条,吉某所举证据,无法达到证明目的,前述行为均不能排除吉某恶意诉讼的主观不良动机,其真实性不应予以认可。另外根据《最高人民法院关于适用〈中华人民共和国民事诉讼法〉的解释》第一百零八条的内在精神,法官亦应当对虚假事实予以否定。笔者认为,基于以上证据及法律、法规之规定,法官能够结合自身经验,形成内心确信,对吉某提交《协议书》的真实性予以否定。

由于自由心证具有依附于法官主观性的特点,因此,自由心证需要公开,让主观思维外化为可见的内容,被公众所知晓。在本案中,即便法官通过自由心证,认为吉某提供的被某建材公司以虚假证据质疑和否定的证据是真实、合法的,那么也应当将心证理由和心证结果体现在裁判文书中。这才能更经得起当事人双方以及第三人事后对该事实认定结果的检验。

值得一提的是,在北京某科技发展股份有限公司诉陈某某不正当竞争一案中,主审法官在出具的(2005)海民初字第5106号判决书中充分发挥了法官自由心证的作用。在该判决中,主审法官通过链接所有并不具有直接证明力的证据,将自己的主观心理思维过程详尽地写进判决书中,通过公开其判断的理由和结果,使当事人更加信服案件审理的结论。事实上,在该案中,发回重审的第5106号判决书与一审判决书中的判决结果是相同的。截然不同的是,在一审判决做出后,双方均不服法院的判决;而重审法官虽同样判决陈某某、某数码公司赔偿某科技公司五十万元,双方当事人却十分信服,均未上诉。由此可见,法院的判决欲达到在当事人之间定纷止争的效果,不仅依赖于公正的判决结果,还依赖于判决做出的理由,以及判决书中法官强有力的说理过程。若能如此,则更有利于当事人服判息诉,在定纷止争的同时,增强司法审判的公信力。

  虚假证据依赖于法官自由心证的辨识,心证公开才能使法官对虚假证据的否定甚至认定具有说服力和公信力。假若本案中某建材公司提出的吉某提供证据为虚假证据的主张可以得到认定,那么根据《规定》第六十八条"以侵害他人合法权益或者违反法律禁止性规定的方法取得的证据,不能作为认定案件事实的依据"和第六十四条的规定,则不存在吉某不能就业的损失是由双方签订的竞业限制协议所致还是由其攻读定向就业硕士研究生所致的问题,也不会存在吉某是否违反竞业限制协议的问题。如果虚假证据可以通过法官自由心证被直接否定,无论在节省审判资源方面还是在推进阳光审判方面,对推进中国的法治建设,均具有积极的意义与影响。

(北京市易和律师事务所 吴颖萍 李 玄)

其他

제1부

73. 事业单位工作人员长期病休，单位是否可以未经教育程序单方直接辞退

原告：国家某管理总局信息中心
被告：刘某某

争议焦点

1. 事业单位工作人员长期病休，单位是否可以未经教育程序单方直接辞退？
2. 报销证明是否可以作为人事关系存在认定的依据？
3. 《辞退证明书》是否具有溯及力？

基本案情

原告系国家某管理总局信息中心，被告系刘某某。被告于1985年入职原告单位，系事业在编人员。1995年10月至2002年9月期间，被告因病休假，并向原告提交了相应病假手续。2002年9月至2003年，原告向被告支付了一年的生活费。2003年10月开始，原告停发被告工资，被告亦未实际工作。原告以被告自2003年10月开始未再向单位提交假条亦不来上班为由，于2015年11月3日向被告做出《辞退证明书》，该证明书显示辞退自2003年10月1日

起生效。原告曾于 2011 年 6 月为被告报销了一次医药费。另，北京市西城区劳动人事争议仲裁委员会曾就双方争议做出过撤销该用人单位于 2015 年 11 月 3 日做出的《辞退证明书》的裁决。原告不服，起诉至北京市东城区人民法院，请求认定《辞退证明书》合法有效并判令被告尽快办理相关档案移交手续。

刘某某虽然在人事仲裁阶段胜诉，但仍然对单位起诉不放心，特找到北京市律师协会劳动和社会保障法律专业委员会委员、北京诵盈律师事务所高级合伙人阿致刚律师寻求帮助，阿致刚律师作为刘某某代理人进行了充分准备，提交了相应的答辩状及证据材料并到庭应诉。

审理结果

北京市东城区人民法院经审理后认为，原告未就教育无效条件提供相应证据，故不予采纳。原告主张 2003 年 10 月已辞退被告的意见与被告提供证据显示 2011 年医药费报销的情况相矛盾，原告该项意见亦不能成立。法院最终支持了被告的答辩意见，对于原告的诉讼请求未予支持，判决驳回原告的全部诉讼请求。

评析意见

阿致刚律师认真细致研究案情后认为该劳动人事争议案中，原告辞退程序违法，所出具的《辞退证明书》应予以撤销。具体应从以下三个方面加以分析：

1. 区分人事关系与劳动关系

本案中涉及的人事关系比较特殊，是需要谨慎对待的，通常易将其与劳动关系混淆。人事关系的特殊之处在于：第一，主体特殊。人事关系的主体复杂多层次，包括国家和地方各级行政机关的一般国家公务员和工勤人员，各级行政事业单位的工作人员和工勤人员，各类技术人员，军队转业干部、退伍军人，退休退职干部和职工，还有部分企业职工。而劳动关系一方为用人单位，即国家机关、企业、事业组织、社会团体或个体经济组织，另一方为劳动者个人。第二，关系成立的基础特殊。人事关系是建立在任命文件等特殊的人事关系手续的基础上，而非仅是签订劳动合同或者劳务合同就成立。第三，法律适用特殊。人事关系适用的是《中华人民共和国国家公务员法》《人事争议处理规定》以及各种相关的规定和文件，这须与劳动关系适用的《中华人民共和国劳动法》《中华人民共和国劳动合同法》等加以区分。第四，争议的解决途径不同。人事争议发生后，若协商未果，可向主管部门申请调解；不愿调解或调解不成的，可向人事争议仲裁委员会申请仲裁；若不服仲裁裁决，可走诉讼程序。而劳动争议则是向劳动争议调解委员会申请调解，向劳动争议仲裁委员会申请仲裁。由此，本案应为人事争议。

2. 辞退程序是否正当合法有效，是否可以不经教育直接辞退

《全民所有制事业单位辞退专业技术人员和管理人员暂行规定》第三条："单位对有下列情况之一，经教育无效的专业技术人员和管理人员，可以辞退……（四）无正当理由连续旷工时间超过十五天，或一年内累计旷工时间超过三十天的；……"该规定中明确了辞退须经教育无效，且辞退事由涉及的是旷工时间。第四条："专业技术人员和管理人员在下列情况下，单位不得辞退：……（四）患绝症、精神病及本专业职业病的；"第五条："辞退专业技术人员和管理人员，由单位有关行政领导提出书面意见，说明辞退理由和事实依据，经单位领导集体讨论决定后，按人事管理权限办理辞退手续、发给本人《辞退证明书》，并报同级政府人事部门备案。"

上述第三条、第四条是关于辞退情形以及不得辞退情形的规定。首先，显而易见的是，辞退必经的程序是"教育无效"。本案

中，用人单位主张教育非辞退必经程序，却并未提供相关证据。另外，原告不遵守上述第三条、第四条内容，却以第五条内容主张其辞退被告合法，这也正说明其辞退程序违法。

其次，第三条中涉及的是旷工时间，而现实中被告于2008年至2015年期间病情好转，一直向原告提出希望上班、报销医疗费等要求。被告没有进行工作的持续状态并非是被告出于己方恶意旷工而为，这也是应该加以考虑的事实。另外，原告出具的《辞退证明书》显示辞退从2003年10月1日生效，却又对被告于2011年6月的住院治疗费用予以报销，不能自圆其说的起诉理由也是令人费解。

3.《辞退证明书》是否具有溯及力

原告于2015年11月3日做出《辞退证明书》，却要证明双方人事关系于2003年10月1日终止。众所周知，我国秉承的是法不溯及既往的法治原则。法无溯及力意味着不能用一国当前制定的法律规范去指导人们过去的行为，其目的是限制国家权力的扩张与滥用，维护社会秩序的稳定性，保护人们期待的信赖利益。一国法律尚且如此，一个事业单位单方做出的人事决定，更是如此。

（北京诵盈律师事务所　阿致刚）

74. 事业单位聘用人员违反服务期约定应当支付违约金

原告：相某
被告：昌平区某医院

争议焦点

事业单位聘用人员入职时与单位约定的服务期未满，要求辞职是否应支付服务期违约金？

基本案情

2008年8月1日，相某与昌平区某医院签订了《北京市事业单位聘用合同书》，该合同书约定：本合同期限自2008年8月1日起至2013年7月31日止；属于下列情形之一的，由违约一方承担违约责任：任何一方违反聘用合同规定的；本合同未到期，又不符合解除合同条件，由单方解除合同的；由于昌平区某医院原因订立的无效或部分无效聘用合同的；违约一方承担的违约赔偿金为叁万元。

2008年8月1日，相某与昌平区某医院签订了《协议书》。该协议约定：相某进（留）京后，昌平区某医院负责接收并安排适当的工作，相某自聘用之日起硕士毕业在昌平区某医院至少服务十年，本科毕业在昌平区某医院至少服务五年（含见习期）；相某转正后,在服务期内要求调离昌平区某医院,相某(毕业生本人)向昌平区某医院提出调离申请,经院方审查批准,且由相某向昌平区某医院交纳人才流动基金每年壹万元后,方可办理调离手续;本违约金与事业单位聘用合同上约定的违约金不相互抵扣。协议还约定了其他条款。协议签订后,昌平区某医院为相某办理了非北京生源毕业生申报北京市户口并办理了事业人员编制,相某的身份为干部。

2012年5月25日,相某因个人原因向昌平区某医院提出辞职。2012年6月19日,昌平区某医院批准了相某的辞职申请。2012年8月23日,相某向昌平区某医院交纳了违约金9万元。2012年8月27日,相某与昌平区某医院签订了《解除事业单位聘用合同协议书》,该协议约定:经双方平等自愿、协商同意,解除本聘用合同,合同自2012年7月31日起终止。相某于2013年7月26日向北京市昌平区劳动人事争议仲裁委员会提出仲裁申请,请求:(1)裁决双方于2008年8月1日签订的《北京市事业单位聘用合同书》约定的"违约方承担违约金叁万元整"的条款无效。(2)裁决双方于2008年8月1日签订的《协议书》约定的"乙方向甲方提出调离申请,经院方审查批准,并向甲方交纳人才流动基金每年壹万元后,方可办理调离手续"的条款无效。(3)裁决昌平区某医院返还申请人支付的违约金9万元。

 审理结果

一审法院认为:当事人对自己的主张有提供证据的义务。昌平区某医院属于事业单位,人员进出是受编制控制的,相某属于以干部身份编制进入昌平区某医院,因此,相某与昌平区某医院之间具备人事关系,双方不属于劳动合同关系。相某与昌平区某医院签订的《北京市事业单位聘用合同书》《协议书》系双方当事人的真实意思表示，不违背国家的人事政策和法律规定，合同和协议有效。相某与昌平区某医院签订聘用合同和协议后应当约定履行自己的义务，相某违反约定应当支付相应的违约金。

二审维持一审判决。

评析意见

《中华人民共和国劳动合同法》第二十二条、第二十三条和第二十五条共同规定，除了用人单位为劳动者提供专项培训，或者负有保密义务的劳动者违反竞业限制两种情形，用人单位不得与劳动者约定由劳动者承担违约金。实践中，许多事业单位在聘用人员时，并没有和劳动者签订培训协议，但是在聘用合同书中直接约定了服务期，并且约定了违反服务期条款应支付的违约金，尤其是鉴于进京指标紧缺的原因，为非京源毕业生办理进京户口的事业单位，往往会在与新毕业劳动者签订的聘用合同中约定高额的违约金。那么，这些条款是否有效呢？

1. 服务期违约金条款效力

事业单位与其聘用人员之间属于人事关系，服务期违约金实际指的是单方提前解除聘用合同的违约金。《最高人民法院关于人民法院审理事业单位人事争议案件若干问题的规定》（法释〔2003〕13号）第一条规定："事业单位与其工作人员之间因辞职、辞退及履行聘用合同所发生的争议，适用《中华人民共和国劳动法》的规定处理。"《最高人民法院关于事业单位人事争议案件适用法律等问题的答复》（法函〔2004〕30号）第一条进一步规定："这里'适用《中华人民共和国劳动法》的规定处理'是指人民法院审理事业单位人事争议案件的程序运用《中华人民共和国劳动法》的相关规定。人民法院对事业单位人事争议案件的实体处理应当适用人事方面的法律规定，但涉及事业单位工作人员劳动权利的内容在人事法律中没有规定的,适用《中华人民共和国劳动法》的有关规定。"《中华人民共和国劳动合同法》第九十六条也规定:"事业单位与实行聘用制的工作人员订立、履行、变更、解除或者终止劳动合同,法律、行政法规或者国务院另有规定的,依照其规定;未作规定的,依照本法有关规定执行。"据此可见,事业单位与实行聘用制的工作人员之间的法律关系应优先适用人事法律的规定。

而根据2014年国务院《事业单位人事管理条例》第十七条规定:"事业单位工作人员提前30日书面通知事业单位,可以解除聘用合同。但是,双方对解除聘用合同另有约定的除外。"可见事业单位与实行聘用制的工作人员可以在聘用合同中另外约定解除条件。

对此各地也有进一步的细化规定,例如《北京市事业单位实行聘用合同制暂行办法》第四十三条规定:"属于下列情形之一的要承担违约责任:(一)任何一方违反聘用合同规定的;(二)聘用合同未到期,又不符合解除条件,单方面解除聘用合同的;(三)由于聘用单位原因订立无效或部分无效聘用合同的。违约金数额由双方当事人在聘用合同中自行约定,在聘用合同中未约定,但造成可计算经济损失的,由责任人按实际损失承担经济赔偿责任。"《四川省事业单位人员聘用制管理试行办法》(川办发〔2002〕40号)第四十二条也规定:"聘用单位和受聘人员任何一方违反聘用合同的约定,应当承担违约责任。违约要付给对方违约金,违约金数额由当事人双方自行约定。造成经济损失的,按实际经济损失承担赔偿责任。"因此,事业单位与其聘用人员在聘用合同中约定的服务期违约金条款是有效的。

2. 服务期违约金金额

同样,我们还需要注意违约金的金额问题。在劳动关系中,《中华人民共和国劳动合同法》第二十二条规定:"用人单位为劳动者提供专项培训费用,对其进行专业技术培训的,可以与该劳动者订立协议，约定服务期。劳动者违反服务期约定的，应当按照约定向用人单位支付违约金。违约金的数额不得超过用人单位提供的培训费用。用人单位要求劳动者支付的违约金不得超过服务期尚未履行部分所应分摊的培训费用。"可见，用人单位与劳动者约定的服务期违约金以培训费用为限，但是在人事关系中，《关于在事业单位试行人员聘用制度的意见》（国办发〔2002〕35号）第六条"规范解聘辞聘制度"规定："受聘人员经聘用单位出资培训后解除聘用合同，对培训费用的补偿在聘用合同中有约定的，按照合同的约定补偿。"即以双方当事人自行约定为原则。

在四川省成都市中级人民法院审理的某某市医疗中心医院与谢某某人事争议纠纷上诉案〔（2015）成民终字第13号〕中，谢某某与某某市医疗中心医院签订了《进修协议》，约定谢某某进修后服务期不少于10年，否则应当支付违约金164 000元，而谢某某实际发生的培训费用仅为7 320元。法院经审理认为《进修协议》内容不违反法律禁止性规定，谢某某不能证明非自己真实意思表示，该协议应认定合法有效，谢某某违约应支付164 000元的违约金。

综上，人事关系与劳动关系不同，聘用人员在与事业单位签订聘用合同时，应当谨慎考虑，在签订合同后应秉承诚实信用的原则依照约定履行各自义务。

（北京市中伦文德律师事务所　胡丽丽　胡　洁）

75. 人事争议受案范围的法理与法律适用

原告：徐某
被告：某航天技术研究院

争议焦点

1. 如何理解《最高人民法院关于人民法院审理事业单位人事争议案件若干问题的规定》界定的人事争议受案范围？
2. 事业单位做出的内部处理决定是否一律不能纳入人事争议受案范围？
3. 人事争议受案范围是程序问题还是实体问题？

基本案情

原告徐某于1977年2月调入被告某航天技术研究院，1983年调入铁路运输管理站工作，1994年因心脏疾病住院，医院开具了休息证明，原告多次找单位办理病退手续未果，没有上班。被告某航天技术研究院认为，原告自1995年起未经批准长期旷工，严重违反劳动法和《中国航天工业总公司职工考核试行办法》，遂于1999年做出《关于给予徐某自动离职处理的决定》［行字（1999）043号］。原告提出《关于给予徐某自动离职处理的决定》［行字（1999）043号］，自己不存在旷工行为，该决定没有事实和法律依据，诉求：确认某航天技术研究院行政管理部做出的《关于给予徐某自动离职处理的决定》违法无效，恢复其事业单位在编职工身份。

审理结果

这是一起没有进入实体审理，但经历了一审、二审和再审的程序审理人事争议案例。2015年北京市海淀区人民法院裁定认为，根据《最高人民法院关于人民法院审理事业单位人事争议案件若干问题的规定》第三条"本规定所称人事争议是指事业单位与其工作人员之间因辞职、辞退及履行聘用合同所发生的争议"，徐某起诉要求确认某航天技术研究院行政管理部做出的《关于给予徐某自动离职处理的决定》违法无效，恢复其事业单位在编职工身份的请求，不属于上述司法解释所规定的人事争议案件的受理范围，故对徐某的起诉依法予以驳回。原告不服，提起上诉。主要上诉理由：一是一审法院僵化适用法律规定，适用法律错误。二是被上诉人故意使用"自动离职"的说法而规避法律法规术语"辞退"一词。离职决定其实质是辞退，且"决定"中引用的也是辞退条款。三是被上诉人未按劳动法规定向上诉人送达该决定，致使其不能及时维护自己的合法权益。二审法院驳回上诉，维持原裁定。2016年3月，北京市高级人民法院做出裁定，驳回再审申请。

评析意见

在我国劳动人事争议纠纷中，与劳动争议纠纷处理的日益规范化、法治化相比较，人事争议纠纷的法律调整虽有不断完善之事实，但在法律规范不健全、事业单位用人制度变迁与改革历史性问题的累积、事业单位用人身份多元化等问题的综合作用之下，人事争议裁判更显复杂，提高了对法理和法律适用的理解和司法裁判智慧的要求。本案中争议的焦点是事业单位内部处理决定是否属于人事争议的受案范围问题，三级法院均认为单位内部处理决定不属于司法解释所规定的人事争议案件的受理范围，依据是《最高人民法院关于人民法院审理事业单位人事争议案件若干问题的规定》（法释〔2003〕13号）。对此，笔者认为法院的裁定需要从法理上展开反思，以开放出人事争议裁判中蕴含的法律问题及其法治意义。第一，裁定的对象。本案的缘起是原告诉求撤销事业单位做出的自动离职的决定。实践中，事业单位做出的内部处理决定范围很广，所谓的事业单位内部处理决定是指事业单位对工作人员做出的与工作、职位相关的人事管理决定，可以是对工作人员的处分，包括警告、记过、降低岗位等级、撤职、开除，也可以是对工作人员辞职、辞退、自动离职、解聘等方面的决定。事业单位内部处理决定是否一概不能纳入人事争议范围？三级法院在裁定中简单地得出否定性结论，认为原告起诉要求确认某航天技术研究院行政管理部做出的《关于给予徐某自动离职处理的决定》违法无效，恢复其事业单位在编职工身份的请求，不属于人事争议受案范围，但对《关于给予徐某自动离职处理的决定》的性质没有明确定性和进一步分析，依此为基调构建的裁定书，论证十分薄弱，缺少必要的基本法理评析。第二，裁判的法律依据。三级法院引用的法律依据均是2003年最高人民法院的司法解释，而没有适用具有更高法律效力、直接相关的国务院行政法规——2014年7月1日施行的《事业单位人事管理条例》以及《中华人民共和国劳动争议调解仲裁法》。《事业单位人事管理条例》第三十七条规定："事业单位工作人员与所在单位发生人事争议的，依照《中华人民共和国劳动争议调解仲裁法》等有关规定处理。"第三十八条规定："事业单位工作人员对涉及本人的考核结果、处分决定等不服的，可以按照国家有关规定申请复核、提出申诉。"值得注意的是，事业单位工作人员对涉及本据，诉求：确认某航天技术研究院行政管理部做出的《关于给予徐某自动离职处理的决定》违法无效，恢复其事业单位在编职工身份。

 审理结果

这是一起没有进入实体审理，但经历了一审、二审和再审的程序审理人事争议案例。2015年北京市海淀区人民法院裁定认为，根据《最高人民法院关于人民法院审理事业单位人事争议案件若干问题的规定》第三条"本规定所称人事争议是指事业单位与其工作人员之间因辞职、辞退及履行聘用合同所发生的争议"，徐某起诉要求确认某航天技术研究院行政管理部做出的《关于给予徐某自动离职处理的决定》违法无效，恢复其事业单位在编职工身份的请求，不属于上述司法解释所规定的人事争议案件的受理范围，故对徐某的起诉依法予以驳回。原告不服，提起上诉。主要上诉理由：一是一审法院僵化适用法律规定，适用法律错误。二是被上诉人故意使用"自动离职"的说法而规避法律法规术语"辞退"一词。离职决定其实质是辞退，且"决定"中引用的也是辞退条款。三是被上诉人未按劳动法规定向上诉人送达该决定，致使其不能及时维护自己的合法权益。二审法院驳回上诉，维持原裁定。2016年3月，北京市高级人民法院做出裁定，驳回再审申请。

 **评析意见**

在我国劳动人事争议纠纷中，与劳动争议纠纷处理的日益规范化、法治化相比较，人事争议纠纷的法律调整虽有不断完善之事实，但在法律规范不健全、事业单位用人制度变迁与改革历史性问题的累积、事业单位用人身份多元化等问题的综合作用之下，人事

争议裁判更显复杂，提高了对法理和法律适用的理解和司法裁判智慧的要求。本案中争议的焦点是事业单位内部处理决定是否属于人事争议的受案范围问题，三级法院均认为单位内部处理决定不属于司法解释所规定的人事争议案件的受理范围，依据是《最高人民法院关于人民法院审理事业单位人事争议案件若干问题的规定》（法释〔2003〕13号）。对此，笔者认为法院的裁定需要从法理上展开反思，以开放出人事争议裁判中蕴含的法律问题及其法治意义。第一，裁定的对象。本案的缘起是原告诉求撤销事业单位做出的自动离职的决定。实践中，事业单位做出的内部处理决定范围很广，所谓的事业单位内部处理决定是指事业单位对工作人员做出的与工作、职位相关的人事管理决定，可以是对工作人员的处分，包括警告、记过、降低岗位等级、撤职、开除，也可以是对工作人员辞职、辞退、自动离职、解聘等方面的决定。事业单位内部处理决定是否一概不能纳入人事争议范围？三级法院在裁定中简单地得出否定性结论，认为原告起诉要求确认某航天技术研究院行政管理部做出的《关于给予徐某自动离职处理的决定》违法无效，恢复其事业单位在编职工身份的请求，不属于人事争议受案范围，但对《关于给予徐某自动离职处理的决定》的性质没有明确定性和进一步分析，依此为基调构建的裁定书，论证十分薄弱，缺少必要的基本法理评析。第二，裁判的法律依据。三级法院引用的法律依据均是2003年最高人民法院的司法解释，而没有适用具有更高法律效力、直接相关的国务院行政法规——2014年7月1日施行的《事业单位人事管理条例》以及《中华人民共和国劳动争议调解仲裁法》。《事业单位人事管理条例》第三十七条规定："事业单位工作人员与所在单位发生人事争议的，依照《中华人民共和国劳动争议调解仲裁法》等有关规定处理。"第三十八条规定："事业单位工作人员对涉及本人的考核结果、处分决定等不服的，可以按照国家有关规定申请复核、提出申诉。"值得注意的是，事业单位工作人员对涉及本人的处分决定不服的,"可以"申请复核、提出申诉,没有使用强制性用语"应当",因此,可以得出的初步结论是行政法规没有明确将各类处分决定均排除在人事争议的受案范围之外,当然这不意味所有的处分决定都可以纳入人事争议范围,但提出了一个值得深思的问题,处分决定乃至其他内部处理决定,如果与事业单位解除人事关系、履行聘用合同有密切关系,是否可以纳入人事争议。事实上,无论在实践中,还是在法律规范的具体描述中,这种密切关系清晰可见。《事业单位工作人员处分暂行规定》第七条第五款规定"事业单位工作人员受到开除处分的,自处分决定生效之日起,终止其与事业单位的人事关系",开除处分与终止人事关系直接相关联。本案中被告做出的《关于给予徐某自动离职处理的决定》同样直接导致了原告与被告聘用关系的解除,无视这一关系,裁定原告诉讼请求不属于因"辞职、辞退及履行聘用合同"所发生的争议,结论过于武断。第三,事业单位内部处理决定与人事争议的关系。目前我国关于人事争议的界定,主要包括两种,一是按照最高人民法院的司法解释,人事争议是"事业单位与其工作人员之间因辞职、辞退及履行聘用合同所发生的争议"。二是中共中央组织部、原人事部、总政治部2007年联合颁布的规范性文件《人事争议处理规定》,列举了人事争议的范围:(1)实施公务员法的机关与聘任制公务员之间、参照《中华人民共和国公务员法》管理的机关(单位)与聘任工作人员之间因履行聘任合同发生的争议;(2)事业单位与工作人员之间因解除人事关系、履行聘用合同发生的争议;(3)社团组织与工作人员之间因解除人事关系、履行聘用合同发生的争议;(4)军队聘用单位与文职人员之间因履行聘用合同发生的争议;(5)依照法律、法规规定可以仲裁的其他人事争议。其中涉及事业单位人事争议的界定,与最高人民法院司法解释对于人事争议的界定,文字表述虽有差异,主旨却基本相同,强调了人事争议的两个原因:解除人事关系、履行聘任合同。因此,判断事业单位内部处理决定是否属于人事争议，判断标准的核心因素是内部处理决定是否与辞职、辞退以及履行聘用合同具有不可分割性，而不宜一概而论，将所有的内部处理决定均排斥在人事争议受案范围之外。如果事业单位内部处理决定不涉及解除人事关系、履行聘任合同，比如，警告、记过、降低岗位等级、撤职等，不应纳入人事争议范围；如果事业单位内部处理决定涉及解除人事关系、履行聘任合同，则应将其纳入人事争议受案范围，依法展开实体性权利义务关系审理，不应以涉及事业单位"内部"为由，阻碍当事人行使诉讼权利，使当事人的合法权益无法得到正当救济。

在北京市法院审理的事业单位人事争议中，曾经出现过与本案十分相似的案例，北京市各级法院采取了不同的裁判理由做出判决，在此有必要一同讨论，以进一步厘清事业单位人事争议受案范围的法律适用问题及其法理。刘某诉中国某某报社人事争议中，原告的诉讼请求之一是请求法院撤销被告中国某某报社 2002 年 8 月 12 日做出的《关于对刘某做自动离职处理的决定》。2012 年，朝阳区人民法院一审裁定刘某诉讼请求不属于人事争议范围，理由与海淀区人民法院在徐某诉某航天技术研究院一案中的民事裁定一致，认为《关于对刘某做自动离职处理的决定》不属于《最高人民法院关于人民法院审理事业单位人事争议案件若干问题的规定》第三条的规定"人事争议是指事业单位与其工作人员之间因辞职、辞退及履行聘用合同所发生的争议"。刘某上诉至北京市第二中级人民法院，二审法院发回重审。此后，刘某一案经历了朝阳区人民法院、第三中级人民法院的一审、二审以及北京市高级人民法院的再审。需要指出的是，重审后的一审判决明确将"撤销《关于对刘某做自动离职处理的决定》"纳入人事争议受案范围，判决内容之一即是撤销中国某某报社《关于对刘某做自动离职处理的决定》。在二审法院的维持判决中，阐明的判决理由是："刘某关于撤销中国某某报社 2002 年 8 月 12 日做出的《关于对刘某做自动离职处理的决定》的诉讼请求与讼争的人事争议具有不可分性，一审法院予以审理并无不当……中国某某报社未能举证证明对刘某做出按自动离职处理决定遵循了相应的程序、履行了送达手续，且有充分的事实支持其处理依据，故刘某申请撤销该决定，于法有据，应予支持。"北京市高级人民法院的驳回再审申请的民事裁定支持了二审法院的判决理由〔（2015）高民申字第01675号〕。不难发现，刘某诉中国某某报社人事争议一案与本文讨论案例的法律问题相同——事业单位内部处理决定是否可以纳入人事争议受案范围，北京市法院给出了前后不一致的判决裁定和逻辑矛盾的法理解释，这一审理现状不仅无助于人事争议受案范围法律适用的明晰化，甚至可能引发法理上的混乱，同时说明了人事争议问题的复杂、疑难，实有必要深入探究其隐含的、开放的法律问题，以推进人事争议的依法裁判。

（北京化工大学教授、北京市博人律师事务所律师　薛长礼）

76. 混合用工关系诉讼管辖的确立标准

原告：徐某
被告一：某公司
被告二：沈阳分公司

争议焦点

劳动者与两个以上存在关联关系的用人单位建立混合用工关系，若各用人单位的住所地不一致，应如何确定管辖法院？

基本案情

徐某于2003年4月15日入职某公司，后于2008年4月15日与沈阳分公司签订了无固定期限劳动合同。沈阳分公司于2014年12月29日向徐某发出了《解除劳动合同通知书》，载明其与徐某的劳动关系保留至2014年12月31日。徐某在某公司及沈阳分公司工作期间的工作地点均位于沈阳市；另，徐某在2003年4月至2014年12月期间一直担任工程师，工作岗位未发生过变更。

后徐某申请劳动仲裁，要求某公司及沈阳分公司支付其违法解除劳动关系的赔偿金等，仲裁裁决做出后，某公司及沈阳分公司对裁决不服，诉至某区法院。

某区法院向徐某送达起诉书及开庭传票，徐某在答辩期内提出管辖异议，并主张其与沈阳分公司建立有劳动关系，签订有无固定期限劳动合同，故其用人单位系沈阳分公司，该公司的住所地为沈阳市，且劳动合同的履行地亦为此处，而某公司并非其用人单位，北京市既非用人单位所在地，亦非劳动合同履行地，故其认为本案依法应由辽宁省沈阳市某区法院管辖。

审理结果

法院经审理后认为：劳动争议案件依法由用人单位所在地或劳动合同履行地人民法院管辖。本案中，徐某自2008年4月起即与沈阳分公司签订了劳动合同，劳动合同履行地为沈阳市某区，沈阳分公司作为用人单位，其所在地亦为沈阳市某区；某公司虽然曾经为徐某的用人单位，但徐某在该公司工作期间的工作地点亦为沈阳市，其与某公司之间的劳动合同履行地并非位于北京市某区，且自2008年起，徐某的用人单位已变更为沈阳分公司，至今已有7年，其在该公司工作的时间超过其在某公司工作的时间，为查明案件事实，方便劳动者进行诉讼，此案应由辽宁省沈阳市某区人民法院管辖为宜。因此，徐某所提出的管辖权异议成立，本案应当移送劳动合同履行地及用人单位所在地法院辽宁省沈阳市某区人民法院审理。

法院裁定：被告徐某对本案管辖权提出的异议成立，本案移送辽宁省沈阳市某区人民法院审理。

评析意见

通过本案的审理，我们发现劳动争议纠纷中，管辖法院的确定存在两个问题：(1) 劳动者与两个以上存在关联关系的用人单位建立混合用工关系，若各用人单位的所在地不一致，应如何确定管辖法院。(2) 用人单位所在地与劳动合同履行地不一致时，应如何确定管辖法院。

针对第一个问题，笔者认为应着重考虑两个方面的因素，一是用工年限的长短，二是距离争议发生时间的远近。劳动者在某一用人单位工作时间越长，或者某一单位距离争议发生时间越近，劳动者与该用人单位存在的联系就越紧密，相比于存在关联关系的其他用人单位，法院在审理案件过程中所需查明的事实与该用人单位存在的关联性也就越强，因此在混合用工关系中，劳动者在各用人单位的工作年限，以及其中某一单位距离争议发生时间的远近，应作为确定用人单位所在地的衡量标准。本案中，某公司与沈阳分公司存在关联关系，徐某先后与某公司及沈阳分公司签订了劳动合同，其为某公司提供劳动的时间为5年，其为沈阳分公司提供劳动的时间将近7年，而徐某因发生劳动争议申请仲裁前系在其与沈阳分公司所签订的劳动合同期限内，故笔者认为应将沈阳分公司的住所地确定为本案的用人单位所在地。

针对第二个问题，劳动仲裁是劳动争议诉讼的前置程序，我国立法机关对于劳动争议纠纷的诉讼管辖没有设立特殊规定，但对劳动仲裁程序中的管辖问题做出过规定，《中华人民共和国劳动争议调解仲裁法》第二十一条第二款规定："劳动争议由劳动合同履行地或者用人单位所在地的劳动争议仲裁委员会管辖。双方当事人分别向劳动合同履行地和用人单位所在地的劳动争议仲裁委员会申请仲裁的，由劳动合同履行地的劳动争议仲裁委员会管辖。"可见，本条确定了仲裁管辖由劳动合同履行地和用人单位所在地仲裁委员会管辖的原则，且劳动合同履行地的仲裁委员会具有优先管辖权。

对比仲裁管辖的立法精神，针对诉讼管辖，我国司法机关做出的回应是《最高人民法院关于审理劳动争议案件适用法律若干问题的解释（一）》第八条规定："劳动争议案件由用人单位所在地或者劳动合同履行地的基层人民法院管辖。劳动合同履行地不明确的，由用人单位所在地的基层人民法院管辖。"该条款确立了劳动争议诉讼管辖由用人单位所在地和劳动合同履行地法院管辖的原则,虽然该条款未明确用人单位所在地与劳动合同履行地出现分离时,劳动合同履行地法院享有优先管辖权,但管辖法院的确定应方便当事人的诉讼,且有利于案件事实的查明,而劳动合同履行地多为劳动者的经常居住地,便于劳动者参加诉讼,降低诉讼成本,且与劳动争议纠纷的联系最为紧密,有利于法院的调查取证,因此,劳动合同履行地法院的优先管辖权亦应作为诉讼管辖的原则得以确立。

(北京市朝阳区人民法院 白星晖)

77. 追索劳动报酬纠纷裁审衔接中的一事不再理问题

上诉人（一审被告）：某信息技术公司
被上诉人（一审原告）：郑某

争议焦点

追索劳动报酬纠纷，劳动者持欠条提起劳动仲裁且仲裁裁决生效后，劳动者持原欠条向法院提起诉讼是否构成一事不再理？

基本案情

郑某 2009 年 5 月 3 日入职某信息技术公司，岗位为销售经理，2011 年 11 月 1 日，郑某因个人原因提出辞职，公司于 2011 年 11 月 16 日批准其离职。郑某离职时与某信息技术公司结算，在郑某提成结算清单中载明：奖金总额为 94 293.54 元，已支取总计为 42 978.02 元，未支取总计为 51 315.52 元。某信息技术公司法定代表人在郑某提成结算清单上签字。

2013 年，郑某提起劳动仲裁，要求某信息技术公司支付提成款，仲裁委员会以超过仲裁时效为由驳回郑某的仲裁请求。该仲裁裁决做出后，双方均未起诉。

2014 年，郑某再次持上述提成结算清单直接向基层人民法院提起诉讼。

审理结果

一审法院认为某信息技术公司确未发放郑某提成款 51 315.52 元。但本案的争议焦点为,在郑某所做业务中某信息技术公司未收到全部货款的情况下,此笔提成款应否给付郑某。首先,某信息技术公司未举证证明其提供的某信息技术公司销售人员业务提成款发放原则系与郑某协商结果或作为公司规章制度已向郑某公示。故此提成款发放原则无法适用于郑某。其次,某信息技术公司主张,应由郑某追回余款后再发放其提成款。郑某已离职,再要求其追回欠款与常理不符,故对此主张法院无法认可。再次,2011 年 11 月 16 日,郑某离职,当时确系有 1 479 185 元欠款未追回,但某信息技术公司未提供到现在为止其还有欠款未追回的证据,故应承担不利后果。综上,某信息技术公司应给付所欠郑某提成款 51 315.52 元。依据《最高人民法院关于审理劳动争议案件适用法律若干问题的解释(二)》第三条之规定,判决如下:某信息技术公司于本判决生效后十五日内支付郑某提成款 51 315.52 元。

某信息技术公司不服上述判决提起上诉。北京市第一中级人民法院审理过程中,双方当事人自愿达成调解协议:某信息技术公司支付郑某提成款 26 000 元整。

 **评析意见**

二审期间,双方当事人自愿达成调解协议,本案以调解方式结案。但本案凸显的法律问题——劳动争议案件中"一事不再理"的特殊性却不容忽视,值得深思。

劳动争议出现"一事不再理"的裁审衔接问题,主要体现在追索劳动报酬纠纷中,一定意义上来说是法律规定的"竞合"引发的。《中华人民共和国劳动争议调解仲裁法》第五条明确了劳动争议案件仲裁前置的程序要求，而《最高人民法院关于审理劳动争议案件适用法律若干问题的解释（二）》（以下简称《司法解释二》）第三条规定，拖欠劳动报酬争议可以不经仲裁前置由法院直接受理，由此在实务中会引发裁审衔接问题。

《司法解释二》的上述规定，从立法本意上来讲并非否定该类追索劳动报酬纠纷属于劳动争议范畴，而是将这一类争议从"仲裁前置"的程序中剥离出来，以更便捷经济的方式最大程度保护劳动者的合法权益，可以说是赋予了劳动者诉讼便利和更多的选择权。持欠条追索劳动报酬的劳动者可以选择按照普通劳动争议案件申请劳动仲裁，也可以直接提起诉讼。那么，如本案当事人选择劳动仲裁程序，又未在法定期间内对仲裁裁决提起诉讼，而是在仲裁裁决生效后依据《司法解释二》第三条的规定直接向法院起诉，是否构成重复起诉，法院可否依据"一事不再理"的规定处理呢？

其一，从法律规定层面来看，《最高人民法院关于适用〈中华人民共和国民事诉讼法〉的解释》第二百四十七条规定，当事人就已经提起诉讼的事项在诉讼过程中或者裁判生效后再次起诉，构成重复起诉的，裁定不予受理，已经受理的，裁定驳回起诉。该司法解释可以说是首次将"一事不再理"原则从理论研究层面落实到法律条文中，直接应用到司法实践中，从法律规定层面解决了"一事不再理"原则无法可依的困境。其二，从制度渊源内涵来看，"一事不再理"原则起源于罗马法的"诉权消耗"理论，经过漫长的历史演进，已经成为各国民事诉讼中的一项重要原则和制度。无论大陆法系还普通法系国家，"一事不再理"原则都包括两方面内容：一是在诉讼系属中，阻止相同当事人再行提起后诉；二是在判决确定后，禁止相同当事人对相同诉讼对象的再次讼争。其三，从功能价值角度来讲，"一事不再理"原则具有避免同一事项反复诉讼、促进诉讼经济和避免矛盾判决的功能，在制度价值上反映出追求程序安定、维护司法权威和保障判决既判力的价值理念。综上,虽然司法解释仅规定了法院受理范围内的"一事不再理"原则,但从立法本意及"一事不再理"原则的内涵和价值追求来看,对生效仲裁裁决已经处理过的事项同样适用。

本案中,郑某在仲裁和诉讼中提出的请求不论从主观方面还是从客观方面均符合"重复起诉"的标准。郑某选择了通过劳动仲裁的方式解决争议,也就意味着选择了仲裁前置的程序方式,仲裁裁决做出后可以依法在法定期限内提起诉讼,但郑某放弃了提起诉讼的权利,仲裁裁决生效。笔者认为,郑某其后再依据《司法解释二》的规定直接向法院提起诉讼,法院应当按照"一事不再理"原则,裁定驳回郑某的起诉,故本案一审法院进行实体处理不当。

还需说明的是,劳动者先申请仲裁,但在仲裁过程中撤回申请,或者被仲裁机关通知不予受理或按撤回申请处理,则劳动者此后按照《司法解释二》第三条规定直接起诉,法院应当受理。因为这种情况下,劳动者的仲裁申请实际未经仲裁实体处理,等同于其未申请仲裁的状态,因此可以适用《司法解释二》第三条的规定。

(北京市第一中级人民法院 刘佳洁)

78. 劳动合同中能否约定协议管辖仲裁机构的条款

申请人：王某
被申请人：某食品公司

争议焦点

在劳动合同中是否可以约定协议管辖条款？

基本案情

某食品公司是一家注册在浙江省杭州市的企业。王某是该食品公司的销售经理，曾经在北京、上海、广东以及天津多地工作过。2015年因为年终奖问题，王某与某食品公司发生了争议，相持不下，王某以某食品公司为被申请人向天津市某区劳动人事争议仲裁委提出仲裁申请。该委依法受理了王某的案件，并开庭进行审理。庭审中，某食品公司出具了其与王某签订的劳动合同，在劳动合同中，第三十条明确约定："本合同履行中发生劳动争议，甲乙双方应当协商解决。协商不成的，可以在发生争议之日起向公司所在地劳动仲裁机构申请劳动仲裁。"依据上述劳动合同约定，某食品公司向仲裁委提出管辖权异议申请书，主张该约定管辖条款未违反法律规定且双方签字确认，应当适用，要求仲裁委驳回王某的仲裁申请。

审理结果

天津市某区劳动争议仲裁委审理了管辖权异议申请后,认定"双方签订的劳动合同系双方真实意思的表示,其中对于劳动争议管辖的约定不违反相关法律规定,应当由企业所在地劳动仲裁机构管辖",最终依据天津市相关规定,仲裁委做出驳回王某仲裁申请的决定。

 **评析意见**

1. 实践中处理存在分歧

(1) 分歧观点之一,认为劳动争议不能对管辖地进行约定,协议管辖无效

持此观点者认为:对于管辖的问题,《中华人民共和国劳动争议调解仲裁法》(以下简称《劳动争议调解仲裁法》)以及部门规章都做出了规定。《劳动争议调解仲裁法》第二十一条规定:"劳动争议仲裁委员会负责管辖本区域内发生的劳动争议。劳动争议由劳动合同履行地或者用人单位所在地的劳动争议仲裁委员会管辖。双方当事人分别向劳动合同履行地和用人单位所在地的劳动争议仲裁委员会申请仲裁的,由劳动合同履行地的劳动争议仲裁委员会管辖。"《劳动人事争议仲裁办案规则》第十二条对《劳动争议调解仲裁法》中规定的劳动合同履行地以及用人单位所在地做了细化的解释。因此,劳动争议仲裁属于法定管辖,排除了协议管辖。该观点还认为,与普通民事合同相比,劳动合同在当事人主体地位的平等性、当事人意思表达的自由性、国家关于劳动基准的强制性等方面都有很大的差别,协议管辖是建立在"每个人都是自己利益的最好判断者"这一理论基础上的,但是从我国的就业环境、劳动者素质等方

面来看，无法保障这种判断是来自当事人双方真实意志。从合理性的角度看，协议管辖将导致劳动者和用人单位之间的严重的不公平。如果允许当事人自主协商约定管辖，可以预见协商的结果是大多数情况下选择用人单位所在地的仲裁机构。

（2）分歧观点之二，认为劳动争议可以对管辖地进行约定

理由是：第一，劳动纠纷是民事纠纷，约定管辖是民事主体自由处分民事权利的一种方式，在劳动合同中协议管辖，体现的是双方的意思自治，达到方便当事人的目的。对于协议管辖的认可，体现的是对当事人私权的保护与尊重。第二，在用人单位所在地和劳动合同履行地中择一约定，并不违法，在法律中也并未禁止约定，即可以协议管辖。第三，协议管辖对当事人的利益并没有实际损害，其实体权利仍受到协议管辖的仲裁机构保护。协议管辖并非不便捷当事人，在后续的程序中，用人单位所在地的仲裁机构管辖更便于案件处理与执行。第四，《劳动部关于劳动争议案件管辖范围的复函》（劳部发〔1995〕209号）明确了劳动合同可以约定管辖。实践中鲜有持此观点者。据了解，仅天津市人力资源和社会保障局以《市人力社保局关于调整劳动人事争议仲裁管辖问题的通知》（津人社局发〔2012〕60号）明确规定，"用人单位与劳动者约定劳动人事争议管辖地，不违反法律、法规及本市相关规定的，应当视为有效"。

2. 从约定管辖本源看协议管辖条款的法律效力

从协议管辖的定义来看，源于民事诉讼，又称约定管辖，与专属管辖相对应，指在法律已经对管辖做出了规定的同时，法律又允许当事人以书面协商方式选择管辖的法院，并以当事人的约定优先的一种管辖方式。我国于1991年对《中华人民共和国民事诉讼法（试行）》进行修改时引入了该制度。《中华人民共和国民事诉讼法》第三十四条规定，"合同或者其他财产权益纠纷的当事人可以书面协议选择被告住所地、合同履行地、合同签订地、原告住所地、标

的物所在地等与争议有实际联系的地点的人民法院管辖,但不得违反本法对级别管辖和专属管辖的规定。"协议管辖是一种法律制度,而非当事人约定俗成的习惯做法,其实质是当事人意思自治的体现,但并非完全的意思自由。协议管辖同样受到限制:其一,协议管辖仅适用于第一审民事案件。其二,协议管辖不能对抗专属管辖。其三,协议管辖必须采用书面形式,口头形式约定管辖的无效。这其中需要注意的是,2015年实施的《最高人民法院关于适用〈中华人民共和国民事诉讼法〉的解释》第二十九条规定:"民事诉讼法第三十四条规定的书面协议,包括书面合同中的协议管辖条款或者诉讼前以书面形式达成的选择管辖的协议。"这就意味着,现行司法解释并不强制要求在书面合同中约定管辖法院,允许当事人在合同之外达成管辖协议。最后,协议管辖可以适用于合同或者其他财产性权益纠纷,排除人身性的民事纠纷适用。

《劳动争议调解仲裁法》及其他相关规定,明确了劳动争议仲裁适用特别地域管辖原则,不实行级别管辖原则,同时它也并非专属管辖。如果不存在专属管辖的问题,分歧观点之一中所述法定管辖,并非管辖分类,何谈法定管辖排除意定管辖?

而与劳动仲裁"同名"的商事仲裁,作为解决"合同纠纷和其他财产权益纠纷"的方式,以当事人双方自愿达成仲裁协议为前提。商事仲裁的管辖需要双方自愿约定和选择,仲裁协商是通过仲裁协议或者仲裁条款来完成的。仲裁条款或协议一旦达成,对于双方来说,不仅确定了仲裁机构和地点,还在一定情形下排除法院管辖权。

无论是民事诉讼还是商事仲裁,都明确适用协议管辖。而劳动仲裁相比于诉讼,其处理周期短,形式更为灵活,作为前置于诉讼的程序,不能排除在劳动仲裁管辖中适用协议管辖。

3. 从劳动争议性质上探究协议管辖效力

实践中的两种观点,一种以意思自治为核心,强调当事人对自己权利的处分,接近传统民法观点;而另一种则是社会法观点,更倾向于劳动者权益的保护。两种观点的碰撞,实则探究劳动法性质的问题。

在目前法律及司法解释没有明确的具体规定情况下,我们认为,协议管辖应当在劳动争议领域存在并适用,但应为给予必要的限制条件的适用。

其一,允许当事人书面协议劳动争议的管辖。首先,在这里明确协议管辖应当如案例所述的在劳动合同或劳动合同附件类的合同中约定了管辖条款。抛开这一前提谈协议管辖,在劳动争议仲裁领域是不可能的。其二,从劳动争议的性质看,它不是人身权诉讼,其管辖不实行专属管辖,在《劳动争议调解仲裁法》以及相关规定未有禁止性规定的情况下,协议管辖应当被认定有效。其三,从协议管辖的基础来看,它的基础还是劳动合同。它体现的是当事人在纠纷处理时的意思自治和对私权的处分,这两个原则应当得到保护与尊重。持反对意见者认为,劳动者处于实质上的弱势地位,为保护劳动者的利益,衡平双方的不平等地位,劳动法律法规对劳动者与用人单位签订的劳动合同在劳动基准、合同内容、违约责任等方面做出了大量的强制性规定和限制性规定,从内容和形式上对劳动者进行倾斜保护,期望达到对劳动者弱势地位的不平等进行矫正。但值得注意的是,这种矫正正义不能当然地运用于劳动仲裁的所有领域,特别是在劳动争议处理的程序上还是要给予当事人平等地位。劳动合同是双方意思一致的产物,我们不能仅凭双方地位的不平等,就当然地认定一方借助其优势强迫对方缔约,也不能当然地认定劳动合同的全部内容都违背劳动者的意愿。如果这样想当然地认为劳动合同就是不平等的产物,那么签订劳动合同还有什么意义?劳动合同法倡导的劳动合同订立意义何在?因此,赋予当事人关于仲裁机构管辖的自主选择权,既体现了意思自治,也有利于双方当事人从自身具体情况出发选择最适合的仲裁管辖机构。

劳动争议管辖问题作为劳动关系当事人进入法律救济的前提，直接涉及劳动争议当事人权利的实现程度，对于建立和谐稳定的劳动关系具有极其重要的意义。当事人合意选定仲裁机构在理论界一直存在争议，仅仅从保护劳动者权利的视角排斥仲裁中的协议管辖，或者仅仅从双方意思自治角度适用协议管辖，都无法满足实践的需要。在经济社会欠发达的情况下，方便劳动者无疑是主要目标，但从长期来看，对劳动者不能仅满足于处理程序的快捷。从制度设计层面上，我们应站在更高层次理解，达到仲裁管辖与诉讼管辖相统一，同时又保护劳动者，这对我国劳动争议处理制度有着重要的意义。

（天津市劳动人事争议仲裁院　徐　淳）

79. 出租车司机给第三人造成事故损害时与用人单位的赔偿责任分担问题研究

原告： 甲公司
被告： 马某

争议焦点

出租车司机向用人单位做出的"风险自担"承诺之效力？

基本案情

2005年12月25日，马某入职甲公司，担任出租车司机，双方签有期限自2009年12月25日至2012年11月18日期间的劳动合同书及承包营运合同书，载明：营运方式为双班；马某的承包定额为7 620元，于上月11日前足额交纳；甲公司承担车辆第三者责任强制保险费用；马某应按时足额交纳营运承包定额并承担责任交通事故应由自身承担的责任部分。

2010年12月22日18时55分，在北京市朝阳区京密路孙河路口，甲公司员工马某驾驶京BJ6224号小客车与骑电动自行车的耿某某发生交通事故，致耿某某受伤，北京市公安局公安交通管理局朝阳交通支队机场大队认定马某负事故的全部责任。京BJ6224号出租车在紫金财产保险股份有限公司北京分公司（以下简称"紫金保险北京分公司"）投保交强险。耿某某以要求甲公司、紫金保险北京分公司支付医疗费、误工费、护理费、交通费、住院伙食补助费、伤残赔偿金、精神损害抚慰金、鉴定费、被抚养人生活费为由向北京市朝阳区人民法院提起诉讼，该院于 2011 年 11 月 17 日做出（2011）朝民初字第 24051 号民事判决书，判令紫金保险北京分公司在交强险责任范围内给付耿某某医疗费 10 000 元、误工费 12 667 元、护理费 3 114 元、伤残赔偿金 87 219 元、精神损害抚慰金 7 000 元，甲公司给付耿某某医疗费 26 283.7 元、交通费 300 元、住院伙食补助费 1100 元、鉴定费 2 250 元、护理费 146 元、被抚养人生活费 11 960.4 元，驳回耿某某的其他诉讼请求。另查，甲公司已向北京市朝阳区人民法院提交该公司应当支付的案款共计 42 040.10 元。另查，甲公司认可马某已经垫付交通事故受害人耿某某 7 544.77 元医药费，但主张上述费用本应由马某负担，马某还应负担该公司替其垫付给交通事故受害人耿某某的钱款 42 040.10 元及诉讼费 3 540 元。

甲公司主张该公司已通过签订劳动合同和承包运营合同、组织例会学习等方式同马某约定并告知其发生交通事故的责任承担形式，且马某也做出相关承诺，故在交通事故中交强险以外部分的损失应由马某承担。为证明上述主张，甲公司提交例会签到表（载明：例会内容第 5 项为重申公司制度条例，交强险以外部分由驾驶员自己承担赔付；显示有"马某"签字字样，但甲公司认可上述签字并非马某本人书写）、保证书（载明：本人无条件服从公司的各项管理规定，2 个月违章达到两起成为重点驾驶员，在半年内达到 3 起交通违章，本人按单方违约下车，并承担违约责任，驾驶员发生交通责任事故，保险公司赔偿部分由公司办理，超出保险赔偿的损失由责任人自行承担。落款显示有保证人"马某"签字字样，落款时间为 2009 年 12 月 20 日）及《关于交通安全及事故处理的规定》(载明:驾驶员如发生事故,交强险以外赔偿部分由驾驶员承担,公司垫付部分将向责任人追偿)予以证明。马某认可保证书的真实性,但不认可证明目的;对于其他证据材料的真实性,马某均不予认可。

2011年12月28日,甲公司将马某所驾驶的京BJ6224号出租车的车钥匙、服务监督卡及计价器收回。马某未支付甲公司2012年1月11日至2012年2月2日期间的营运费用。甲公司主张2011年12月28日收车之后已经告知马某第二日回公司协商解决问题,但马某一直未回公司,故马某应支付上述期间的固定营运费用2 838元及滞纳金1 391元;马某则主张收车当日甲公司的经理告知其已被开除,故其无须支付上述期间的营运费用。甲公司另主张2010年12月22日事故发生后车辆并没有修理,但是因为修车费用必然发生,故马某应负担该公司预估的400元维修费用。为证明上述主张,甲公司提交《交车核批表》(载明:车损金额400元,并载有车队长签字字样)予以证明。马某不认可上述证据材料的真实性,亦不同意支付上述费用。

甲公司于2012年2月5日做出《解除劳动合同通知书》,以马某违反劳动纪律、旷工达到5天以上为由解除劳动合同,并在其中载明劳动关系结束时间为2012年2月3日。2012年2月10日,甲公司向马某寄送上述《解除劳动合同通知书》,马某认可收到上述《解除劳动合同通知书》。

2012年3月6日,甲公司以要求马某支付损失为由向北京市海淀区劳动争议仲裁委员会提出申请,该委于当日做出不予受理案件通知书。甲公司不服,于法定期限内向法院提起诉讼。

审理结果

法院经审理认为,考虑到马某在交通事故中承担全部责任的事实,另结合甲公司未为马某缴纳商业保险的现状,酌情判令马某应按照60%的比例对交通责任事故中给甲公司造成的经济损失承担赔偿责任。经核算,马某应向甲公司赔偿的经济损失数额为24 330.15元。

就甲公司要求马某支付的2012年1月11日至2月2日期间的固定运营费用2 838元及滞纳金1 391元一节,甲公司自认于2011年12月28日收回马某所驾驶汽车的车钥匙、服务监督卡及计价器,则在甲公司未能提供证据证明于2012年1月11日至2月2日期间另行向马某提供能够用以营运的出租车的情形下,法院认为甲公司要求马某支付固定运营费用及滞纳金缺乏依据。

就甲公司要求马某支付车辆维修费用400元一节,因甲公司未能提供充分证据材料证明车辆受损及需要维修情形,且马某亦对于甲公司的上述诉请不予认可,故法院认为甲公司的上述诉讼请求亦缺乏依据。

一审法院于2012年11月19日做出北京市海淀区人民法院(2012)海民初字第9213号民事判决:(1)马某于本判决生效后七日内支付甲公司经济损失24 330.15元。(2)驳回甲公司的其他诉讼请求。

宣判后,双方当事人均未提起上诉,现上述判决已经生效。

评析意见

1. 用人单位可以要求劳动者在特定情形下承担因本人原因所造成损失的赔偿责任

根据《工资支付暂行规定》第十六条的规定,因劳动者本人原因给用人单位造成经济损失的,用人单位可按照劳动合同的约定要求其赔偿经济损失。在用人单位没有与劳动者签订有书面合同以约定经济损失的责任负担的情形下,判断用人单位要求劳动者赔偿损失的诉讼请求有无法律及事实依据,应重点审查判断用人单位所受损失是否实际发生以及损失发生后应否由劳动者承担赔偿责任。

一般而言,任何经营性的用人单位在从事频繁的业务活动中均不可避免地会面临经营风险,此种经营风险一旦发生,除用人单位能够提供证据证明劳动者存在促使发生经营风险的故意之外,笔者认为应由用人单位承担此种经营风险,而不应将风险转嫁给劳动者,否则有违公平原则。

2. 出租车司机的职业特性决定了风险分摊的必要性

本案中,2009年12月20日马某书写了"保证",根据保证书的内容,马某已经向甲公司做出了"发生交通责任事故,保险公司赔偿部分由公司办理,超出保险赔偿的损失由责任人自行承担"的承诺,而根据双方签订的《承包营运合同书》的约定,马某亦应承担交通事故应由其自身承担的责任部分。根据上述证据材料,法院可以认定,甲公司与马某之间确有"马某发生交通责任事故后,交强险以外的损失由马某个人承担"的约定,故而作为事故责任人的马某,提出甲公司应承担全部赔偿责任的主张缺乏充分的依据。但综合出租车行业的特殊性、经营风险分摊的公平性、劳动者权益保护等多方面的因素,笔者认为,由马某承担本案的全部赔偿责任有悖公平原则,且不利于出租车行业整体的良性发展。具体理由如下:

首先,马某从事行业的特殊性。出租车行业的特点决定了马某在工作过程中始终需要参与公共道路交通,因此工作过程中发生道路交通事故的概率相对较高,相较于其他行业的劳动者而言风险较高,加之出租车驾驶员的收入来源于交纳承包费之后的运营"利润",这导致出租车驾驶员每天的工作时间较长,更增加了工作的风险程度。鉴于行业的特殊性,对于出租车驾驶员这一特殊的劳动者群体,更应当给予最大限度的劳动保护。

其次,风险分摊的公平性。民事活动中,双方当事人真实意思表示下的约定固然应当尊重,但同时也要考量该约定所导致的法律后果是否公平。如上所述,出租车行业本身的运营性质、工作环境和工作时间等因素决定了该行业运营风险较高的特点,因此在发生交通责任事故后,无论是由出租汽车公司还是由出租车驾驶员单方承担全部赔偿责任,都会超出该方所能承受的可控风险义务范围,造成实质的显失公平。在此情况下,双方应当遵循风险分担的原则,由双方共同承担高风险运营下可能产生的责任赔偿。本案中,甲公司将全部责任分摊给马某从而降低该公司运营风险的做法显然过分加重了劳动者的义务,使双方权利义务处于失衡状态。

最后,风险分担的可行性。根据出租车行业的惯例,除去交强险,出租汽车公司一般不会为出租车辆投保其他商业保险,一旦出现交通事故,交强险的赔偿额度往往不能满足事故中造成的全部赔偿需求。对内而言,这会加重出租汽车公司与出租车驾驶员的经济负担;对外而言,有可能会侵害到不特定多数人(交通事故中的受害人)的合法权益。因此,出租汽车公司作为车辆的所有权人和经营管理者,应当在可行的范围之内,积极寻求其他风险分担方式,比如,在与劳动者就投保商业保险的费用协商一致的情况下投保商业保险,选择由劳动者承担风险。

总而言之,因出租车司机本身过错而导致交通事故发生,应结合司机的过错程度,综合判断司机与用人单位双方所应当承担的责任,此举既可以对出租车驾驶员起到警示作用,敦促其自觉遵守交通法律、法规,保证行车安全,同时也可以促使出租车行业的经营管理人树立风险分担意识,提高经营管理水平,这对维护良好的公共交通秩序,保证出租车行业的良性、可持续发展具有重大意义。

3. 用人单位要求劳动者承担赔偿责任的条件

劳动者因过错给用人单位造成损失的应当承担赔偿责任,但需要具备一定的前提条件。具体而言,用人单位根据公司规章制度或者与劳动者订立的书面协议要求劳动者承担损失赔偿责任应该具备以下条件：

第一，合法性条件。即用人单位制定的规章制度或者与劳动者订立的协议不得违反法律的强制性规定，亦不得免除自己的法定责任、排除劳动者的法定义务，否则上述规章制度或者协议即为无效。

第二，程序性条件。即用人单位所制定的规章制度必须经过法定程序，首先应有职工代表大会或者全体员工讨论，之后让员工提出方案和意见，并与工会或者职工代表平等协商确定，最后还要向劳动者公告。用人单位与劳动者签订的协议必须符合意思自治要求，系劳动者本人的真实意思表示，而不存在欺诈、胁迫或者显失公平等意思表示不真实的情形。

第三，合理性条件。即规章制度或者协议中的责任承担应当根据工作岗位、职责、薪酬、过错程度等因素来确定，应遵循公平合理原则。而在确定具体赔偿数额时，应考虑劳动者对企业付出的劳动、获得的劳动报酬，以及损失是否由保险或者第三人赔付等因素。

（北京市环球律师事务所　胡高崇）

80. 工伤船员的劳动争议处理及工伤待遇损失问题分析

申请人：王某

被申请人：某运输有限公司

争议焦点

1. 船员劳动争议的处理与一般劳动者劳动争议的处理是否存在差异？

2. 用人单位为员工缴纳社会保险基数偏低导致劳动者工伤待遇降低争议如何处理？

基本案情

王某系某运输有限公司外派船员，1988年4月15日到被申请人处工作，双方订立无固定期限劳动合同。2004年5月22日，申请人出海在航行中遇海盗袭击，后经评定为伤残六级。此后申请人未再继续工作，被申请人按月向申请人支付伤残津贴。

申请人王某诉称，受伤前岗位为大副，月工资为9 650港币，按照2004年度港币对人民币牌价1.062 3计算，每月为10 250元，评定的六级伤残应当按照本人工资60%计发，应为6 150元。参照申请人提供的银行流水，被申请人实际支付24 262.22元，共计克扣346 171.38元。被申请人还应支付25%的经济补偿86 542.85

元。综上所述，请求仲裁委裁决：(1) 依法确认被申请人属大副岗位。(2) 由被申请人支付申请人 2007 年 1 月至 2015 年 10 月克扣的伤残津贴 346 171.38 元。(3) 由被申请人支付克扣伤残津贴 25%的经济补偿 86 542.85 元。

被申请人辩称，王某的请求无事实及法律依据，请求驳回仲裁申请。(1) 该案件争议系王某在船服务时发生的工伤事件，应由海事法院管辖，仲裁委应当移送该案件。(2) 王某经被申请人任命为二副，有任命书，可确认其二副岗位。(3) 关于伤残津贴，已足额发放，不存在克扣情形，不存在支付经济补偿金的问题。综上，请求驳回申请人的仲裁申请。

仲裁委经审理查明，申请人王某 1988 年 4 月 15 日到被申请人处工作，双方订立无固定期限劳动合同。2004 年 5 月 22 日，申请人所在"A"轮航行于马六甲海峡途中遭到武装海盗袭击，因受惊吓造成精神分裂。申请人提交的《某集团工伤职工因工致残程度鉴定申请、确认表》中记录：遭遇武装袭击时，大副王某正在值班，所受伤害为工伤，伤残等级为六级。北京市劳动能力鉴定委员会于 2006 年 12 月 31 日做出最终确认意见，同意某集团劳动能力鉴定委员会复核意见。双方当事人对于申请人伤残等级无争议。

另查，自 2007 年 1 月起，被申请人为申请人支付伤残津贴，标准系按照其提供的《职工工伤保险待遇核定表》中认定的申请人平均工资 2 349.83 元确认，该核定表盖章单位为某运输有限公司保险统筹中心。被申请人为申请人缴纳社会保险的地点为北京市。北京市 2003 年职工社会平均工资为 2 003 元，2004 年职工社会平均工资为 2 362 元。2007 年 1 月至 2015 年 10 月期间，被申请人按月向申请人支付伤残津贴，合计支付伤残津贴 242 642.22 元。

再查，某国际海员外派公司（被申请人处子公司）与申请人于 2008 年 7 月 28 日签订《协议书》，该协议书经天津市泰达公证处公证，确认签约内容及程序合法有效。该公证协议书显示："申请人在'A'轮任大副职务……。2005年5月23日协议中乙方（申请人）通过甲方（某国际海员外派公司）获得船东保险机构医疗费报销人民币57 634.57元，3个月的工资补偿港币28 950元。"工资补偿款折合人民币为30 753.59元，申请人据此主张月工资标准为10 250元。

审理结果

申请人提交的《某集团工伤职工因工致残程度鉴定申请、确认表》及《协议书》，均记载申请人所在岗位为大副岗，被申请人对此并无证据予以反驳，应承担举证不利的后果，仲裁委据此认定申请人在被申请人处发生工伤时工作岗位为大副。

依据申请人发生工伤时适用的《工伤保险条例》（国务院第375号令）第三十四条规定，职工因工致残被鉴定为五级、六级伤残的，享受以下待遇：保留与用人单位的劳动关系，由用人单位安排适当工作。难以安排工作的，由用人单位按月发给伤残津贴，标准为六级伤残为本人工资的60%，并由用人单位按照规定为其缴纳应缴纳的各项社会保险费。第六十一条规定，本条例所称本人工资，是指工伤职工因工作遭受事故伤害或者患职业病前12个月平均月缴费工资。本人工资高于统筹地区职工平均工资300%的，按照统筹地区职工平均工资的300%计算；本人工资低于统筹地区职工平均工资60%的，按照统筹地区职工平均工资的60%计算。本案中，被申请人出具的《职工工伤保险待遇核定表》中认定的申请人缴费工资为2 349.83元，该核定表盖章单位为某运输有限公司保险统筹中心，申请人对该基数不予认可。鉴于某运输有限公司保险统筹中心属于企业内部社会保险经办机构，其认定的缴费工资不能代表社会保险经办机构确认的职工缴费基数，同时被申请人未提交申请人工伤前十二个月工资台账对上述缴费工资予以佐证，故仲裁委结合申请人提交的《协议书》中确认的工资补偿金额，认定申请人受工伤前本人工资标准为 10 251.19 元。

申请人工伤发生时间为 2004 年 5 月 22 日，其社会保险统筹地在北京市，北京市 2003 年职工社会平均工资为 2 003 元，2004 年社平工资为 2 362 元，申请人本人工资高于统筹地区职工平均工资标准的 300％，应按照其工伤前十二个月统筹地区职工平均工资的 300％作为其伤残津贴的计算基数，金额为 6 368 元，申请人属于六级伤残，每月伤残津贴计发标准为 6 368 元的 60％，即 3 820.8 元。2007 年 1 月至 2015 年 10 月期间，被申请人应按照上述标准为申请人支付伤残津贴，金额合计为 405 004.8 元，减去被申请人已支付的伤残津贴 242 642.22 元，存在差额 162 362.58 元。

本案被申请人按月向申请人支付伤残津贴，对于被申请人未足额支付申请人伤残津贴的事实，系由于被申请人在计算津贴标准时适用的基数与申请人主张不同所致，不属于用人单位克扣劳动者工资的情形，故申请人主张 25％的经济补偿金缺乏事实依据，仲裁委不予支持。

综上，仲裁委做出裁决如下：(1) 确认申请人在被申请人处发生工伤时工作岗位为大副。(2) 自本裁决生效之日起十五日内，由被申请人支付申请人 2007 年 1 月至 2015 年 10 月的伤残津贴差额 162 362.58 元。(3) 驳回申请人的其他仲裁请求。

评析意见

1. 关于船员劳动争议的管辖问题

船员作为劳动者，与用人单位应当签订劳动合同，并受劳动合同法、劳动争议调解仲裁法等相关法律规定的保护，但在履行劳动合同的过程中，船员登船出海需要与船舶所有人或船舶经营人另行签订劳务合同或劳动合同。鉴于船员工作的特殊性，船员与用人单位之间发生争议是否需经过仲裁前置程序，存在两种观点：第一种观点认为船员履行劳动合同发生的争议应直接由海事法院管辖，依据《最高人民法院关于国内船员劳务合同纠纷案件是否应劳动仲裁前置的请示的复函》(〔2002〕民四他字第16号)，不需要经过仲裁前置程序；第二种观点认为应根据案由来区别对待，根据案由确定是否由仲裁机关受理。

《最高人民法院关于国内船员劳务合同纠纷案件是否应劳动仲裁前置的请示的复函》内容如下：根据本院《关于海事法院受理案件范围的若干规定》，船员劳务合同纠纷案件属于海商合同纠纷案件的一种。根据《中华人民共和国海事诉讼特别程序法》的规定，此类案件应由海事法院受理。船员劳务合同包括国内船员劳务合同纠纷，不同于一般的劳务合同纠纷。船长、船员和在船上工作的其他在编人员根据劳动法律、行政法规或者劳动合同所产生的工资、其他劳动报酬、船员遣返费用和社会保险费用的给付请求，属于第一顺序的船舶优先权请求。此类案件是极具专业特点的海事案件，应当由海事法院审理。有关船员劳务合同纠纷的案件，当事人向海事法院起诉的，不受本院（法释〔1998〕24号）文规定的必须经过仲裁程序的限制，海事法院应当受理。

笔者认为，该答复的内容仅仅规定了船员根据劳动法律、行政法规或者劳动合同所产生的工资、其他劳动报酬、船员遣返费用和社会保险费用的给付请求，对于劳动者与用人单位发生的其他劳动争议并未予以规定。另外，根据《最高人民法院关于海事法院受理案件范围的规定》(法释〔2016〕4号)第二十四条规定，船员劳动合同、劳务合同（含船员劳务派遣协议）项下与船员登船、在船服务、离船遣返相关的报酬给付及人身伤亡赔偿纠纷案件属于海事法院受理范围。

而案例中王某与某散货运输有限公司发生的争议，虽然系船员在船服务期间发生的伤亡事件引起，但被申请人处子公司某国际海员外派公司与申请人签订协议书并经过公证,约定乙方(申请人)通过甲方(某国际海员外派公司)获得船东保险机构医疗费报销人民币 57 634.57 元,3 个月的工资补偿港币 28 950 元,已经将海事法院管辖范围内的争议通过协商一致的方式进行了处理。而案例中涉及的岗位确认、工伤待遇问题并非海事法院的受理范围,仲裁委应当受理。

船员劳动争议的处理与一般劳动者劳动争议处理的差异,主要体现在船员在履行劳动合同过程中有可能并存着一层"劳务关系"。实践中劳动仲裁部门对于船员劳动争议案件的受理,应当区分案由属于"船员劳务合同纠纷"还是涉及船员其他权益的劳动争议,不应当以船员享有船舶优先权为由一律移送海事法院。

2. 用人单位为员工缴纳社会保险基数偏低导致劳动者工伤待遇降低争议的处理

社会保险争议涉及三方当事人,劳动者、用人单位、社会保险经办机构。从争议内容看,可分为待遇争议、缴费争议和发放争议;从法律关系看,既涉及用人单位与劳动者之间的私法关系,又涉及社会保险经办机构与用人单位之间的公法关系。

有观点认为,社会保险基数核定属于行政行为,依据《社会保险行政争议处理办法》第六条规定,认为经办机构未按规定审核社会保险缴费基数的,对经办机构核定其社会保险待遇标准有异议的,公民、法人或者其他组织可以直接向劳动保障行政部门申请行政复议,也可以先向做出该具体行政行为的经办机构申请复查,对复查决定不服,再向劳动保障行政部门申请行政复议。因此,此类案件应先由劳动者申请社保机构复查及行政复议,而不应当由劳动仲裁部门来确定劳动者的社保缴费基数。是否降低缴费基数属于社会保险部门的审查职责,劳动争议仲裁部门受理后必然涉及缴费基数的审查,实质上行使了行政职权,有越权之嫌,所以不宜主动审查。

另一种观点认为，社会保险缴费基数低于劳动者实际应缴基数，造成劳动者工伤待遇损失，需要考虑社会保险待遇的支付义务主体。如果是涉及社会保险经办机构的权利义务，则应当通过行政程序来确定劳动者缴费基数；如果支付主体为用人单位，此类争议仅限于劳动者与用人单位之间，而不涉及社会保险经办机构的权利义务，因此可以按劳动争议处理，由劳动仲裁部门核定劳动者的工伤待遇损失。

笔者更倾向于后一种观点。《工伤保险条例》第六十二条规定，未参加工伤保险期间用人单位的职工发生工伤的，由用人单位按照本条例的项目和标准支付。根据以上规定，用人单位未缴纳工伤保险，应承担工伤保险责任，所以，用人单位未缴纳工伤保险导致劳动者损失的工伤待遇纠纷案件属于劳动争议受案范围。对于用人单位未足额缴纳社会保险，比如降低缴费基数导致劳动者享受到的工伤待遇低于应当享受的标准，劳动者能否起诉用人单位要求补足其差额，《工伤保险条例》并未明确规定。

《最高人民法院关于审理劳动争议案件适用法律若干问题的解释（三）》第一条规定，劳动者以用人单位未为其办理社会保险手续，且社会保险经办机构不能补办导致其无法享受社会保险待遇为由，要求用人单位赔偿损失而发生争议的，人民法院应予受理。最高人民法院《民事案件案由规定》中社会保险纠纷项下的四级案由分别是：养老保险待遇纠纷、工伤保险待遇纠纷、医疗保险待遇纠纷、生育保险待遇纠纷、失业保险待遇纠纷，全部是待遇纠纷。这说明最高人民法院也认为社会保险待遇纠纷属于劳动争议受案范围。

前述案例中劳动者主张的六级伤残津贴损失的支付主体为用人单位。笔者认为，如果用人单位未缴纳工伤保险，仲裁委在审查劳动者工伤待遇时实际上也涉及工伤待遇计算标准问题，仲裁委确定的计算标准并不能等同于缴费基数，不涉及社会保险部门的行政职权。用人单位未缴纳工伤保险应当承担赔偿责任,赔偿金额参照《工伤保险条例》的有关规定计算,这是法律规定的一种赔偿方法,仲裁委确定的计算基数不能视为仲裁委确定了劳动者的平均月缴费工资。同理,当用人单位降低劳动者工资标准缴纳工伤保险时,仲裁委确定的计算基数也不能视为劳动者的平均月缴费工资。上述案例的裁决结果不涉及社会保险经办机构的职权,是基于保护弱势的工伤职工权益,符合《工伤保险条例》的立法精神。

(天津市劳动人事争议仲裁院　陆　岩)